教育部人文社会科学重点研究基地四川大学南亚研究所成果
教育部区域和国别研究培育研究基地四川大学南亚研究所（中心）成果
《南亚国别热点研究丛书》系列成果

南亚国别热点研究丛书

# 印度的斯里兰卡政策研究：1948—2019

## India's Sri Lanka Policy: 1948-2019

高刚◎著

国际文化出版公司

·北京·

**图书在版编目（CIP）数据**

印度的斯里兰卡政策研究 ：1948—2019 / 高刚著 . -- 北京 ：
国际文化出版公司，2022.4
ISBN 978-7-5125-1409-6

Ⅰ . ①印… Ⅱ . ①高… Ⅲ . ①印度－对外政策－研究－斯里
兰卡－ 1948－2019 Ⅳ . ① D835.10

中国版本图书馆 CIP 数据核字 (2022) 第 027654 号

**印度的斯里兰卡政策研究：1948—2019**

| | |
|---|---|
| 作 者 | 高 刚 |
| 统筹监制 | 吴昌荣 |
| 责任编辑 | 马燕冰 |
| 品质总监 | 张震宇 |
| 出版发行 | 国际文化出版公司 |
| 经 销 | 全国新华书店 |
| 印 刷 | 北京虎彩文化传播有限公司 |
| 开 本 | 710 毫米 ×1000 毫米　　16 开 |
| | 20.25 印张　　263 千字 |
| 版 次 | 2022 年 4 月第 1 版 |
| | 2022 年 4 月第 1 次印刷 |
| 书 号 | ISBN 978-7-5125-1409-6 |
| 定 价 | 88.00 元 |

国际文化出版公司
北京朝阳区东土城路乙 9 号　　　　邮编：100013
总编室：（010）64271551　　　　传真：（010）64271578
销售热线：（010）64271187
传真：（010）64271187-800
E-mail：icpc@95777.sina.net

# | 序言 |

高刚博士的论著《印度的斯里兰卡政策研究：1948—2019》即将出版，这是对他的勤奋刻苦精神、严谨治学态度与善于探究素质的肯定。该论著的主题选择，是对学术界该领域研究范围的进一步拓展。同时，对人们认识当代国际关系、区域中的大国与小国关系、中印斯三边关系中的诸多问题，也具有历史参照价值。

总体而言，此部论著具有以下几个特点。

特点之一：论著提出了诸多创新性观点。

第一，论著归纳划分出具有鲜明特点的四个历史阶段，阐述了1948—2019年印度的斯里兰卡政策的发展过程、原因与特点，这是颇有新意的布局。第一个阶段阐述了印度从独立之初至20世纪70年代期间的对斯政策，将政策特点概括为"克制与合作"。第二个阶段分析了20世纪80年代印度对斯里兰卡民族问题的处理政策，将政策特点概括为"调停与干涉"。第三个阶段论述了从1990年至21世纪初期印度对斯里兰卡的政策，将政策特点概括为"不干涉与修好"。第四个阶段阐明了从2009年斯里兰卡内战结束至2019年期间印度对斯里兰卡的政策，将政策特点概括为"拉拢与制华"。就四个发展阶段整体的特点而言，著者提出了印度的斯里兰卡政策存在着"变"与"不变"的观点："变"即根据不同阶段的具体问题进行政策和策略的调整，"强硬"与"怀柔"手段兼备；"不变"即一直固守传统地缘政治思维，将斯里兰卡纳入印度势力范围，并采取排他性的政策。从以往该领域研究的状况看，著者的系统阐述、归纳与对其特点的阐释，其创新性是非常明确的。

第二，论著从宏观层面考察印度的斯里兰卡政策，将其放到印度的南亚与印度洋政策中进行研讨，提出印度的国家安全战略重心经历了从"重陆轻海"到"海陆并重"，再到"高度重视印度洋"的转变，而这种转变对于印度的斯里兰卡政策产生了深刻影响。同时，以往学界的研讨仅在分析斯里兰卡对印度进行"外部制衡"时偶尔提及某个或某些地区外大国（如英国、美国）的作用，本书著者有针对性地提出"域外大国"的概念，以说明印度对斯政策受到区域外大国影响的"常态化"与"持续性"特征。可以说，著者的观点在该领域的研究中有独到之处。

第三，论著对印度的斯里兰卡政策产生的结果进行了归纳和说明，明确提出了其对当代国际关系提供的经验教训问题，即在大国与小国关系的处理中，大国要尊重《联合国宪章》的基本原则与精神，不应干涉其他国家的内政、外交；各国应该遵循和平共处五项原则，通过和平谈判、平等协商的方式妥善处理跨界民族问题；国际社会和大国在对国际争端问题进行调停时，应该保持公正的立场；在国际维和行动中，要充分尊重冲突有关各方的意见和诉求，在维和的过程中谨慎使用武力。著者的结论较好地提升了研讨印度对斯里兰卡政策的现实价值，也是对学界以往相关研究的重要补充。

特点之二：论著文献资料的搜集和运用充分。

文献资料的搜集和运用是论著成功的重要基础。此书著者搜集与运用论著主题所需的各种文献资料，尤其是一手文献资料极其丰富，如《印度外交部年度报告（1948—2019）》；印度前外交部历史司司长阿弗塔·辛格·巴辛编的五卷本《印斯关系与斯里兰卡民族冲突文件集（1947—2000）》《印度国防报告（2002—2019）》与《印度海洋战略报告》《尼赫鲁选集》《尼赫鲁演讲集（1—5卷）》；英国外交部解密档案中关于《英锡防务协定》的资料；K.M.希尔瓦的两卷本《斯里兰卡档案汇编集》；印度人民院、联邦院数字图书馆网站中关于印斯关系的各种档案资料。应该说，著者甘于寂寞、奋下苦功以搜集、整理、阅读和分析浩繁资料的精神，是这部论著得以成功的关键。

特点之三：论著是多学科知识和方法结合进行研究的结晶。

论著所系统阐述的印度对斯里兰卡的政策、印斯关系发展历程中众多大小不一的问题，尤其需要将历史学、国际关系学和国际法学等学科知识结合起来，运用多学科的视角和方法进行研讨分析。著者依托武汉大学中国边界与海洋研究院、国际问题研究院的多学科研究平台，学习、吸纳和综合相关学科知识和方法，并将之成功地运用到了论著之中。同时，论著也对国际问题的研究路径进行了有益的拓新。

当然，着眼于这部优秀作品的锦上添花，在国际大背景对于印度对斯政策的影响方面，论著的相关阐释还稍可加强。

行文至此，衷心祝愿高刚博士在今后的学术道路上继续锐意进取，勇攀高峰，为学术繁荣、国家发展与社会进步继续作出应有的贡献！

韩永利

2021年10月26日于武昌珞珈山

# | 引言 |

斯里兰卡（Sri Lanka），在僧伽罗语中意为"光明富饶的乐土"。历史上，它曾有各种复杂多样的名称。英国人称它为锡兰（Ceylon），这是由葡萄牙语Ceilão一词发展而来，最初源于梵语Simhaladvipa一词（意为"狮人的岛屿"）。印度史诗《罗摩衍那》中称其为楞伽岛（Lankadvipa）；罗马人称其为塔普拉班岛（Taprobane）；阿拉伯人称之为赛伦底伯（Serendib）；在泰米尔史诗中它被称作Elankai（伊兰凯）；中国古代称其为"狮子国"。这反映出它的复杂历史以及与外部世界联系的多样性。[①]1948年，它独立以后仍称"锡兰"。20世纪70年代，受僧伽罗民族主义的影响，该国恢复使用"兰卡"（Lanka）之名，并冠以"斯里"（Sri）的头衔，于1972年改国名为"斯里兰卡共和国"、1978年又更名为"斯里兰卡社会主义共和国"。[②]本书中为行文方便，除《英锡防务协定》等特定条约和直接引用等特殊情况外，其他地方一般统称"斯里兰卡"。

斯里兰卡是印度最近的海上邻国，与南亚次大陆隔海相望，北临孟加拉

---

① 大卫·罗布森：《杰弗里·巴瓦作品全集》，上海：同济大学出版社2016年版，第33页；邱立珍：《世界海岛命名探究》，北京：海洋出版社2014年版，第152—153页；[印度]D.P.辛加尔：《印度与世界文明（下册）》，北京：商务印书馆2019年版，126页；[日]平川彰：《印度佛教史》，庄昆木译，北京：北京联合出版公司2018年版，第96页。
② "兰卡"（Lanka）在中国古代也被译作"楞伽"，意为"土地""岛屿""乐土"，也是佛教《楞伽经》里佛陀教化说法的楞伽岛。"斯里"（Sri），也译作"室利"，意为"光明""富饶""吉祥"。

湾，西濒阿拉伯海，扼守印度洋东西方海上交通要道，因此具有极其重要的地缘战略地位。长期以来，印度都将斯里兰卡视作关乎印度南部安全和印度洋稳定的战略要地，甚至直接视其为印度的后院和势力范围。具体而言，对于斯里兰卡，印度试图将其纳入印度主导的南亚和印度洋地区秩序，维持印度对斯里兰卡的传统影响力，并让斯政府在外交上追随印度或者保持中立。而且，印度也担心域外大国将斯里兰卡作为战略据点与跳板，在印度洋和南亚地区获得重要政治和军事存在，从而对印度的国家安全构成战略威胁。此外，印度对斯政策始终关注的两个重要问题分别是对斯里兰卡泰米尔人处境的关注、对斯里兰卡与域外大国密切合作的关切与排斥。但是，斯里兰卡对印度的各种战略诉求一直保持着警惕，也不断试图引入外部力量来制衡和对冲印度对斯过于强大的影响力。

作为崛起中的大国，印度主要的外交战略目标是巩固其在南亚地区的主导地位、实现对印度洋地区的控制、不断提升国际影响力并最终实现其世界大国梦想。然而，印度走出南亚的步伐却被其与南亚邻国糟糕的关系所困扰。正如印度前总理曼莫汉·辛格在2010年所说："我们一些最棘手的困难是源自我们的近邻。现实情况是除非我们确保南亚地区的和平稳定，否则我们难以实现崛起的雄心壮志。"[1]因此，对于处在崛起中的印度而言，能否妥善处理与南亚邻国的关系、确保南亚地区的和平稳定，直接影响到它能否走出南亚并迈向世界大国地位。在印度周边的小国中，斯里兰卡因扼守印度洋交通要道而具有重要的地缘战略地位。而且，斯里兰卡对于印度的海上安全和印度洋战略都至关重要。实际上，印度的斯里兰卡政策既是印度南亚政策的重要组成部分，也是印度的南亚政策与印度洋政策的"连接点"。对印度的斯里兰卡政策进行深入研究，是全面分析理解印度周边外交政策、南亚政策和印度洋政策的必然要求。

---

① Ashok K. Behuria, Smruti S. Pattanaik & Arvind Gupta, "Does India Have a Neighbourhood Policy," *Strategic Analysis*, Vol. 36, No. 2, March 2012, pp.229–246.

本书主要研究印斯两国独立初期至2019年期间印度对斯里兰卡的外交政策及其发展演变。笔者力求在前人研究的基础上，运用更多的档案和其他相关文献资料弥补已有研究成果留下的研究空间。本书以时间发展和重大历史事件为线索，聚焦印斯两国独立初期、斯里兰卡内战时期、2009年斯里兰卡内战结束至2019年等重要历史阶段，深入研究这些历史阶段中印度不同的对斯政策以及影响印斯关系的各种因素。本书着重从以下几个方面进行论述：第一，考察斯里兰卡在印度南亚政策中的地位，印度对斯里兰卡地位的基本战略认知和安全考量；第二，分析印度斯里兰卡政策中的"变"（变化性）与"不变"（延续性）；第三，剖析印度斯里兰卡政策发展与演变的动因。

除绪论部分以外，本书正文共分为五章，其中前四章都是以印度对斯里兰卡的阶段性政策为研究主体。第一章主要分析独立之初至20世纪70年代印度对斯里兰卡的"克制与合作"政策。这一时期印度的对斯政策是保持克制、寻求合作，目标是解决印斯两国的历史遗留问题，即印度泰米尔人国籍问题、卡恰提武岛争端与印斯海洋划界问题；消除斯里兰卡对印度的安全恐惧，改变斯政府因恐惧印度而选择的"亲西方"政策；促进两国在国际舞台上的合作，共同推动不结盟运动和印度洋和平区倡议。这一时期印度的斯里兰卡政策是一种较为成功的邻国政策，也取得了相当瞩目的政策效果。印斯两国努力为解决分歧寻求合作，通过双边谈判基本解决了历史遗留问题。在20世纪70年代后期，印斯关系实现了两国建交以来的最好状态，两国之间的友好氛围也一度高涨。

第二章旨在就20世纪80年代印度对斯里兰卡民族问题的"调停与干涉"政策进行阐述。1983年至1990年期间，印斯关系中最重要的问题就是斯里兰卡民族冲突与印度在其中的角色与作用。在这一阶段，印度对斯政策的主要目标包括：尽快稳定斯里兰卡国内政局；保障斯里兰卡泰米尔人的基本权利；扭转斯里兰卡贾亚瓦德纳政府的亲西方政策；防止美国等西方大国在斯里兰卡获得战略立足点等。为实现这些目标，印度首先采取了暗中支持泰米尔分离主义武装、在斯政府与泰米尔组织之间调停的"双轨"政策，然后又采取了直接介入斯里兰卡内战的"强势干涉"政策。具体说来，印度对斯民族问题的公开介入，始于1983年英·甘地政府对于斯里兰卡七月民族骚乱事件的回应。此后印度一直在斯政府与泰米尔武装分子之间调停斡旋。1987年之后，印度开始对斯里兰卡政府使用强势手段。1987年6月，印度不顾斯政府的反对，派飞机对斯里兰卡贾夫纳地区空投物资。同年7月，又迫使斯政府签署《印斯和平协议》，印度根据协议向斯里兰卡派出了维和部队。印度的这种干涉一直持续到1990年3月印度维和部队的撤出。印度的地区霸权行径造成了斯政府与民间层面对印度的反感和敌对情绪。印斯关系在20世纪80年代后期也急转直下。

第三章主要分析1990年至21世纪初期印度对斯里兰卡的"不干涉与修好"政策。20世纪90年代之后，印度积极调整与南亚邻国的关系，并提出了具有睦邻特点的南亚政策"古杰拉尔主义"。在这种历史背景下，印度也积极改善和修复因其在80年代干涉斯里兰卡民族问题而严重破坏的印斯关系。1990年，印度维和部队撤出斯里兰卡以后，印度对斯民族问题基本采取不干涉的政策，印斯关系开始逐步正常化。在这一历史阶段，印度对斯政策的特点是淡化政治问题、修复双边关系、重点强化印斯经济关系。1998年，印斯两国签署了南亚地区首个自贸协定《印斯自由贸易协定》，印斯双边贸易以此为契机获得快速发展。进入21世纪以来，印度也开始默许挪威作为国际和平力量，对斯里兰卡内战进行调停。2006年之后，中国与斯里兰卡的关系日益密切，这引起了印度的担忧与关注。为了制衡中国对斯里兰卡的影响力，印度开始为斯里兰卡政府提供部分防御性武器装备和军事情报。总体而言，印斯关系自20世纪90年代之后开始逐渐回暖和升温。

第四章重点阐述2009年斯内战结束至2019年期间印度对斯里兰卡的"拉拢与制华"政策。2009年斯里兰卡内战结束以后，印斯两国关系进入新的发展阶段。但印斯关系中也出现了一些新的问题：斯里兰卡内战中的人权问题、斯战后的民族和解与和平进程、印斯两国渔业争端以及中国对斯里兰卡不断增长的影响力。这一时期，印度对斯政策的主要目标包括：推进斯里兰卡权力下放、关注斯里兰卡人权问题、缓解印斯两国渔业冲突、增进印斯双边合作与制衡中国对斯里兰卡不断增长的影响力。总体而言，2009年之后印度对斯政策呈现出一定的波动性，这种波动性一方面是由于印度国内联盟政治的影响。在泰米尔纳德邦等地方政治势力的强烈要求下，印度中央政府不得不在人权问题、权力下放问题上对斯政府进行施压，这常常会引起斯里兰卡政府的反感并增加印斯关系的紧张程度；另一方面，也是由于中国因素对印斯关系的影响。为制衡中国对斯里兰卡日渐增长的影响力，印度不再像以前那样对斯里兰卡随意地施行霸权主义政策，转而开始通过增加投资和援助等方式对斯政府进行拉拢，这又给印斯关系的改善带来一定便利。

本书最后的综论可以分为三个部分。第一部分回顾印度对斯政策的四个发展阶段，并阐述印度对斯政策的延续性和变革性。在延续性方面，印度对斯政策"不变"的地方在于印度对斯里兰卡地缘战略位置重要性的认识、印度排斥斯里兰卡与域外国家（尤其是敌对国家）的合作、印度将斯里兰卡纳入其地区安全秩序和势力范围。在变革性方面，在不同的时代环境下，印度对斯政策采取了强硬、怀柔和软硬兼施等不同的外交手段，这分别产生了不同的政策效果，也对两国关系造成了不同的影响。此外，印度对斯政策的另一个变化是斯里兰卡在印度外交总体布局中的地位和重要性都在不断上升。第二部分阐述了影响印度对斯政策的主要因素。这主要包括两国之间的历史文化联系、印度的南亚政策和国家安全战略重心变化、印斯两国国内政治与英国、美国、中国等域外大国因素。第三部分阐述印度对斯政策为地区大国和国际社会提供的一些重要经验、教训和启示。这主要包括：（1）大国要尊重国际法基本原则，不应干涉其他国家的内政外交；（2）各国应该在以和平共处五项原则的基础上，与周边国家通过和平谈判、平等协商的方式妥善处理跨界民族问题；（3）国际社会和主要大国在进行国际调停时应该保持公正的立场；（4）在国际维和行动中要充分尊重冲突各方的意见和诉求，对于维和过程中的武力使用尤其要保持谨慎。

# 目录
CONTENTS

# | 绪论 |

## 一、研究缘起

　　印度周边外交政策、邻国政策与南亚政策都是非常值得研究的领域。在实际搜集资料和考察分析的过程中，笔者发现印度是一个有着漫长陆地与海上边界线的大国，不仅邻国众多，而且印度与各个邻国之间存在着各种错综复杂的历史和现实问题。印度对于这些邻国的政策并不完全一样，印度也没有像中国一样形成一以贯之、系统全面的邻国政策或周边外交政策。因此，在考察学界已有研究的基础上，本书决定以印度的斯里兰卡政策作为主要的研究对象，重点聚焦1948年斯里兰卡独立至2019年期间，印度对斯里兰卡政策的演变与发展，并着力探究这种发展与演变背后的相关影响因素。

　　在此，笔者将简要阐述选择印度的斯里兰卡政策作为研究题目的几点原因。首先，斯里兰卡的地缘战略位置非常重要。它地处印度南部沿海的印度洋海上交通要道，是印度走向印度洋的门户和枢纽。它也是印度最近的海上邻国，与南亚次大陆隔海相望，北临孟加拉湾，西濒阿拉伯海，扼守印度洋东西方海上交通要道，具有极其重要的地缘战略地位。印度独立以后，一直将斯里兰卡作为地区海洋安全的战略要地来加以考虑，甚至直接视其为印度南部安全的一部分或是印度的势力范围。印度前海军司令在1974年曾说："斯里兰卡对印度的重要性不亚于爱尔兰对于英国的重要性……只要斯里兰卡是友好或中立的，印度就没什么可担心的；但如果该岛有被敌视印度的大国所统治的危险，那么印度将无法容忍这种危及其领土完整的情况。"①

其次，斯里兰卡具有不同于印度其他南亚小邻国的外交独立性。在印度的众多南亚邻国中，斯里兰卡是除巴基斯坦之外另一个具有外交独立传统、不甘为印度所控制的国家。②斯里兰卡与尼泊尔、不丹、锡金③等印度北部的喜马拉雅山小国不同，后者在独立之初便受到印度的各种强势干涉，而印斯两国在独立初期直至20世纪70年代的30年间基本保持了双边关系稳定，直至20世纪80年代印度才借着斯里兰卡内战契机介入。而且，印度武装介入斯里兰卡内战造成的惨败，让它从此对军事介入斯里兰卡心存忌惮，在对斯施压问题上也往往有所保留，这也是与印度对尼泊尔、不丹等北部小国的态度有所区别的。斯里兰卡这种强烈的外交独立精神，也让印斯关系不时呈现出"控制"与"反控制"的特征。为了制衡来自印度的强大影响力，斯政府也不断尝试引入区域外大国的力量，这反过来又加深了印度的战略担忧并使得印斯关系更加复杂。

再次，斯里兰卡对于建设"21世纪海上丝绸之路"、确保中国在印度洋上的国家利益都十分重要。由于中国在印度洋上的国家利益不断增多，印度洋海上通道的安全与稳定对于中国的经济稳定与持续发展相当重要。斯里兰卡地处印度洋海上交通要道，是印度洋上的重要岛国，中斯全方位合作对于保障中国

---

① Ravi Kaul, "The Indian Ocean: A Strategic Posture for India," in T.T. Poculose ed., *Indian Ocean Power Rivalry*, New Delhi: International Pubns. Serv. Young Asian Publications, 1974, p.66. 转引自 Shelton U. Kodikara ed., *South Asian Strategic Issues: Sri Lankan Perspectives*, New Delhi: SAGE Publications, 1990, p.13.

② Stephen Philip Cohen, *India: Emerging Power*, Washington, D.C.: Brookings Institution Press, 2001, p.238.

③ 锡金原为独立国家，19世纪末受英国侵略而成为其保护国，1947年印度与锡金签署了维持现状的协定，此后不久印军进驻锡金。1950年，印锡两国签署了《印锡和平条约》，锡金成为印度的保护国。1973年，印度对锡金实现军事占领。1974年至1975年，锡金和印度分别通过了相关国内立法，正式将锡金变为印度的一个邦。参阅沈允熬主编：《世界知识年鉴（1995—1996）》，北京：世界知识出版社1995年版，第183页。

的国家利益至关重要。在中斯合作不断增强的形势下，印度开始采取各种手段对中斯关系进行干扰。因此，中国学者有必要对印度的斯里兰卡政策进行系统的分析考量，全面阐述和透析印度对于斯里兰卡的主要政策目标、印斯关系历史发展脉络，从而更好地为中印斯三边关系良性互动、"一带一路"倡议在印度洋方向的顺利推进提供智力支持和政策建议。

## 二、选题意义

### （一）学术意义

印度的南亚政策具体体现为对于巴基斯坦、尼泊尔、不丹、孟加拉国、斯里兰卡和马尔代夫等南亚国家的政策，而斯里兰卡作为印度南部海上邻国，在印度南亚政策中占据重要地位。从印度外交研究领域来看，对斯里兰卡政策既是其南亚政策的重要组成部分，也是其南亚政策与印度洋政策的"连接点"，因而具有较高的学术研究价值。此外，从国际关系理论研究来看，印度与斯里兰卡在人口、国土面积、经济实力、军事实力等各方面都是典型的"大国"与"小国"的关系，印度的斯里兰卡政策研究则为"大国的小国政策研究"提供了具体案例。而且，印斯关系中有对外武力干涉、跨界民族矛盾、海洋划界和岛屿争端等极具国际关系和国际法学科研究的意义。鉴于学术界的前期研究在这些方面还留有较大空间，因此本书选题的学术意义是明确的。

### （二）现实意义

斯里兰卡是参与共建"21世纪海上丝绸之路"的关键国家，但印度却将中斯合作视作中国与其竞争在斯里兰卡的影响力的举措。对印度的斯里兰卡政策进行全面分析有助于厘清印度对斯政策的主要目标、传统路径和影响因素，从而为中斯友好合作、中印斯三边关系良性互动提供有益的政策建议。而且，斯里兰卡在印度的邻国外交中颇具特色，对印度的斯里兰卡政策进行研究，也可以为崛起大国处理与周边小国的关系提供有关经验和启示。具体而言，本研究的现实政策意义如下：

1. 为更好地推进中斯合作与中印斯三边关系良性互动提供政策启发

21世纪初期以来，中国与斯里兰卡的经济、政治与安全合作不断加强。而且随着"一带一路"倡议在南亚和印度洋方向的推进，中斯关系在各方面都得到进一步的发展。但是，印度却日益担忧中国对斯里兰卡影响力的增长，印度方面出于战略担忧而进行了一系列反制行动，不仅提出与"一带一路"倡议针锋相对的"季风计划"，还暗中干预斯里兰卡选举，并阻挠中国在斯的科伦坡港口城建设项目。目前，斯里兰卡已经成为中印在印度洋"战略相遇"的关键节点。中印在斯里兰卡存在各种竞争与合作，因此有必要对印度一贯的斯里兰卡政策进行历史性梳理，分析阐释印度对斯政策的基本立场和战略考量。把握印斯两国关系的宏观历史脉络、印度对斯政策的传统路径，这有助于为中印斯三边关系的良性互动、"21世纪海上丝绸之路"在南亚地区更好地推进提供相关政策建议与启发。

2. 为崛起中的地区大国处理与周边小国的关系提供经验和借鉴

在世界处于百年未有之大变局的历史背景下，一些崛起中的地区大国开始向世界强国地位迈进。在此过程中，它们大多存在需要妥善处理与周边小国的关系、为本国的经济发展和快速崛起创造和平稳定周边环境的问题。这些处于崛起中的新兴大国，常常面临着与印度相似的问题，即周边小国对其崛起和强大感到恐惧。其实，面对地区大国过于强大的影响力，周边小国基本都会接受现实主义安全逻辑而采取"制衡"策略，选择与域外大国合作或结盟的方式来制衡地区大国。这无疑会增加地区紧张局势与地区大国的安全压力。因此，地区大国应努力克服大国主义，坚持不干涉他国内政的原则，通过和平友好方式妥善处理与邻国之间的矛盾，并采取有效策略对邻国进行战略释疑。在印斯关系发展过程中，印度一度对斯采取了"失效政策"并导致两国关系长期陷入低谷。印度政策"失效"的主要原因有：20世纪80年代印度对斯民族冲突不成功的介入，导致了斯里兰卡对印度的信任危机；印度多次就泰米尔人问题对斯政府进行施压引起后者的不满；印度的霸权主义南亚政策让斯里兰卡感觉受到安全威胁。①总之，关于印度对斯里兰卡政策的研究，可以为地区大国处理与周边小国的关系提供有益的历史经验、教训和启示。

## 三、国内外研究现状综述

### （一）国外研究现状

总体而言，国外已有研究的主要关注点是印度与斯里兰卡国内民族冲突的关系、印度介入斯里兰卡内战、泰米尔人问题、印斯渔业争端、"一带一路""债务陷阱论""珍珠链战略"与中印斯三边关系、印度的印度洋战略与中斯关系等方面。

1. 印斯关系总体分析和综论性研究

国外有不少关于印斯关系的专项研究，如1964年印度安拉阿巴德大学M.G.古普塔的博士论文《印度—斯里兰卡关系（1900—1947）》，分析了印斯两国独立以前的经济和文化关系。②V.H.科柯的《跨越保克海峡：印度和斯里兰卡的关系》一书阐述了20世纪70年代以前印斯两国的关系。③维杰·库马尔的《印度、斯里兰卡和中国的关系：1948—1984》全面分析了印度、斯里兰卡从独立以来到1984年期间的关系发展及其与中国关系的发展演变。④A.S.拉居的《印斯在21世纪的伙伴关系》分析了印斯两国在21世纪关系的发展及其前景。⑤K.M.希尔

---

① 更多关于印度对斯政策失效原因的分析，参阅李捷、曹伟：《斯里兰卡内战结束以来印度对斯政策分析》，《南亚研究》2013年第4期，第116—132页。
② M. G. Gupta, *Indo-Ceylon Relations (1900-1947)*, Allahabad, India: The University of Allahabad, 1964, https://archive.org/details/in.ernet.dli.2015.475175/mode/2up.（访问时间：2020年8月3日）
③ V. H. Coecho, *Across the Palk Straits: India-Sri Lanka Relations*, Dehradun, India: Palit & Palit, 1976.
④ Vijay Kumar, *India and Sri Lanka-China Relations (1948-1984)*, New Delhi: Uppal Publishing House, 1986.
⑤ Adluri Subramanyam Raju ed., *India-Sri Lanka Partnership in the 21st Century*, Delhi: Kalpaz Publication, 2007.

瓦的《区域大国与小国安全：印度与斯里兰卡（1977—1990）》分析了1947年至1979年期间印斯之间的安全观冲突、1983年之后英迪拉·甘地政府对斯里兰卡民族冲突的政策、1987年签订的《印斯和平协议》及印度维和部队在斯里兰卡的遭遇。①印度阿里格尔穆斯林大学理查·巴杰的博士论文《印度—斯里兰卡关系：从尼赫鲁到英迪拉·甘地》，全面阐述了尼赫鲁到英·甘地时期的印斯关系。②

此外，有关印度外交政策或斯里兰卡外交政策的专著中也会专门论述印斯关系：如谢尔顿·U.科迪卡拉的《斯里兰卡外交政策：第三世界的视角》论述了斯里兰卡的外交政策制定、印斯关系、斯外交政策的变化与延续等内容。③阿密特·兰杰主编的《印度在南亚：挑战与管理》中考察分析了印度的南亚政策及印度对斯里兰卡政策。④阿里吉特·马扎姆达的《转变中的印度外交政策：与南亚的关系》一书中分析了印度与南亚诸小国的关系，其中也有专门分析印斯关系的章节。⑤J. N.迪克希特的《印度的外交政策：1947—2003》系统阐述了印度外交从尼赫鲁到瓦杰帕伊时期的演变过程，其中包括了印度对斯里兰卡政策的演变。⑥大卫·马龙的《大象是否起舞——当代印度外交政策》中用单独的一章阐述"印度与其南亚邻国"的关系。⑦桑德拉·德斯特拉迪的《印度在南亚的外交与安全政策》基于区域霸权的三种角色类型（帝国、霸权、领导者）分析了印度

① K. M. de Silva, *Regional Powers and Small State Security: India and Sri Lanka, 1977-90*, Baltimore and London: The Johns Hopkins University Press, 1995.
② Richa Bajaj, *Indo-Sri Lanka Relations: Nehru to Indira Gandhi*, Aligarh, India: Aligarh Muslim University, 2004, https://shodhganga.inflibnet.ac.in/handle/10603/51982.
③ Shelton U. Kodikara, *Foreign Policy of Sri Lanka: A Third World Perspective*, Delhi: Chanakya Publications, 1982.
④ Amit Ranjan ed., *India in South Asia: Challenges and Management*, Singapore: Springer, 2019.
⑤ Arijit Mazumdar, *Indian Foreign Policy in Transition: Relations with South Asia*, Abingdon, Oxon: Routledge, 2015.
⑥ J. N. Dixit, *India's Foreign Policy:1947-2003*, New Delhi: Picus Books, 2003.
⑦ David M. Malone, *Does the Elephant Dance? Contemporary Indian Foreign Policy*, Oxford: Oxford University Press, 2011.

与斯里兰卡、尼泊尔、孟加拉国等南亚小国的关系，在斯里兰卡方面选取的案例是斯里兰卡内战和印度失败的霸权策略。[①]

2. 印斯关系中具体议题研究（在斯印度泰米尔人国籍问题、民族冲突、渔业争端）

在斯印度泰米尔人国籍问题和《英锡防务协定》是独立初期印斯关系中的重要问题，主要研究文章有：乌米拉·菲迪斯的《印锡协定和在锡兰的"无国籍"印度人》及他与拉里特·库马尔合作的文章《1964年西丽玛沃—夏斯特里协定：实施的问题与前景》，都分析了《西丽玛沃—夏斯特里协定》等关于处理斯里兰卡"无国籍"印度人问题的专门协定。[②]此外，克里希那·慕克吉的《印度—锡兰关系》分析了独立前后斯里兰卡对印度的安全恐惧与《英锡防务协定》的影响。他指出英国为了维持在印度洋地区的战略支点和军事存在，刻意对斯里兰卡宣传了印度的威胁，并在1947年斯里兰卡独立前夕与其签署了《英锡防务协定》。他认为，防务协定和独立后的公民法案是影响独立初期印斯关系的重要因素。[③]

20世纪80年代以后，随着斯里兰卡内战的爆发，斯里兰卡民族冲突、内战及印度的干涉成为印斯关系研究的重点。这方面的研究主要有：斯里兰卡前外交官员约翰·古纳瑞特纳的《对抗的十年：20世纪80年代的斯里兰卡和印度》一书考察了斯里兰卡民族国家建构中的问题、印度寻求地区霸权的目标与斯里兰卡对此

---

① Sandra Destradi, *Indian Foreign and Security Policy in South Asia: Regional power strategies*, London and New York: Routledge, 2012.

② Urmila Phadnis, "The Indo-Ceylon Pact and the 'Stateless' Indians in Ceylon," *Asian Survey*, Vol.7, No.4, 1967; Urmila Phadnis, "The 1964 Indo-Ceylonese Pact and the 'Stateless' Persons in Ceylon," *India Quarterly*, Vol.23, No.4,1967; Urmila Phadnis, Lalit Kumar, "The Sirimavo-Shastri Pact of 1964: Problems and Prospects of Implementation," *India Quarterly*, Vol.31, No.3, 1975.

③ Krishna P. Mukerji, "Indo-Ceylon Relations," *The Indian Journal of Political Science*, Vol.18, No.1, 1957.

的回应、《印斯和平协议》签署的前因后果。[1]学者P. A. 高希的《斯里兰卡民族冲突与印度维和部队的角色》一书全面阐释了斯里兰卡民族冲突的根源、发展过程、印度的角色和作用。[2]学者阿兰·J. 布林的《印度、斯里兰卡与泰米尔危机（1976—1994）》一书则关注印度从20世纪70年代中期到90年代初对斯里兰卡国内民族冲突的影响。[3]他的另一篇文章以印度维和部队作为案例，分析了国际维和行动基本原则在具体实践中受到的冲击。文章认为印度根据1987年协议干涉斯里兰卡内政体现了印度的区域霸权政策，印度的干涉也违背了传统的维和标准。[4]印度安贝德卡大学K. N. 达贝的博士论文《印度对斯里兰卡民族冲突的政策》则重点关注印度在斯里兰卡民族冲突中的角色和作用。[5]此外，关于这一主题也有不少期刊文章，如马歇尔·R. 辛格的《斯里兰卡泰米尔人与僧伽罗人的民族冲突》，主要从僧伽罗和泰米尔双方的观点来考察解决民族冲突的障碍、走向和解的因素和解决冲突的办法。[6]P. V. 拉奥的《斯里兰卡民族冲突：印度的角色与认知》全面分析了斯里兰卡国内民族冲突的过程与印度在其中的角色转变。[7]库马尔·鲁佩辛哈的《南亚民族冲突：以斯里兰卡和印度维和部队为例》尝试以理论框架来分析《印斯和平协议》及印度维和部队在斯里兰卡民族冲

---

[1] John Gooneratne, *A Decade of Confrontation: Sri Lanka and India in the 1980s*, Pannipitiya, Sri Lanka: Stamford Lake, 2000.

[2] P. A. Ghosh, *Ethnic Conflict in Sri Lanka and Role of Indian Peace Keeping Force (IPKF)*, New Delhi: A.P.H. Publishing Corporation, 1999.

[3] Alan J. Bullion, *India, Sri Lanka and the Tamil Crisis, 1976-1994*, New York: Pinter, 1995.

[4] Alan J. Bullion, "The Indian Peace-Keeping Force in Sri Lanka," *International Peacekeeping*, Vol.1, No.2, 1994.

[5] K. N. Dhabe, *India's Policy towards Ethnic Conflicts in Sri Lanka*, Aurangabad, India: Dr. Babasaheb Ambedkar Marathwada University, 2005, https://shodhganga. inflibnet.ac.in/handle/10603/103290?mode=full.（访问时间：2020年1月18日）

[6] [美]马歇尔·R. 辛格：《斯里兰卡泰米尔人与僧伽罗人的民族冲突》，马宁译，《世界民族》1993年第6期。

[7] P. Venkateshwar Rao, "Ethnic Conflict in Sri Lanka: India's Role and Perception," *Asian Survey*, Vol.28, No.4, 1988.

突中的作用。[①]布莱恩·普法芬伯格的《1987年的斯里兰卡：印度的干涉与人民解放阵线（JVP）的复兴》阐述了印度在1987年对斯里兰卡国内局势演变所起到的作用。[②]肯尼斯·布什《斯里兰卡民族冲突》在分析斯里兰卡民族冲突时，也分析探讨了印度的角色和作用。[③]谢尔顿·U.科迪卡拉在《1987年7月29日印斯协定的起源》一文中从斯里兰卡和印度双方的角度，分别分析了印斯协定签署的根源。[④]帕萨·戈什的《僧伽罗—泰米尔民族冲突和印度》、V. F. 科布拉格德的《印度对斯里兰卡冲突的态度》都探讨了印度在斯里兰卡民族冲突中的作用。[⑤]桑德拉·德拉迪的《印度与斯里兰卡内战：南亚区域冲突管理的失败》一文不仅分析了印度与斯里兰卡内战的关系，还论及斯里兰卡内战结束以后中印竞争的内容。V. 纳根德拉·奈克的文章《英迪拉·甘地与印斯关系》分析了英迪拉·甘地时期的印斯关系。[⑥]此外，也有一些文章分析21世纪以来（尤其是2009年斯里兰卡内战结束后）的印斯关系，如哈西斯·坎达达和瓦的《印斯双边关系：2005年以来的政治、文化关系分析》、欧珊萨·N.萨帕维拉的《印斯关系：后斯里兰卡

---

① Kumar Rupesinghe, "Ethnic Conflicts in South Asia: The Case of Sri Lanka and the Indian Peace-Keeping Force (IPKF)," *Journal of Peace Research*, Vol.25, No.4, 1988.

② Bryan Pfaffenberger, "Sri Lanka in 1987: Indian Intervention and Resurgence of the JVP," *Asian Survey*, Vol.28, No.2, 1988.

③ Kenneth Bush, "Ethnic Conflict in Sri Lanka," *Conflict Quarterly*, Spring 1990.

④ Shelton U. Kodikara, "Genesis of the Indo-Sri Lanka Agreement of 29 July,1987," *Contemporary South Asia*, Vol.4, No.2, 1995.

⑤ Partha S. Ghosh, "Sinhala-Tamil Ethnic Conflict and India," *Economic and Political Weekly*, Vol.30, No.25, 1995; Vinod F. Khobragade, "Indian Approach Towards Sri Lanka Conflicts," *The Indian Journal of Political Science*, Vol.69, No.4, 2008.

⑥ Sandra Destradi, "India and Sri Lanka's Civil War: The Failure of Regional Conflict Management in South Asia," *Asian Survey*, Vol.52, No.3, 2012; V. Nagendra Naik, "Indira Gandhi and Indo-Sri Lankan Relations," *International Journal of Academic Research and Development*, Vol.2, No.4, 2017.

内战时期》和S.M.阿利弗的《后猛虎时代的印斯关系：问题与前景》。[①]除国际关系方面的研究外，也有一些从国际法的角度分析1987年《印斯和平协议》、印度维和部队介入斯里兰卡事务的文章，如沙·阿拉姆《印度对斯里兰卡的干涉与国际法》、卢萨尼·古勒瓦德勒《印斯协议：邀请干涉还是强制干涉》。[②]

20世纪90年代以来，关于印斯渔业争端、卡恰提武岛问题的研究不断趋热。印度学者V.苏亚拉若延曾任马德拉斯大学南亚和东南亚研究中心的创始主任和资深教授，是研究印斯渔业问题和卡恰提武岛问题的权威专家。他的两部专著《卡恰提武岛与保克海峡中的印度渔民问题》和《保克海峡区域的渔业争端》详细梳理了卡恰提武岛问题的来龙去脉，也对1974年、1976年印斯海洋划界协定进行了学理性的评价分析。[③]苏亚拉若延教授近年来仍发表一些相关的文章，如《印度、斯里兰卡和卡恰提武岛危机：情况介绍和可能的解决方案》《印斯渔业

[①]　Hasith Kandaudahewa, "Indo-Sri Lanka Bilateral Relations: Analytical Review on Political & Culture Relations Since 2005," *SSRN Electronic Journal*, 2014; Osantha N. Thalpawila, "India-Sri Lanka Relations: In Post-Civil War Era in Sri Lanka," *Research Forum: International Journal of Social Sciences*, Vol.2, No.1, 2014; S. M. Aliff, "Indo-Sri Lanka Relations after the LTTE: Problems & Prospects," *Journal of Emerging Trends in Educational Research and Policy Studies*, Vol.6, No.4, 2015.

[②]　Shah Alam, "Indian Intervention in Sri Lanka and International Law," *Netherlands International Law Review*, Vol.38, No.3, 1991; Roshani M. Gunewardene, "Indo-Sri Lanka Accord: Intervention by Invitation of Forced Intervention," *North Carolina Journal of International Law and Commercial Regulation*, Vol.16, No.2, 1991.

[③]　V. Suryanarayan, *Kachativu and the Problem of Indian Fishermen in the Palk Bay Region*, Madras: T. R. Publication Private Ltd., 1994; V. Suryanarayan, *Conflict over Fisheries in the Palk Bay Region*, New Delhi: Lancer Publishers & Distributors, 2005, https://books.google.de/books?id=dH0px4c60Z0C&pg=PA170&lpg=PA170&dq=Kachativu&source=bl&ots=qNaoclSa7y&sig=ACfU3U2P6eVT_nr-5pcWKhHTogU5Y2dIEg&hl=zh-CN&sa=X&ved=2ahUKEwii7-OkqIfoAhWIaRUIHXbRDjIQ6AEwEnoECBsQAQ#v=onepage&q&f=false.（访问时间：2020年4月23日）

争端：在保克海峡创造双赢》。①此外，约翰尼·史蒂夫和阿吉特·梅农等人合作的《保克海峡渔业的跨界对话与"规模政治"：海上兄弟？》考察了规模政治如何影响民间行为体主导的对话进程，以解决南亚地方层级的渔业冲突。②澳大利亚麦格里大学法学院的教授娜塔莉·克莱因的文章《国际诉讼能解决印度—斯里兰卡渔业争端吗？》是专门从国际法专业探究印斯渔业争端解决的文章。③其他关于这一主题的文章主要有：A.赫提阿拉奇的《保克海峡的渔业问题：印度因素》，④布莱恩·奥兰德的《印度渔民遭受枪击：困扰印斯关系的海上困境》，⑤N.马罗哈兰的《兄弟，非朋友：印斯关系》及《在动荡的水域捕鱼：印斯关系中的渔民问题》。⑥另外，印度《经济与政治周刊》多年以来也持续关注印斯渔业争端，并刊登了与此相关的一系列文章，如S.D.穆尼的《解决卡恰提武岛问题：与邻为友》、瑟巴斯提安·马修的《保克海峡与渔业争端》、J.舒尔腾等人的《在险峻海峡捕鱼：保克海峡的跨界入侵》和社论文章《保克海峡渔业

---

① V. Suryanarayan, "India, Sri Lanka and the Kachchatheevu Crisis: A Fact Sheet and Possible Solutions," *The Institute of Peace and Conflict Studies (IPCS)*, May 6, 2013, http://www.ipcs.org/comm_select.php?articleNo=3917; V. Suryanarayan, "The India-Sri Lanka Fisheries Dispute: Creating A Win-Win in the Palk Bay," *Carnegie India*, September 9, 2016, https://carnegieendowment.org/files/Suryanaryanan_Fisheries_Dispute_.pdf.（访问时间：2020年4月19日）

② Johny Stephen, Ajit Menon, Joeri Scholtens and Maarten Bavinck, "Transboundary Dialogues and the 'Politics of Scale' in Palk Bay Fisheries: Brothers at Sea?" *South Asia Research*, Vol.33, No.2, 2013.

③ Natalie Klein, "Can International Litigation Solve the India-Sri Lanka Fishing Dispute?" *The Diplomat*, July 14, 2017, https://thediplomat.com/2017/07/can-international-litigation-solve-the-india-sri-lanka-fishing-dispute/.（访问时间：2020年4月19日）

④ A. Hettiarachchi, "Fisheries in the Palk Bay Region: The Indian Factor," *The National Aquatic Resources Research & Development Agency*, No.38, 2007.

⑤ Brian Orland, "Indian Fishermen Catch Gunfire: Maritime Dilemmas Pestering Indo-Sir Lanka Relations," Institute of Peace and Conflict Studies (IPCS), No.53, September 2007.

⑥ N. Manoharan, "Brothers, Not Friends: India-Sri Lanka Relations," *South Asian Survey*, Vol.18, No.2, 2011; N. Manoharan, Madhumati Deshpande, "Fishing in the Troubled Waters: Fishermen Issue in India-Sri Lanka Relations," *India Quarterly*, Vol.74, No.1, 2018.

冲突: 要以人道主义、合作方式解决冲突》。[1]

3. 印斯关系中的中国因素研究

随着中国"一带一路"倡议的推进, 中国与斯里兰卡等印度洋沿岸国家合作不断增多, 这引起了印度的猜忌和怀疑。印度方面出现了众多与此相关的研究, 其中关于中印斯三边关系、印度对中斯合作的威胁认知等方面的研究也不少, 如阿洛克·库马尔·古普塔与伊什瓦拉亚·巴拉克里希南合作的《中斯合流: 印度的威胁认知》, 分析了汉班托塔港的战略价值、印度对中斯合作的威胁认知、中国对斯里兰卡的军事援助与经济合作, 以及中斯关系对中印关系的影响。[2]萨姆鲁提·S.帕坦莱克《印度对中国投资及援助尼泊尔、斯里兰卡和马尔代夫的政策回应: 挑战与前景》则主要考察印度对中国与斯里兰卡等南亚小国合作的政策反应。[3]德里克·麦克杜格尔与帕拉德普·塔内加合作的《中印在印度洋岛国的竞争: 考察小国施动者》分析了中印在斯里兰卡、马尔代夫、毛里求斯和塞舌尔等四个印度洋岛国的竞争, 在斯里兰卡方面则回顾了中斯、中印历史发展以及当前的中印斯三边关系。[4]阿布吉特·辛格的《中印在亚洲沿海国家的互动——来自新德里的观点》指出, 随着中国在南亚和印度洋地区推进"一带一路"建设,

---

[1] S. D. Muni, "Kachchativu Settlement: Befriending Neighbouring Regimes,"*Economic and Political Weekly*, Vol.9, No.28, 1974; Sebastian Mathew, "Palk Bay and Fishing Conflicts," *Economic and Political Weekly*, Vol.46, No.9, 2011; J. Scholtens, M. Bavinck and A. S. Soosai, "Fishing in Dire Straits: Trans-Boundary Incursions in the Palk Bay,"*Economic and Political Weekly*, Vol.47, No.25, 2012; Economic and Political Weekly editorials, "Conflict over Fishing in the Palk Bay,"*Economic and Political Weekly*, Vol.49, No.15, 2014.

[2] Alok Kumar Gupta and Ishwaraya Balakrishnan, "Sino-Sri Lankan Convergence: Threat Perceptions for India," *The Indian Journal of Political Science*, Vol.71, No.1, 2010.

[3] Smruti S. Pattanaik, "India's Policy Response to China's Investment and Aid to Nepal, Sri Lanka and Maldives: Challenges and Prospects," *Strategic Analysis*, Vol.43, No.3, 2019.

[4] Derek McDougall and Pradeep Taneja, "Sino-Indian Competition in the Indian Ocean Island Countries: the scope for small state agency," *Journal of the Indian Ocean Region*, 2019.

中国在印度洋沿岸国家和岛国的影响力不断提升，印度方面感受到来自中国的威胁。[①]拉迪普·帕卡拉提的《印度国内对中国在印度洋开展活动的争论及分析》一文介绍了印度和中国分别对印度洋的基本认识，叙述了印度国会议员、《印度时报》、智库和研究机构对中国在印度洋活动的不同观点。[②]印度著名学者拉贾·莫汉（也译作雷嘉·莫汉）的专著《中印海洋大战略》主要关注21世纪初期中印两国在印度洋的发展战略，其中在"围绕战略岛国""沿海竞争"等章节专门分析了中印在斯里兰卡等印度洋沿岸国家的竞争。[③]

总的说来，国外学界的研究较为系统丰富，对于印斯关系发展的重要历史阶段、重要话题都有所涉及，并且使用的相关研究资料也较为翔实。这些都为本书的进一步研究提供了丰富的参考。但是，国外学界的研究较少有从1948年斯里兰卡独立一直到21世纪初期的通论性研究。而且，在分析印度对斯政策的影响因素方面，已有研究成果大多是就事论事，只是分析在具体历史时期里英国、美国或中国的影响，而没有从中抽象提炼出"域外大国"这一持续性的影响因素。此外，就笔者目前看到的材料来看，已有研究也较少论述印度的南亚政策及国家安全战略重心布局对其斯里兰卡政策的影响。上述这些情况都为本书的继续研究提供了较大的学术空间。

## （二）国内研究现状

总体而言，国内学界对斯里兰卡的关注是比较晚近的事情。20世纪80年代以前，国内涉及斯里兰卡的研究不多，只有在中国外交的相关论著里会提及1952年《中斯米胶协定》[④]、1962年中印边界战争时斯里兰卡的调停作用等内容。20世

---

① Abhijit Singh, "Sino-Indian Dynamics in Littoral Asia-The View from New Delhi," *Strategic Analysis*, Vol.43, No.3, 2019.
② [印度]拉迪普·帕卡拉提：《印度国内对中国在印度洋开展活动的争论及分析》，《亚太安全与海洋研究》2016年第1期。
③ [印度]雷嘉·莫汉：《中印海洋大战略》，朱宪超、张玉梅译，北京：中国民主法制出版社2014年版。
④ 1952年《中斯米胶协定》被中斯两国政府视作中斯传统友谊的象征。

纪80年代之后，随着斯里兰卡内战爆发，中国国内开始陆续出现一些关于斯里兰卡内战和印斯关系的研究，但相关研究在中国外交和国际关系研究中的比重并不大。国内相关研究从时间段上来看，重点关注20世纪80年代；从内容上来看，基本围绕斯里兰卡僧泰民族冲突和内战、《印斯和平协议》、印度在斯维和行动、印度干涉斯民族冲突及其对印斯关系的影响。但21世纪初期以来出现了一些新的变化，随着中国不断崛起和"一带一路"倡议的推进，斯里兰卡作为印度洋交通要道和"21世纪海上丝绸之路"的关键节点，对于确保中国能源和经济的海上运输通道安全与未来参与印度洋地区事务的地缘重要性不断凸显。因此，最近10年来国内对于斯里兰卡和印斯关系的研究开始趋热。以2007年中国援建斯里兰卡汉班托塔港、2009年斯里兰卡内战结束事件为分界线，国内学界的相关研究热点开始侧重于中国与斯里兰卡的经济合作、印度对中斯合作的认知与反制、斯里兰卡在中印之间的"平衡外交"、中印斯三边关系等方面的内容。

1. 印斯关系总体分析和综论性研究

国内学术界对于印度的邻国外交多是关注印巴关系、中印巴三边关系、印度的南亚政策等方面，以印度的斯里兰卡政策、印斯关系为主题的研究相对较少。目前，国内尚无关于印度的斯里兰卡政策或印斯关系的专著。已有研究多是将印斯关系放到印度的南亚政策或印度总体对外关系中进行论述，常用一章或一节的篇幅阐述印斯关系的历史演变和现实发展。较为有代表性的研究主要如下：王宏纬主编的《南亚区域合作的现状与未来》一书中在分析"印度的南亚秩序和印度与邻国的关系"时，用一小节专门介绍了"为种族问题困扰的印斯关系"；[①]孙士海主编的《南亚的政治、国际关系及安全》详细介绍了冷战时期印度与其他南亚国家的关系，其中就有印度与斯里兰卡关系的部分；[②]陈继东主编的《当代印

---

① 王宏纬主编：《南亚区域合作的现状与未来》，成都：四川大学出版社1993年版。
② 孙士海主编：《南亚的政治、国际关系及安全》，北京：中国社会科学出版社1998年版。

度对外关系研究》也用一节分析论述了印度和斯里兰卡的关系、面临的问题及发展状况；①孙士海、江亦丽主编的《第二次世界大战后南亚国家对外关系研究》在分析印度与南亚国家关系时用一节分析了"印度与斯里兰卡的关系"和"斯里兰卡的对外政策和对外关系"；②胡志勇的《冷战时期南亚国际关系》在分析冷战时印度与南亚国家关系时，用一小节介绍了"冷战时期印度与斯里兰卡的关系"。他的另一本专著《21世纪初期南亚关系研究》中，也是用一节篇幅论述了"21世纪初期印度与南亚其他国家的关系演变"。③

在期刊文章方面，专门阐述印斯关系或印度对斯政策的文章数量不多。张位均的《印斯关系概述》是国内较早专门分析印斯关系的文章，其中分析了历史遗留的影响两国关系的两大问题（领土归属问题和斯里兰卡种植园工人国籍问题），之后又论述了印度在斯里兰卡民族冲突问题上的政策、印度介入斯里兰卡民族问题的原因。④辉明的《冷战后印斯关系的变化》追溯了独立以来两国关系的发展，指出冷战结束以后两国关系中凸显的难民问题、渔业纠纷和卡恰提武岛问题。⑤此外，在部分关于印度的南亚政策、地区政策或周边外交政策的研究文章中，会对印斯关系进行一定篇幅概述，例如孙晋忠和晃永国的《试论印度地区外交政策的理论与实践》、黄正多《尼赫鲁时期印度对南亚邻国外交政策分析》、马孆《冷战后印度南亚政策的变化》和李忠林《印度的门罗主义评析》。⑥

在学位论文方面，目前已知仅有索玉峰的《印度和斯里兰卡两国独立后的关

---

① 陈继东主编：《当代印度对外关系研究》，成都：巴蜀书社2005年版。
② 孙士海、江亦丽主编：《第二次世界大战后南亚国家对外关系研究》，北京：方志出版社2007年版。
③ 胡志勇：《冷战时期南亚国际关系》，北京：新华出版社2009年版；胡志勇：《21世纪初期南亚国际关系研究》，上海：上海社会科学出版社2013年版。
④ 张位均：《印斯关系概述》，《南亚研究季刊》1990年第3期。
⑤ 辉明：《冷战后印斯关系的变化》，《当代亚太》2005年第1期。
⑥ 孙晋忠、晃永国：《试论印度地区外交政策的理论与实践》，《国际政治研究》2000年第1期；黄正多：《尼赫鲁时期印度对南亚邻国外交政策分析》，《南亚研究季刊》2004年第1期；马孆：《冷战后印度南亚政策的变化》，《当代亚太》2004年第5期；李忠林：《印度的门罗主义评析》，《亚非纵横》2013年第4期。

系演变研究》一篇，该文章按照时间线分析了印斯两国关系的不同阶段，即"平稳发展期（1948—1980）""紧张时期（1981—1990）""稳步发展期（1990—2009）""加速发展期（后猛虎时代）"。最后一章也分析了"印斯关系中的中国因素"。此文的优点是逻辑清晰，但所依据的材料多是二手资料，而且对相关问题的论述篇幅较短、不够深入。[①] 此外，李翠芳的《印度莫迪政府对斯里兰卡的外交政策分析》一文追溯了印度独立以来对斯里兰卡政策（即尼赫鲁、英·甘地、拉·甘地时期的对斯政策），又考察了莫迪政府对斯政策的转变及其原因（中国因素、斯里兰卡对华合作），此外也指出了影响印斯关系的几个主要因素，如泰米尔纳德邦因素、渔业问题、印度洋和海上安全问题、斯里兰卡国内权力转移等。[②]

在对独立之初的印斯关系研究方面，已有研究多关注两国间的两个主要历史遗留问题，即泰米尔种植园工人国籍问题、卡恰提武岛争端和海洋划界问题。而且，国内现有研究很少关注斯里兰卡对印度战略恐惧与《英锡防务协定》对于印斯关系的影响。目前，国内几乎没有专门分析《英锡防务协定》的文章，国内研究也很少关注该协定对印度的斯里兰卡政策的影响。其实，印度在独立之初对尼泊尔、不丹、锡金、巴基斯坦等南亚邻国无一例外都采取了强势政策，却唯独对斯里兰卡采取克制与合作政策。在印度尤其重视的泰米尔人国籍问题上，印度也保持了少有的克制态度。印度的这种政策倾向与《英锡防务协定》为斯里兰卡提供的安全保障有着密切关系。

2. 印斯关系具体议题研究（斯里兰卡民族冲突、印斯渔业争端）

1983年之后，随着斯里兰卡国内民族冲突的激化和印度的介入，中国学界开始出现一些介绍斯里兰卡民族问题、印度在斯内战中角色的文章。这类文章一般将印度的干涉作为影响斯里兰卡局势的重要变量。这方面的研究主要有：关弓的

① 索玉峰：《印度和斯里兰卡两国独立后的关系演变研究》，云南大学硕士论文，2013年。
② 李翠芳：《印度莫迪政府对斯里兰卡的外交政策分析》，外交学院硕士论文，2018年。

《斯里兰卡的种族冲突与斯印关系》分析了斯里兰卡民族冲突的原因及其对印斯关系的影响；①马加力的《印斯和平协议的前前后后》分析了两国民族冲突的由来、印斯签署和平协议时双方的战略考量、和平协议的实施与印度维和部队在斯里兰卡的困境及撤军前景；②郑祥瑞的《印度与邻国关系中的几个问题》分析了斯里兰卡要求印度撤军的原因、印斯两国围绕撤军问题的斗争；③吴晋秀的《斯里兰卡民族冲突的现状与未来》详细阐述了斯里兰卡内战的5个阶段；④胡仕胜的《斯里兰卡民族冲突的渊源及现状》将印度南部对斯泰米尔人强劲支持作为斯里兰卡内战久拖不决的原因之一；⑤易玲的《印度1980年代的斯里兰卡政策与"泰米尔问题"》分析了1980年代印度的斯里兰卡政策、印度介入斯里兰卡内部冲突的原因；⑥时宏远的《斯里兰卡民族冲突的根源、发展及前景》，将斯国内民族冲突的根源归结于三方面因素：英国的殖民统治、独立后斯里兰卡政府的政策偏差、印度的干涉；⑦刘艺的博士论文《跨境民族问题与国际关系——以斯里兰卡泰米尔跨境民族问题与印斯关系为例》专门分析了泰米尔跨境民族问题对印斯关系的影响；⑧吴永年在《印度的民族问题及与南亚诸国的关系》中分析了"印度与斯里兰卡的民族宗教纷争"。⑨此外，关于斯里兰卡国内民族问题的来龙去脉及对印度因素的研究，也有两部较为权威的专著：王兰的《斯里兰卡的民族宗教

---

①　关弓：《斯里兰卡的种族冲突与斯印关系》，《国际问题研究》1988年第3期。

②　马加力：《印斯和平协议的前前后后》，《南亚研究季刊》1988年第3期。

③　郑祥瑞：《印度与邻国关系中的几个问题》，《国际问题研究》1990年第2期。

④　吴晋秀：《斯里兰卡民族冲突的现状与未来》，《南亚研究季刊》1997年第4期。

⑤　胡仕胜：《斯里兰卡民族冲突的渊源及现状》，《国际资料信息》2000年第8期。

⑥　易玲：《印度1980年代的斯里兰卡政策与"泰米尔问题"》，《南亚研究季刊》2006年第1期。

⑦　时宏远：《斯里兰卡民族冲突的根源、发展及前景》，《南亚研究季刊》2006年第1期。

⑧　刘艺：《跨境民族问题与国际关系——以斯里兰卡泰米尔跨境民族问题与印斯关系为例》，暨南大学博士论文，2006年。

⑨　吴永年：《印度的民族问题及与南亚诸国的关系》，《东南亚南亚研究》2009年第3期。

与文化》详细分析了斯里兰卡的民族发展史、英国人的殖民统治及其影响、僧泰民族矛盾的历史由来以及印度在其中的角色和作用；[①]曹兴的《僧泰冲突与南亚地缘政治：世界民族热点研究和最长民族纠纷》是关于斯里兰卡民族冲突问题研究的专著，书中用单独一章来介绍"当代僧泰冲突的走向与印度的关联"。[②]

2009年随着斯里兰卡内战结束，国内学界又开始渐渐出现各种分析斯里兰卡内战、印度在斯里兰卡民族冲突中的角色、印斯关系等方面的文章。例如，李捷、曹伟的《斯里兰卡内战结束以来印度对斯政策分析》和张威的《印度对斯里兰卡内战政策的演变（1983—1990）》是这方面的代表性文章。[③]此外，程晓勇《论印度对外干预——以印度介入斯里兰卡民族冲突为例》以印度对斯民族冲突干预为案例，探讨分析了印度作为地区强国的对外干预理念、干预政策与干预行为。[④]廖金宝的《试析印度在斯里兰卡民族冲突中的角色》分析了斯里兰卡民族问题的成因、斯民族冲突及外部干涉对印度国家安全的影响、印度介入斯民族冲突的过程及后果。[⑤]

最后，对于印斯关系中另一热点渔业争端问题，目前国内相关研究十分匮乏，在知网上能搜到的学术论文仅有一篇（黄德凯、徐秀良的《印度—斯里兰卡海洋渔业争端探析》），该文章分析了印斯渔业争端的基本原因、主要特点和基本趋势。此文是目前已知国内唯一一篇专门分析印斯渔业争端的学术论文，具有开创性的意义，但它也存在不少值得商榷之处。例如，此文将"（印斯）两国海域划界不清

---

[①] 王兰：《斯里兰卡的民族宗教与文化》，北京：昆仑出版社2005年版。
[②] 曹兴：《僧泰冲突与南亚地缘政治：世界民族热点研究和最长民族纠纷》，北京：民族出版社2003年版。
[③] 李捷、曹伟：《斯里兰卡内战结束以来印度对斯政策分析》，《南亚研究》2013年第4期；张威：《印度对斯里兰卡内战政策的演变（1983—1990）》，《北京教育学院学报》2014年第6期。
[④] 程晓勇：《论印度对外干预——以印度介入斯里兰卡民族冲突为例》，《南亚研究》2018年第2期。
[⑤] 廖金宝：《试析印度在斯里兰卡民族冲突中的角色》，中山大学硕士论文，2009年。

晰"作为印斯渔业争端的原因之一。①但事实上，印斯海上边界由1974年、1976年印斯海洋划界协定明确划定，两国海上边界线是清楚明确且在中央政府层面不存在争议。另外，国内一些南亚研究或印度外交专著中也偶尔提及印斯渔业争端和卡岛问题，但大多只是简短介绍，缺乏专门研究和深入分析。②

3. 印斯关系中的中国因素

近年来，随着中国"一带一路"建设在南亚和印度洋地区的深入推进，中斯合作密切，引起了印度方面的猜忌和顾虑。国内学界也与印度学界同步开始关注印斯关系、中印斯三边关系等相关研究，涉及中国的研究不断增多和趋热。

2010年之后，随着中国与斯里兰卡之间的经济合作增多以及"21世纪海上丝绸之路"合作项目在印度洋的推进，国内学者开始重点关注"一带一路"倡议在南亚的实施、中斯合作、印度对中斯合作的安全顾虑、中印斯三边关系等方面的内容。例如，蒲奕江的《印斯关系中的中国因素》追溯了印斯两国自独立以来的关系发展，又分析了印度通过加强与斯里兰卡的关系制衡中国影响力。③宋志辉、马春燕的《斯里兰卡的经济发展与中印在斯的竞争》指出，中国积极参与斯里兰卡战后经济建设的举措引起了印度的担忧和敌意，印度认为中国对斯经济合作是中国"珍珠链"战略的一部分，因而印度加大了对斯渗透以抗衡中国、中印

---

① 此文认为印斯渔业争端的原因是：（1）印斯两国海域划界不清晰；（2）渔业是印斯两国重要产业；（3）渔民增多且不断扩大捕捞海域；（4）斯里兰卡内战进一步刺激了渔业争端。参阅黄德凯、徐秀良：《印度—斯里兰卡海洋渔业争端探析》，《边界与海洋研究》2016年第3期，第116—119页。
② 孙士海、江亦丽主编：《第二次世界大战后南亚国家对外关系研究》，北京：方志出版社2007年版，第206页；王宏纬主编：《南亚区域合作的现状与未来》，成都：四川大学出版社1993年版，第241页；何道隆主编：《当代斯里兰卡》，成都：四川人民出版社2000年版，第178—179页；雷启淮主编：《当代印度》，成都：四川人民出版社2000年版，第378页；陈继东主编：《当代印度对外关系研究》，成都：巴蜀书社2005年版，第167—168页；朱昌利主编：《当代印度》，昆明：云南大学出版社2016年版，第265页。
③ 蒲奕江：《印斯关系中的中国因素》，《东南亚南亚研究》2011年第1期。

在斯里兰卡的竞争也不断加剧。[①]杨晓萍的《斯里兰卡对华、对印关系中的"动态平衡"》中，分析了斯里兰卡对中印两国的战略诉求、中印斯三边关系中的动态平衡。[②]白汉唐的《中印在印度洋角力下斯里兰卡外交政策之研究》提出了"抗衡与扈从理论"，并分析了印斯、中斯间的历史文化、政治、经济和军事关系。[③]王聪的《中印在斯里兰卡的战略竞争》回顾了印斯关系发展历程，又从经济较量、政治博弈和军事竞争等方面阐述了中印在斯里兰卡的战略竞争。[④]任锦萱的《中印在南亚的地缘经济博弈——以尼泊尔与斯里兰卡为例》一文探讨了"一带一路"倡议在南亚推进过程中，中国与尼泊尔、斯里兰卡等南亚小国展开合作的情况及印度对此的反应。重点分析了中印两国在尼泊尔、斯里兰卡的经济互动和贸易竞争。[⑤]此外，近年来学界关于印度对"一带一路"倡议的研究也是非常丰富，这些研究基本都对印度的南亚政策、中印战略相遇等内容进行了深刻的分析。这方面主要的研究成果有：叶海林的《印度南亚政策及其对中国推进"一带一路"的影响》，王继舜的《印度视角下的中国大陆"一带一路"战略》，朱翠萍的《"一带一路"倡议的南亚方向：地缘政治格局、印度难点与突破路径》，杨思灵的《印度如何看待"一带一路"下的中印关系》及他和陈新丽

---

① 宋志辉、马春燕：《斯里兰卡的经济发展与中印在斯的竞争》，《南亚研究季刊》2011年第4期。

② 杨晓萍：《斯里兰卡对华、对印关系中的"动态平衡"》，《南亚研究季刊》2013年第2期。

③ 白汉唐：《中印在印度洋角力下斯里兰卡外交政策之研究》，台湾中兴大学硕士论文，2014年。

④ 王聪：《中印在斯里兰卡的战略竞争》，华中师范大学硕士论文，2015年。

⑤ 任锦萱：《中印在南亚的地缘经济博弈——以尼泊尔与斯里兰卡为例》，南京大学硕士论文，2019年。

等合作的《国际社会对中国"西进"印度洋错误认知之刍议》。①

　　另一类研究是关于斯里兰卡外交政策的研究。因为印度作为斯里兰卡的唯一近邻和最大邻国，印斯关系、斯里兰卡对印度外交政策也是这类研究中关注的问题。这方面比较出色的文章有李捷、王露的《联盟或平衡：斯里兰卡对大国外交政策评析》，该文章利用小国的大国外交政策选择理论分析了斯国独立以来的大国外交政策，文章认为斯里兰卡在对大国制衡、追随与平衡的政策之间摇摆：1947年为了防范印度的安全威胁，斯里兰卡通过与英国签订防务协定而对印度实施了"制衡政策"；1987年斯里兰卡为解决国内民族冲突而对印度采取了"追随政策"，并与印度签署了《印斯和平协议》；2009年斯里兰卡内战结束以后，斯里兰卡在中国、印度、西方国家之间实施"平衡政策"，从而实现自身利益的最大化。②此外，刘耀辉、简天天的《1948年以来斯里兰卡外交政策的演变》分析了斯里兰卡外交政策的历史演变，其中也涉及印斯关系的发展与变化。彭善娟的《论斯里兰卡西里塞纳政府的外交战略》分析了斯里兰卡外交战略的基本目标、影响因素和制约因素与对中国的政策建议。③

　　总体而言，国内已有研究的主要不足之处在于多是重点关注印斯关系的某一时间段（如20世纪80年代）和某些议题（如无国籍印度泰米尔人问题或印度对斯内战的介入），而缺乏对印度对斯政策的系统全面分析。此外，在具体问题的研究方面，也常常存在遗漏和忽视。例如，在独立之初的印斯关系中主要存在三个

①　叶海林：《印度南亚政策及对中国推进"一带一路"的影响》，《印度洋经济体研究》2016年第2期；王继舜：《印度视角下的中国大陆"一带一路"战略》，《战略安全研究》（台湾）第150期，2018年5—6月；朱翠萍：《"一带一路"倡议的南亚方向：地缘政治格局、印度难点与突破路径》，《南亚研究》2017年第2期；杨思灵：《印度如何看待"一带一路"下的中印关系》，《人民论坛·学术前沿》2015年第9期；陈新丽、冯传禄、罗国祥：《国际社会对中国"西进"印度洋错误认知之刍议》，《南亚研究》2016年第2期。
②　李捷、王露：《联盟或平衡：斯里兰卡对大国外交政策评析》，《南亚研究》2016年第3期。
③　彭善娟：《论斯里兰卡西里塞纳政府的外交战略》，外交学院硕士论文，2016年。

问题，即斯里兰卡"印度泰米尔人"的国籍问题；斯里兰卡对印度的威胁认知与《英锡防务协定》的签署；卡恰提武岛争端和印斯海洋边界问题。[1]其中前两个问题尤为紧迫，也是印度尼赫鲁政府时期重点关注的问题。但国内研究常常容易忽视斯里兰卡对印威胁认知和《英锡防务协定》这一问题。除了上述李捷、王露的《联盟或平衡：斯里兰卡对大国外交政策评析》中有简要说明外，其他印度外交或印斯关系研究中都鲜有涉及。[2]其实，《英锡防务协定》对独立初期的印斯关系也有着重要影响。具体而言，在独立前夕斯里兰卡就意识到了印度对其政治独立的威胁，因此1947年11月在独立前数月与英国达成了防务协定。协定规定了两国在战时互相援助的义务，还同意英国继续使用斯里兰卡的海空军基地，维持英国在斯里兰卡的军事存在。独立之初的印度几乎对所有南亚小国都使用过武力或者胁迫，在周边地区倾向于以武力解决问题：为克什米尔问题与巴基斯坦大动干戈、对土邦的武力兼并、对尼泊尔等喜马拉雅山国家进行武力胁迫以恢复英印时期的控制。但印度对斯里兰卡却是例外，独立之初印度的对斯政策始终保持着足够的克制。即使在20世纪50年代斯里兰卡当局对泰米尔人采取过激的政策，印度也没有作出强烈反应。在协商处理印度泰米尔人国籍问题时，面对斯政府的强硬政策，尼赫鲁政府也没有采取过激的手段。不得不说，《英锡防务协定》对印度起到了一定的威慑作用，离开了《英锡防务协定》和英国的角色就难以解释印度这一看似异常的政策。

---

① Shelton U. Kodikara, *Foreign Policy of Sri Lanka: A Third World Perspective*, Delhi: Chanakya Publications, 1982, p.21.
② 此外，部分学者的专著中也有小篇幅相关论述，参阅陶亮：《理想主义与地区权力政治：冷战时期印度的对外政策》，昆明：云南大学出版社2014年版，第148—149页。

## 四、研究创新、研究方法和研究难点

### (一) 研究创新

总体而言，本书的创新点主要体现在如下几个方面：

一是研究选题创新。国内学界对于印度外交的研究，大多重视宏观层面和其与大国关系层面，对其与小国关系的关注度相对不足。具体而言，国内关于印度外交的已有研究主要选题一般包括：印度的国家安全战略、印度的核战略、印度的南亚政策、印度的印度洋战略、中印关系（含中印边界问题、西藏与中印关系、印藏关系、中印在印度洋上的战略竞争、印度与"一带一路"等各种子课题）、印巴关系、印美关系、印欧关系、印日关系等等。本书选择以印度的斯里兰卡政策作为研究对象，这是印度南亚政策和邻国政策研究中的子课题和研究分支。目前，国内学界在这方面的研究仍然有所不足，除少数硕士论文有部分涉及之外，尚无系统研究分析印斯两国独立至今70年来印度对斯政策的学术成果。因此，本项研究对于国内已有的研究是一种重要而有益的补充。

二是研究视角创新。相较于从双边关系分析印度对斯政策的传统研究视角而言，本书采取的是"整体观"和"全局观"，将印度的对斯政策放到其南亚政策、印度洋政策、总体战略布局的视角下分析考量。斯里兰卡地处南亚次大陆东南沿海，是印度的南亚政策和印度洋政策的"连接点"。因此，印度的对斯政策必然是与其南亚政策和印度洋政策密切相关的，在分析印度对斯政策时也需要关注相关历史时期中印度的南亚政策和印度洋政策。另外，独立以来印度的国家安全战略重心经历了从"重陆轻海"到"海陆并重"，再到"高度重视印度洋"的转变。这种转变对于印度的斯里兰卡政策产生了深刻影响。具体说来，1971年以前，印度的主要战略重心是放在南亚次大陆北部，对于南部方向的斯里兰卡和印度洋不够重视。当时印度对斯政策的目标是保持印斯关系稳定、避免引起南部方向的战略牵制，因此印度采取了对斯的克制与合作政策。不过，20世纪七八十年代之后，印度开始有更多的主观意愿和客观能力来关注印度洋方向的安全事务，斯里兰卡在印度外交布局中的地位也不断提升，此时印度的对斯政策逐渐显出"霸权主义"色彩。所以，只有采取"整体观"与"全局观"，将印度的对斯政策放到其南亚政策和总体外交战略布局的框架中考量，才能更加确切地把握印度对斯政策的历史演变轨迹及其背后深层次的原因。

三是研究路径创新。本书采取层次分析法，按照"国际—双边—国内"等三个层次，分别探究域外大国因素（国际层面）、跨界民族问题和双边外交关系（双边层面）、国内选举政治因素（国内层面）等不同因素对印斯关系的影响。在上述几个层面的因素中，本书特别关注到国际层面的"域外大国"因素对印斯关系的影响。由于斯里兰卡一直对印度存在着战略担忧和安全防范，为抗衡印度的潜在威胁和强大影响力，因此斯政府经常寻求与域外大国的合作。已有研究成果大多只是具体分析在不同历史时期里英国、美国或中国因素对印斯关系的影响，但没有从中抽象和提炼出"域外大国"这一持续性的影响因素。本书的一个突出特色就是对域外大国因素的关注和重视，这也是其他同类型研究较少涉及的切入点。

## （二）研究方法

### 1. 文献资料分析法

本书在研究主题选择、基本框架确定和重要问题论述等方面都需要立足于大量文献资料。目前可以运用的档案资料主要包括：（1）《尼赫鲁选集》（共61卷），其中有30多卷的部分内容涉及斯里兰卡、印斯关系；（2）《尼赫鲁演讲集（1—5卷）》，其中有不同历史阶段中尼赫鲁对斯里兰卡形势、南亚地区政策的各种演讲文稿；（3）《印度外交部年度报告（1948—2019）》，目前能从印度外交部网站上下载1948年至2019年的报告全文，每年的报告中都有专门的章节对印斯关系及相关问题进行论述；[①]（4）《印度国防报告（2002—2019）》和三份

---

① 印度外交部网站对外公布的外交部年度报告中暂缺1997-1998年度报告。其他年份年度报告全文参阅印度外交部线上图书馆网站，https://mealib.nic.in/?2386?000。

《印度海洋战略报告》，①这是目前能从印度国防部网站下载到的印度国防和海洋安全战略的权威文本，这些报告对于理解印度在21世纪的国家安全战略和海洋战略目标及其对印度洋、印斯关系的定位十分重要；（5）英国外交部解密档案中关于《英锡防务协定》的档案和K.M.希尔瓦的两卷本斯里兰卡档案汇编集，②这部分资料是理解英国在印斯关系中的作用、独立前后印斯双边关系的重要文献；（6）前印度外交部历史司司长阿弗塔·辛格·巴辛编的五卷本《印斯关系与斯里兰卡民族冲突文件集（1947—2000）》。③这套文件集是关于印斯两国领导人、高级专员、外长等人的重要往来信件、会议备忘录、对外公报等1223份官方档案资料汇编。其中包括印斯政治关系、海洋边界和渔业问题、斯里兰卡民族问题、印度对斯民族问题的介入、印斯和平协议、印度维和部队、印斯双边经济关系等重要议题。它也是目前已知的关于印斯关系最为完整、庞大和权威的档案资料汇编；（7）利用印度国会数字图书馆网站查阅的大量关于印斯关系的印度国会辩论档案资料。④

2. 多学科综合分析方法

印斯关系中有对外武力干涉、跨界民族矛盾、海洋和岛屿争端等具有跨学科和多学科特点的问题。本书在分析印度对斯政策影响因素时采取了国际关系学科的层次分析法。在阐述印斯渔业争端和卡恰提武岛争端时，本书除了立足于历史资料，分析了相关问题的来龙去脉，还从国际法角度分析了卡恰提武岛争端的症结所在。在研究1987年《印斯和平协议》及印度维和部队的影响和作用时，除了

---

① 主要包括：2004年发布、2009年改版的《印度海洋军事学说》；2007年发布的《自由使用海洋：印度海洋军事战略》；2015年发布的《保障海洋安全》。
② 如FCO.37/591 Ceylon: Defence Agreements between Ceylon and United Kingdom, 1970；K.M.de Silva ed., Sri Lanka, London: The Stationery Office/ The University of London, 1997.
③ Avtar Singh Bhasin ed, *India-Sri Lanka Relations and Sri Lanka's Ethnic Conflict Documents, 1947-2000*, Vol.1-5, New Delhi: India Research Press, 2001.
④ 印度国会数字图书馆网站（Parliament Digital Library），包含英印殖民政府时期至今的印度国会辩论电子版档案，可以通过关键词检索到相关文件，对于印度内政、外交研究具有重要参考价值，网址：https://eparlib.nic.in/。

从国际关系方面来分析印斯战略博弈，也从国际法角度对"邀请干涉""对外武力干涉"等情况进行了阐述。此外，印度的斯里兰卡政策发展有一个长期的演变过程，并且在不同时间段呈现出不同特点，本书尝试运用历史分析方法厘清印斯关系发展脉络。例如，印度的斯里兰卡政策在不同阶段呈现出的不同特点，可以分为克制与合作时期、调停与干涉时期、恢复发展时期和中国因素影响的新时期等几个不同阶段。历史分析方法有助于从宏观角度理解印斯关系和印度对斯政策的全面演变过程，有利于对当前印度对斯政策进行深入分析和预判。

### （三）研究难点及应对

1.研究难点：目前，国内关于斯里兰卡、印斯关系的研究不多且大部分都是政策性研究，而且很多研究引用的资料多为新闻报道、网站资料或期刊文章等二手文献，缺乏对印斯关系的宏观历史研究和权威参考资料。此外，因为学界研究不足，所以国内关于印斯关系的英语专著等资料数量不多且不易获取。

2.应对方法：本书作者一方面全面搜集国内已有印斯关系研究成果。另外，也在印斯两国外交部和国防部网站、印度国会数字图书馆网站、英国外交部解密档案和美国国会档案等数据库中寻找印斯关系相关档案资料；利用ZLibrary和Internet Archive等电子书网站等途径获取印斯关系相关专著和期刊论文；利用Shodhganga印度学位论文数字化网站下载与研究主题相关的印度各高校博士论文；赴四川大学南亚研究所等国内重要南亚研究机构查阅相关文献资料；利用"中国高校人文社会科学文献中心"（CASHL）和"中国高等教育文献保障体系"（CALIS）等文献传递渠道获取重要参考资料。通过上述方式尽量弥补文献不足的短板。

## 五、本书结构、概念界定和基本观点

### （一）本书结构

本书主要研究1948年以来印度对斯里兰卡的外交政策及其发展演变。力求在借鉴前人研究成果的基础上，立足于更多档案和相关文献资料，深入研究印度的斯里兰卡政策演变及影响印度对斯政策的各种因素。除绪论和综论部分外，正文分为四章。绪论部分主要介绍了印度的斯里兰卡政策的选题意义、国内外研究现状、研究方法和基本观点。正文第一章主要论述独立初期（1948年至1980年）印度对斯里兰卡的克制与合作政策。第二章主要论述20世纪80年代印度对斯里兰卡的调停与干涉政策。第三章主要论述20世纪90年代至21世纪初期印度对斯的不干涉与修好政策。第四章主要论述2009年斯里兰卡内战结束以来印度对斯政策的新发展，其中重点阐述中国因素对印度对斯政策的影响。最后的综论部分对印斯关系发展总体历史脉络进行回顾，并重点分析阐释影响印度对斯政策的主要因素（印度因素、斯里兰卡因素、域外大国因素）等内容，而且也总结了印度对斯政策对于地区大国和国际社会的若干经验、教训和启示。

### （二）概念界定

在此，笔者认为有必要对本书使用的印度国家安全战略重心、南亚政策、印度洋政策等几个重要概念进行解释：（1）印度国家安全战略重心，指的是在国家实力有限的情况下，印度在南亚次大陆方向和印度洋海上方向的战略重心安排。在国家安全战略重心布局方面，印度从独立之初至今经历了"重陆轻海""海陆并重""高度重视海洋"的不同阶段；（2）印度的南亚政策，指的是印度在处理与巴基斯坦、孟加拉国、尼泊尔、不丹、斯里兰卡、马尔代夫等南亚邻国关系时所遵循的政策；（3）印度的印度洋政策是印度关于在印度洋上主要战略目标的政策，它的产生是与印度国家安全战略重心"由陆向海"转移相伴随的，并且也经历了从无到有的过程。

### （三）基本观点

印度对斯政策是服务于其南亚政策整体目标的，即维护南亚地区稳定、维持印度在南亚主导地位、防止域外大国介入、防止区域内的民族冲突外溢、打击恐怖主义等等。具体而言，印度的斯里兰卡政策诉求主要有如下方面：

一是防止域外大国（尤其是被印度视为威胁的国家）利用斯里兰卡的亭可马里和汉班托塔等战略性港口。印度一贯的外交政策就是强烈排斥域外大国介入南亚地区事务，不能容忍南亚小国与域外国家发展关系而损害印度的国家利益。如有可能，争取印度能够使用斯里兰卡的重要港口。二是主张以和平方式解决斯里兰卡国内民族冲突，并对斯国内泰米尔人的状况表示关切，希望斯政府给予泰米尔人应有的基本权益，对泰米尔人一定程度的自治要求表示尊重和支持。三是维持斯里兰卡国内政局稳定，防止因其内乱"外溢"而影响印度南部地区稳定。不容许斯里兰卡泰米尔人独立，因为这会刺激印度南部泰米尔地区的独立要求。四是在涉及南亚和印度洋的重大问题上，斯里兰卡需要站在印度一边。斯里兰卡国内出现紧急情况时应首先寻求印度的帮助。五是保持印斯关系良性互动，不断增强双方的互联互通，与斯里兰卡进行广泛的安全互动、经济合作和文化交流。

此外，印度的斯里兰卡政策受到历史文化、地缘战略、国家安全战略目标、国内政治、领导人特性等各种因素的影响。具体而言，印度对斯里兰卡政策主要受到三方面因素的影响：一是印度因素。这主要包括印度的南亚地区政策和总体安全战略部署、印度国内选举政治和地方政府的影响、印斯两国历史联系和民族问题、重要领导人的因素。二是斯里兰卡因素，主要是斯里兰卡国内政局和外交政策的变化。三是域外大国的因素。在不同历史阶段，英国、美国、中国等域外大国与斯里兰卡的合作都会对印斯关系、印度的斯里兰卡政策造成一定影响。

## 第一章

# 克制与合作：独立初期至20世纪70年代印度的斯里兰卡政策

从20世纪40年代末印斯两国独立①起至20世纪70年代是印斯关系发展的早期阶段，这一时期印度对斯里兰卡政策的总体特征是"保持克制、寻求合作"（即克制与合作政策）。其政策目标可以概括为"稳住斯里兰卡"，具体而言就是维持印斯关系稳定，消除斯里兰卡对印度的安全顾虑及其引入的外部制衡，解决印斯两国间的历史遗留问题，以避免南部印度洋海上方向不必要的战略牵制。在这一时期，印度对斯政策关注的几个重点问题主要有：一是解决历史遗留问题，主要是印度泰米尔人国籍问题、卡恰提武岛争端及印斯海洋划界问题；二是打消斯里兰卡对印度的安全顾虑，防止斯里兰卡引入外部制衡力量、倒向西方或者与印度敌视的国家发展密切关系；三是促进印斯两国友好合作，共同推动不结盟运动发展和印度洋和平区建设。就政策实施效果来看，在克制与合作政策指导下，在独立初期至20世纪70年代，印斯两国不仅通过和平谈判解决了历史遗留问题，而且还保持了双边关系的良好发展。

---

① 印度于1947年8月15日独立，斯里兰卡于1948年2月4日独立，斯独立后原来的印度驻锡兰代表自动转变为新任印度驻斯高级专员，两国也正式确立新的外交关系。英联邦各成员国之间互相派遣的外交代表称高级专员（High Commissioner），其等级相当于大使。

# 第一节　印度独立初期的安全战略倾向与对斯政策

独立初期，尤其是尼赫鲁政府时期（1947—1964）是印度外交奠定基础的时期。这一时期，印度在国家安全战略方面，整体上具有"重陆轻海""北攻南守"的政策倾向。尼赫鲁去世以后，夏斯特里政府（1964—1966）和英·甘地政府（1966—1977）基本延续了尼赫鲁的这一政策。在这一宏大的战略背景下，印度在南亚地区的政策目标主要着眼于北部邻国。虽然潘尼迦等重要政治人物曾反复强调印度洋和斯里兰卡的地缘战略价值，但限于国力有限和独立之初印巴分治的局面，印度在很长时间内都将主要战略重心和安全防范重点放在北方（1962年以前主要针对巴基斯坦，1962年之后又增加了中国），斯里兰卡被放到一个相对次重要的地位。实际上，以尼赫鲁为代表的印度领导人在外交和安全方面并未给予斯里兰卡过多的关注，斯里兰卡最初在印度外交整体战略布局中的重要层级并不高。这一点从20世纪80年代以前印度外交部年度报告、印度总统历年国会咨文中关于斯里兰卡的论述篇幅之简短即可窥见一斑。

## 一、印度"重陆轻海"的安全战略倾向

正如潘尼迦所说，在关于保卫印度的问题上，其国内向来有一种忽视海洋的倾向。这是基于对印度历史的片面看法，即印度的安全问题主要来自西北边疆，也是要建立强大的陆军来抵抗巴基斯坦等国越过兴都库什山对印度进行"侵略"的问题。由于来自这些地区的侵略还会出现，西北边境乃至东北边境仍是保卫印度的重要战略区域。[1]因此，在独立后的很长一段历史时期里，印度仍然延续着这种"重陆轻海"的安全战略倾向，

---

① [印度]潘尼迦著：《印度和印度洋：略论海权对印度历史的影响》，德陇、望蜀译，北京：世界知识出版社1965年版，第1—2页。

其对北部邻国与南部邻国的政策和态度也有所不同。可以说，独立初期印度南亚地缘政策的一个总体特征是强调"陆上扩张、海上维稳"（也可称为"北攻南守"或"陆攻海守"）。"陆上扩张"体现在其对巴基斯坦的强势对抗、对喜马拉雅山地小国的强力控制、对中印边境地区的不断蚕食；"海上维稳"体现在其着力稳定与斯里兰卡的关系，通过和平谈判的方式解决两国的历史遗留问题，在国际舞台上积极强化印斯合作，防止斯里兰卡过于倒向西方国家。

　　具体而言，印度这种"重陆轻海"安全战略的形成，主要有以下几个方面的原因：首先，受到英国殖民时期海陆政策的影响。其实英印政府时期并不重视海军的发展，这种殖民遗产对独立后的印度也产生一定影响。这一方面是由于大英帝国的海军已经称雄世界，可以形成对印度洋地区的绝对制海权，甚至将印度洋变成其"内湖"。英国的海上力量对于印度漫长的海岸线和海洋权益完全可以起到屏障作用，这也就意味着英印政府缺乏大力发展印度本土海军的必要性。另外，英国也担心印度拥有海军以后，会增强它与英国殖民者相抗衡的实力，威胁英国在印度的殖民统治，因此英国殖民者有意限制印度海军发展。[1]在这种政策的影响下，英印政府在安全战略方面主要关注陆上方向，对海洋方向的重视程度有所不足。此外，印度独立以后，其政府高官在很长时间内都是沿用英印殖民政府的官员。从印巴分治方案的宣布到英国人移交权力，还不到一个月的时间，印度还没有来得及做好人员上的准备，英国就把权力移交了。这样，印度独立后也不得不尽量保留英印政府的文官体系，在军队中仍让英国人担任从总司令到各级军官的职务，让他们看守好英属印度的遗产。可以想象，这批英印官员在很大程度上仍照旧处理独立后的内政外交。[2]这也就更加深了英国殖民遗产对印度独立之初外交

---

[1]　阮光峰等著：《印度海上力量——挺进大洋》，北京：海洋出版社1999年版，第16页。

[2]　吕昭义：《英帝国与中国西南边疆：1911—1947》，北京：中国藏学出版社2002年版，第506—507页；David Scott, "India's 'Grand Strategy' for the Indian Ocean: Mahanian Visions", *Asia-Pacific Review*, Vol.13, No.2, 2006, p.102.

政策的影响。

其次，独立之初印度的海军力量非常薄弱，而且海军发展不受重视。虽然印度获得了英国遗留下来的前"皇家印度海军"兵力的2/3，但大多舰船陈旧、兵力弱小，仅能担负海岸警戒的任务。由于当时印度在安全上重点防范的是北部陆上的巴基斯坦和中国，因此印度把军队建设的重点放在陆军和空军，海军发展极为缓慢。直到1952年5月，印度才编成第一支海军舰艇部队。甚至直到1958年，印度海军参谋长等高级指挥官仍由英国人担任。进入20世纪60年代后，印度海军在三军中所得军费仍然是最少的。例如，1962年印度军队总计60万人，其中海军仅有1.5万人，海军军费占国防开支的比重不足4%。①这种状况一直持续到20世纪70年代之后才有所改观。

再次，印度主要领导人对印度洋和海洋战略的重视程度不高。总体而言，独立之初的印度领导人对印度洋的重要性都极少关心。当然，潘尼迦是唯一的例外，他是唯一试图克服印度防务计划中忽视海洋因素的重要战略家和领导人。早在印度独立之前，他就曾在一系列著作中谈到印度洋的战略问题以及印度洋对印度未来发展的重要性。但是，他反复呼吁的东西直到20世纪70年代以后才逐渐被印度决策层采纳。除了潘尼迦之外，尼赫鲁和其他印度政治领袖都认为对印度洋局势的特别关注并无必要。第二次世界大战结束后初期，英国仍然在印度洋上占据着压倒性优势。亚丁、马尔代夫、新加坡等地构成了英国在印度洋地区海权的支柱。因此，从政治上来看，印度洋仍旧是以英国势力为主的地区。②印度领导人认为印度洋是控制在朋友的手中，他们没有必要去争夺这种控制权。这种争夺海上权力的举措无疑会分散印度的战略资源，而且印度即便有这种意图也无力在印度洋上打败英国。因此，印度在独立之初长

---

① 丁一平、李洛荣等编著：《世界海军史（下）》，北京：海潮出版社2000年版，第710—711页。
② ［印度］潘尼迦著：《印度和印度洋：略论海权对印度历史的影响》，第79页。

达20多年的时间里对印度洋都是非常漠视的。[①]当然，在1971年印度一举打败巴基斯坦以后，印度开始在南亚地区正式站稳脚跟，在安全战略方面印度也有更多余力来关注印度洋方向的事务了。

## 二、印度"确保东南稳定"的战略目标与对斯政策

在尼赫鲁时期，印度的南亚地缘战略具体到斯里兰卡方面，就是对其采取安抚与合作的政策，确保印度东南方向的战略稳定。客观来看，"重陆轻海"和"确保东南稳定"的政策在更深层次上，是印度在独立初期国家实力不足、战略资源有限的情况下不得已而为之的政策。由于独立之初印度主要的防务问题和战略重点是在南亚次大陆北部，加之国力有限，因此印度不愿意在南部海洋方向分散精力。具体而言，当时印度的主要战略重心集中在南亚次大陆北部的陆上方向。最初印度是要应对来自巴基斯坦的东西夹击（东、西巴基斯坦从两侧对印度形成战略夹击），要着力恢复英印时期对喜马拉雅山地国家（尼泊尔、不丹、锡金）的控制权。作为处于次大陆南部的小岛国，斯里兰卡在战略和安全层面并没有吸引印度领导人的过多关注。或者说，印度领导人不想将本就不多的战略资源投入到南部海上方向。虽然这一时期印度没有在东南方向和斯里兰卡方面投入过多的战略资源，但这并不意味印度没有意识到斯里兰卡的地缘战略价值。斯里兰卡的战略价值早在英国殖民时期就有所体现。当时，斯里兰卡是大英帝国的"皇冠殖民地"，也是帝国霸权体系中非常重要的组成部分。在斯里兰卡东海岸的亭可马里，有孟加拉湾最好的天然港口之一，从泰米尔纳德邦到加尔各答的印度东海岸没有任何类似的港口。这是一个对英国海军具有重要战略意义的基地，就像新加坡一样，它保护了孟加拉湾的海上贸易，也可以用来支持中东。[②]

---

① [美]A. J. 科特雷尔、R. M. 伯勒尔编：《印度洋：在政治、经济、军事上的重要性》，上海：上海人民出版社1976年版，第304—305页。
② Graham P. Chapman, *The Geopolitics of South Asia: From Early Empires to the Nuclear Age*, Surrey, England: Ashgate Publishing Limited, 2009, pp.301-302.

在印度看来，斯里兰卡是北印度洋地区海上交通的重要枢纽，也是印度东南部和南部海上安全的守护者。印度在斯里兰卡具有巨大的安全和战略利益：（1）在地缘安全方面，印度海岸线漫长且沿海地区多平原，东南和西南两翼完全暴露于印度洋。而且印度的重要工业、经济中心城市多分布于印度洋沿岸地区。因此，海上防御与安全在印度的地缘安全战略中占有重要地位，可以使印度东南部及南部海域安全线向印度洋延伸数百千米。（2）在外交战略方面，若是斯里兰卡对印度持敌视态度并实施敌对政策，尤其是当它与外部大国势力合作对抗印度时，印度就得抽调相当部分的国家资源和精力应对来自东南方向可能产生的威胁。所以，尼赫鲁一直谋求使其地缘战略在西部、北部和东南部之间实现恰当的平衡。①因此，印度一方面要避免斯里兰卡对印采取敌对态度，另一方也要防范斯里兰卡同外部大国势力相结合或者直接为外部势力所控制的危险。从战略与安全的角度来看，印度的直接诉求是斯里兰卡政府应该拒绝任何其他国家利用斯国重要港口，尤其是避免域外大国在斯获得战略立足点。

在独立初期实力不足的情况下，保持印斯关系友好以稳定东南方向是印度的合理战略选择。在历史上，斯里兰卡不属于英属印度（British Raj）殖民统治的区域，这使得印度无法像对待不丹和尼泊尔那样依据旧有条约关系而对其进行控制。而且，印斯两国之间也横亘着保克海峡，这种天然阻隔也增加了印度吞并或者干涉斯里兰卡的难度。更为重要的是，印度同巴基斯坦的军事对峙已经牵制了大量军事和战略资源。所以，尼赫鲁政府对斯里兰卡采取了相对温和与克制的政策，以便实现西北与东南的战略平衡。此外，斯里兰卡虽是小国，但其在外交政策方面却表现出强烈的自主性。斯里兰卡的政治精英都能强有力地表达其世界观，而且积极在各种国际舞台和国际问题上崭露头角。因此，对印度而

---

① 李云霞、赵坤鹏、张中良：《尼赫鲁南亚地缘战略及其影响》，《河北学刊》2013年第6期，第238页。

言，要想以对待不丹的方式来对待斯里兰卡，乃至想在斯里兰卡发挥同在尼泊尔一样的重要影响也非易事。[①]不过，印度虽然对斯里兰卡的独立自主外交政策感到不自在，但斯里兰卡的政策并没有对印度造成直接的安全威胁，因此印度也没有对此作出过激反应。

## 第二节　斯里兰卡独立初期的外交政策及印度的应对

在1948年独立前夕，斯里兰卡首任总理森纳那亚克（D.S. Senanayake）对该国独立后制定的生存战略是基于这样一种假定，即斯里兰卡最有可能受到印度的威胁。斯里兰卡曾是英国的"皇冠殖民地"，是英国所建立起的包括印度洋地区、澳大利亚和新西兰在内一系列防务安排中的重要一环。斯国独立初期没有可靠的防御力量，因此它在国防和安全上采取了对外搭便车政策，依靠英国为其提供安全和军事帮助。此后，斯里兰卡在英国的监督和帮助下从零开始建立起独立的陆、海、空军。1949年斯里兰卡组建军队时，其陆、海、空军的首任司令都是从英国方面借调的官员。[②]可以说，斯里兰卡独立初期的亲西方政策以及英斯军事关系的强化，是与斯里兰卡对印度的安全恐惧与威胁认知分不开的。

### 一、斯里兰卡独立初期对印度的威胁认知

在独立初期，斯里兰卡政治精英对印度普遍存在着威胁认知和战略担忧，这是多重因素综合作用的结果。其中包括：长期受到泰米尔人入侵的历史记忆；面临印度这一北部强大邻国在宗教文化、民族、军事上

---

① ［印度］雷嘉·莫汉：《中印海洋大战略》，朱宪超、张玉梅译，北京：中国民主法制出版社2014年版，第126—127页。
② K. M. De Silva, "Sri Lanka: The Security Problems of a Small State," *Defence and Peace Economics*, Vol.10, No.4, 1999, pp.361-363.

强势而可能被吞并的担忧；斯里兰卡独立之初需要建构外部"假想敌"以提高国内凝聚力的现实政治需要；印度重要领导人关于印斯整合的言论。具体而言，造成斯里兰卡对印战略恐惧的原因如下：

首先，长期受到印度入侵的历史记忆，造成了斯里兰卡对印度的忌惮心理。在西方殖民者到来以前，历史上斯里兰卡岛内僧伽罗政权面临的最大威胁是印度南部泰米尔国家的入侵，因此僧伽罗人传统上将泰米尔人视作民族敌人和摧毁僧伽罗人家园的侵略者。[1]具体而言，从公元前2世纪初期开始，印度南部的泰米尔人就曾多次侵略斯里兰卡岛内的僧伽罗国家，并在斯里兰卡岛内建立起泰米尔人的统治，僧伽罗国家在反抗泰米尔人侵略的斗争中几度兴衰。14世纪时，泰米尔人还在斯里兰卡北部建立起贾夫纳泰米尔王国，岛内北部的泰米尔人口开始迅速膨胀。可以说，泰米尔人向岛内的大规模移民过程是与战争联系在一起的。[2]此外《大史》等传统史书都是以僧伽罗人为叙述主体，其传统叙事范式就是岛内僧伽罗政权抵御印度泰米尔人的入侵。[3]这种历史记忆造成的心理排斥和敌对情绪也深刻影响着独立后的斯里兰卡政府。尽管斯里兰卡在文化上与印度相近，但是一旦涉及地缘安全层面，历史记忆就会让斯国领导人的态度趋于谨慎和忌惮。

其次，斯里兰卡国内及隔海相望的印度南部都存在大量泰米尔人，他们在民族、宗教和文化上都给斯里兰卡主体民族僧伽罗人带来了巨大的压力。在民族构成方面，斯里兰卡的僧伽罗人是多数民族，泰米尔人是少数民族；但保克海峡对岸的印度南部却生活着多达五六千万的泰米尔人，他们与斯里兰卡泰米尔人在语言和民族上同根同源。这种情况

---

① 王兰：《斯里兰卡的民族宗教与文化》，北京：昆仑出版社2005年版，第96—97页。

② 关于古代泰米尔人入侵斯里兰卡的更多详细情况，参阅王兰：《斯里兰卡的民族宗教与文化》，北京：昆仑出版社2005年版，第92页。

③ 佟加蒙著：《殖民统治时期的斯里兰卡》，北京：社会科学文献出版社2015年版，第54—55页；王兰编：《列国志·斯里兰卡》，北京：社会科学文献出版社2010年版，第317页。

加剧了斯里兰卡僧伽罗人的安全压力。斯前政府高官曾表示："信奉佛教的僧伽罗人似乎是一个孤独的民族，在任何地方都没有多少同胞。他们已经被大部分信奉印度教的印度人口推到了最后的堡垒，即斯里兰卡岛南部2/3的领土。因此，为了他们民族的家园，僧伽罗人必须寸土必争。"[1]因此，斯里兰卡国内的僧伽罗人虽在人口上占多数，但却有着一种受迫害的少数民族恐惧情结；而泰米尔人则成为具有多数民族情结的少数民族。[2]这种民族与宗教的复杂错位映射到政治层面，就对印斯关系产生了复杂而深远的影响。僧伽罗人为了应对来自印度和泰米尔人的压力，而有意强化其"僧伽罗"属性，积极构建民族认同，防止被印度同化。在此过程中，为了最广泛地实现国内团结，斯政府开始将泰米尔人和印度塑造为主要的威胁来源。当然，斯政府对泰米尔人的过分提防以及各种针对泰米尔人的民族歧视政策，也极大激化了国内的僧泰民族矛盾。

再次，在印斯两国独立前后，部分印度的政治人物和战略家发表了各种有关印斯战略整合的言论，这让斯里兰卡领导人对印度的霸权野心感到忌惮和恐惧。印度著名学者兼外交家潘尼迦在1944年撰写的《印度洋的战略问题》一文中指出，斯里兰卡在政治上不存在与缅甸相同的要求独立的问题。他甚至说："（斯里兰卡）脱离印度纯粹是虚假的，在历史、地理或人种等特征上都不能站得住脚"；"除了（印度劳工）这个问题外，没有什么政治问题能够将锡兰与印度分开。任何未来的政治组织都把锡兰纳入印度的轨道。毫无疑问，要有某些（政治、经济或军事方面的）特殊保证，因为锡兰既不能自给自足，也不能保护自己，在

① ［美］罗伯特·D.卡普兰著：《季风：印度洋与美国权力的未来》，吴兆礼、毛悦译，北京：社会科学文献出版社2013年版，第248—249页。
② Leslie Goonewardene (minister of communications), "New Outlook of the L.S.S.P," *Ceylon Daily News*, 21 December 1970.转引自A. Jeyaratnam Wilson, *Politics in Sri Lanka, 1947-1973*, New York: Palgrave Macmillan, 1974, pp.274-275; ［美］罗伯特·D.卡普兰著：《季风：印度洋与美国权力的未来》，第248—249页；［斯］迈克尔·罗伯茨：《斯里兰卡的民族问题：和解的障碍》，刘兴武译，《民族译丛》1981年第3期，第12页。

任何其他重要问题上也不能自立。"①在1945年出版的《印度与印度洋》一书中，潘尼迦则明确指出："锡兰的国防，无论海陆，都没法跟印度分开，它要单独搞成一个海军国，那是谈不到的。"②此外，1944年时尼赫鲁也在《印度的发现》一书中断言："小的民族国家是注定要灭亡的。它可能作为一个文化上的自治地区而苟延残喘，但是不能成为一个独立的政治单位。"③1949年4月23日，印度国大党重要领导人帕塔比·西塔拉姆亚（Pattabhi Sitarammya）在接受《锡兰日报》采访时说："印度和锡兰必须有共同的战略、共同的防御力量和共同的防御资源。锡兰不可能与对印度不友好的集团保持友好关系，当然这不是说锡兰无权结盟或者宣布其追随对象，而是说如果世界上存在两大对立集团，锡兰与印度分别属于不同的集团，那样对于印锡双方都是糟糕的。"④印度战略思想家拉马钱德兰·拉奥（Ramachandran Rao）在1954年曾说："印度对于确保锡兰没有任何敌对势力立足非常有兴趣"，"亭可马里的外国机场和海军会使印度半岛广阔的沿海地区遭到难以承受的空中、海上轰炸袭击。锡兰位于印度的防御区域内，也是印度洋防御的心脏地带。"⑤

上述这些言论综合起来给印斯关系造成了较大的负面影响，独立前后斯里兰卡的政治精英大多都对印度持有疑惧和顾忌态度，他们认为印度有意将斯国划归其势力范围，甚至有吞并斯里兰卡的野心。1949年

① 此文最初于1944年由印度国际事务协会（Indian Institute of International Affairs）发表，而后收录于1945年《英国—英联邦关系会议文件·印度卷第六》中，参阅K. M. Panikkar, *The Strategic Problem of the Indian Ocean*, British Commonwealth Relations Conference, Indian Paper No.6, 1945, p.18.

② [印度]潘尼迦著：《印度和印度洋：略论海权对印度历史的影响》，第79页。

③ [印度]贾瓦哈拉尔·尼赫鲁著：《印度的发现》，向哲濬、朱彬元、杨寿林译，上海：上海人民出版社2016年版，第494页。

④ Shelton U. Kodikara, *Foreign Policy of Sri Lanka: A Third World Perspective*, Delhi: Chanakya Publication, 1982, p.23; Ahan Ali Khan, "The Tamil Question in Historical Perspective: Its Impact on Indo Sri Lanka Relations," *Pakistan Horizon*, Vol.37, No.2, 1984, pp.47-48.

⑤ P. K. Balachandran, "Sri Lanka's Strategic Importance," *The Island*, June 2, 2005, http://www.island.lk/2005/06/02/features4.html.（访问时间：2020年6月7日）

时，以"对印度深刻怀疑"而著称的斯里兰卡首任总理D. S. 森纳那亚克指出，存在着"印度扩张至斯里兰卡的长期可能性"，公开表达了对于斯里兰卡可能受到印度侵略的担忧。[①]1951年8月1日，森纳那亚克在议会中公开宣称"与英国的友谊是斯里兰卡最大的安全"。1955年5月26日，时任总理科特拉瓦拉也在公开演讲中宣称："当锡兰完全摆脱英国人的那一天，它将处于印度控制之下。"[②]森纳那亚克的宪法顾问艾弗·杰宁斯（Ivor Jennings）在1956年4月也在文章中披露：在斯里兰卡独立时，森纳那亚克总理对于"（领导人）错误领导下的印度"会变得"具有侵略性"是非常了解的。[③]甚至直到1957年，尼赫鲁在斯里兰卡进行公开演讲时，还会就"印度入侵斯里兰卡"的说法进行辟谣。[④]这也从侧面反映出当时"印度威胁论"在斯里兰卡流传的广泛性。

## 二、《英锡防务协定》与斯里兰卡的亲西方政策

### （一）《英锡防务协定》

第二次世界大战结束以后，英国各殖民地争取民族解放的斗争愈演愈烈。在印度、巴基斯坦已经获得独立的情况下，斯里兰卡的独立也是势在必行的事情。第二次世界大战后英国的南亚和印度洋战略目标就是确保印度洋交通要道的安全，防止敌对势力进入该地区，防止他国在该

---

① *The Hindu*, April 19, 1949. 转引自T. A. Keenleyside, "Nationalist Indian Attitudes Towards Asia: A Troublesome Legacy for Post-Independence Indian Foreign Policy," *Pacific Affairs*, Vol.55, No.2, 1982, pp.228-229; Ahan Ali Khan, "The Tamil Question in Historical Perspective: Its Impact on Indo Sri Lanka Relations," *Pakistan Horizon*, Vol.37, No.2, 1984, p.47.

② Avtar Singh Bhasin ed., *India-Sri Lanka Relations and Sri Lanka's Ethnic Conflict: Documents, 1947-2000*, Vol.1, New Delhi: India Research Press, 2001, p. xxvi.

③ Ivor Jennings, "Crown and Commonwealth in Asia," *International Affairs*, Vol.32, No.2, 1956, p.138; A Jeyaratnam Wilson, "The Foreign Policies of India's Immediate Neighbours: A Reflective Interpretation," *Journal of Asian and African Studies*, Vol.25, No.1-2, 1990, p.46.

④ "Fantastic Nonsense to Talk of India Invading Ceylon," *The Times of India*, May 20, 1957, p.1.

地区建立军事基地。为了实现这一战略目标，英国主要依靠的是军事基地和机动性据点（机场、港口、加油和补给中心）。鉴于印度很有可能在独立后抗拒英国继续维持在印的军事存在，因此保留英国在斯里兰卡的军事基地就显得尤为重要。[1]英国参谋长委员会认为，如果不能有效利用斯里兰卡，就会严重削弱英国对印度洋的控制力。这是因为斯里兰卡占据着"与英国在印度洋海空通信相关的制高点"，并在"任何未来的战争中都需要作为保卫这些通信的基地"。此外，它也"构成了英国与澳大利亚、远东地区电缆及无线网络的重要环节"，是英国"为印度洋沿岸国家提供海军情报的中心"。[2]时任英国外交大臣也指出，斯里兰卡的独立意味着整个印度洋的失守，英国在中东的地位，甚至整个英帝国的地位都会受到严重损害。首相艾德礼和军方都支持这一观点，他们认为保留在斯里兰卡的设施对英国未来的战争是极为重要的，而失去这些设施将严重削弱英国对印度洋的控制。[3]可以看出，英国在第二次世界大战之后尤其重视斯里兰卡的军事战略价值。

英国也注意到了斯里兰卡对印度的安全担忧和战略恐惧。不仅如此，有学者认为，英国为了维持在印度洋地区的战略支点和军事存在，不失时机地利用了斯里兰卡对印度的这种安全担忧，甚至也在刻意地向斯国宣传和渲染"印度威胁论"。[4]英国政府也在官方文件中公开表示，斯里兰卡独立后可能面临来自印度的威胁。例如，在1947年6月3日英国参谋长委员会的报告中有如下表述："对锡兰领土完整的威胁很可能只

---

[1]  L. M. Ratnapalan, "Britain and the Politics of Ceylon,1948-1961," *The Historical Journal*, Vol.59, No.2,2016, p.545.

[2]  Chiefs of Staff, "Ceylon constitution," 5 May 1947, CAB 129/18/47, NA. 转引自L.M. Ratnapalan, "Britain and the Politics of Ceylon,1948-1961," *The Historical Journal*, Vol.59, No.2,2016, p.546.

[3]  刘明周著：《英帝国史·第八卷英帝国的终结》，南京：江苏人民出版社2019年版，第97—98页。

[4]  Krishna P. Mukerji, "Indo-Ceylon Relations," *The Indian Journal of Political Science*, Vol.18, No.1, 1957.

来自于印度……印度干涉锡兰内政的危险是真实的。"①这里也要特别指出，英国出于军事和战略目的，除了对斯里兰卡渲染"印度威胁论"之外，也在撤离之前对斯国的政治制度作出不利于印斯关系的特殊安排。鉴于印度也即将独立，而此前英国扶持的斯里兰卡泰米尔人又与印度有着密切联系，一旦斯里兰卡由泰米尔人掌权，可能会导致印斯两国在战略上联成一体，这不利于继续维持英国的军事存在。因此，英国在斯里兰卡独立前夕刻意地进行了有利于僧伽罗人的权力安排，斯里兰卡过渡政府也基本上由僧伽罗人担任要职。②当然，这也为此后斯里兰卡国内的民族冲突埋下了隐患。

因此，斯里兰卡独立前后，在历史记忆、现实政治需要、印度领导人的言论和英国刻意宣传等诸多因素的影响下，"印度威胁论"可谓是高悬于斯里兰卡僧伽罗政治精英头顶的"利剑"。为了应对来自印度的潜在威胁、保障独立后的国家安全，斯里兰卡在独立前夕与英国签署了三项重要协定：《英国—锡兰防务协定》《英锡对外事务协定》和《公共事务协定》。其中，前两项协定为斯里兰卡的军事安全、政治独立提供了保障，《公共事务协定》则对英国殖民政府人员进行了相关的安置。从国际关系的角度来看，尤其需要引起关注的是前两项协定。《英国—锡兰防务协定》对英锡之间的相互军事援助、为此目的利用斯里兰卡的军事基地，以及英国帮助训练斯军队等内容进行了规定。《英锡对外事务协定》将斯里兰卡定义为作为英联邦成员的独立主权国家。③上述几个协定中对印斯关系影响最深的是《英国—锡兰防务协定》（简称"《英锡防务协定》"）。该协定是由英国和斯里兰卡在1947年11月11

---

① Avtar Singh Bhasined, *Indo-Sri Lanka Relations and Sri Lanka's Ethnic Conflict Documents, 1947-2000*, Vol.1, New Delhi: Indian Research, 2001, pp. xviii-xix.

② 郭家宏：《斯里兰卡：发展与民族对抗的困境》，成都：四川人民出版社2002年版，第236页。

③ Lucy M. Jacob, *Sri Lanka: From Dominion to Republic (A Study of the Changing Relations with the United Kingdom)*, Delhi: National Publishing House, 1973, p.8.

日签署的。协定内容比较简要，全文不过数百字。其主要内容是：

（1）两国为各自领土的安全、抵御外来侵略和保护必要的通信，而相互提供军事援助。英国可在斯里兰卡建立海军和空军基地，并维持为此目的所需的、双方同意的陆军。

（2）斯方将向英国提供双方所同意的第1条所述目标的一切必要便利。这些便利将包括使用海军和空军基地、港口和军事设施，使用电信设施，以及法院和当局对上述部队成员行使目前所行使的控制和管辖权的权利。

（3）英国将不时向斯方提供训练和发展其武装部队所需的军事援助。

（4）两国将建立有利于防务事务合作的行政机构，以便协调和确定两国政府的防务要求。[①]

这个协定没有规定终止时间，这也表明英国企图在军事上长期控制和利用斯里兰卡。在英国看来，斯里兰卡是它在印度洋上的前哨和英联邦防御体系的重要枢纽，借助斯里兰卡的战略地位可以有效遏制他国控制印度洋。[②]而且，斯里兰卡是英国维持其在印度洋海上军事力量的战略要地，对于保卫英国到澳大利亚和东非的航线非常关键。根据《英锡防务协定》，英国继续维持了其在亭可马里（Trincomalee）的海军基地和卡图纳亚克（Katunayake）的空军基地。可以说，这一协定充分满足了英国在印度洋的防务需求。从斯里兰卡的角度来看，《英锡防务协定》的签署也可谓是一举多得。既可以借此应对来自印度的潜在威胁，又能在英国的帮助下发展斯里兰卡自身的军事力量；还可以照顾到英国希望

---

① 条约原文参阅敕令文件7257（Cmd.7257/ Command Papers 7257），1947年；或UK-Ceylon Defence Agreement, 11 Nov. 1947, in *United Nations Treaty Series (Vol. 86)*, No. 1148, pp.19-23, https://treaties.un.org/doc/Publication/UNTS/Volume%2086/v86.pdf.（访问时间：2020年3月31日）

② [锡兰]西尔伐：《锡兰区域地理》，程鸿等译，北京：生活·读书·新知三联书店1958年版，第12页。

维持其在印度洋军事存在的战略要求，从而让英国更容易接受斯里兰卡的独立。[①]通过以上分析可以看出，在签署《英锡防务协定》的时候，斯里兰卡主要有几个战略考量：（1）应对来自印度的潜在安全威胁；（2）为了争取尽快独立有意照顾英国维持在印度洋军事存在的战略要求；（3）弥补自我防御能力的缺乏，借助英国的帮助建立起斯里兰卡自身的军事力量。

从实施效果来看，《英锡防务协定》对帮助斯里兰卡应对印度的潜在威胁确实起到一定作用。对于独立之初的斯里兰卡而言，《英锡防务协定》是一个能够有效保障它免受印度侵略和压迫的安保协定。印度在独立初期对尼泊尔、不丹、锡金、巴基斯坦等南亚邻国无一例外都采取了强势政策，却唯独对斯里兰卡采取克制与合作政策。在印度尤其重视的泰米尔人国籍问题上，印度也保持了少有的克制态度。显然，印度的这种克制与《英锡防务协定》为斯提供的安全保障有着密切关系。此外，斯里兰卡也在《英锡防务协定》的帮助下逐步建立起本国的军事力量。协定提供的心理保障和现实帮助对于稳定斯国内局势、保障国家外部安全非常关键。斯首任总理森纳那亚克曾告诉英国代表，斯国面临的两大危险是印度问题和国内左翼反对派问题。某种程度上，斯里兰卡更害怕印度的压力，因此希望与英国建立紧密的军事关系。[②]甚至到1954年，斯总理科特拉瓦拉都认为保留英国军事基地对于保卫斯里兰卡国家安全至关重要。1954年9月7日，他在众议院发言中肯定继续保留英国军

---

① 在与英国谈判的过程中，D.S.森纳那亚克等独立运动领袖意识到斯里兰卡在印度洋的战略地位的重要性、其自我防御能力的缺乏，可能被当作英国人反对其独立的重要战略弱点。为让英国尽快同意斯国独立，斯方同意在防务和外交问题上与英国达成合适的协定。参阅Lucy M. Jacob, *Sri Lanka: From Dominion to Republic (A Study of the Changing Relations with the United Kingdom)*, Delhi: National Publishing House, 1973, p.7.

② 'Report on Ceylon': Cabinet memorandum by Mr. Gordon Walker on the independence celebrations and the political situation in Ceylon, CAB 129/26, CP (48) 91, 17 March 1948, in K. M. De Silva ed., *Sri Lanka: Part II Towards Independence (1945-1948)*, London: The University of London, 1997, p.368.

事基地的合理性，并声称维持与英联邦和英国之间的联系对于应对任何侵略（包括可能来自"南部印度人的入侵"）都是必要的。他说："我们热爱并尊重尼赫鲁先生，他是一位希望世界和平的可敬的人。但人都有一死，要是他不在的时候，南印度开始出现共产主义分子……并入侵我们，我们难道能够依靠我们的30万士兵来保护我们免受这些南印度人（侵略）吗？……因此，我们必须拥有随时都支持我们的朋友。既然如此，我会坚持（维持与）英联邦和英国（的关系），直到他们不需要我们并欺侮我们的时候。"①

不过，该协定也对斯里兰卡的国家主权形成一定损害。因此，1956年斯里兰卡自由党政府上台以后，极力主张收回军事基地。斯总理所罗门·班达拉奈克一再表示，外国在斯领土上保持军事基地是与其中立政策不相容的。经过与英国的反复磋商，双方于1957年6月通过换文的形式达成了关于英国撤出在斯军事基地的协议，其中规定英国军队应当在3年内撤退完毕，但是英国仍保有5年内继续使用基地上某些设备的权利。最终英国于1957年下半年撤出了在斯里兰卡的海军和空军基地。②自此英国对斯里兰卡东海岸军事基地长达150多年的控制就此宣告结束。保留英国在斯军事基地可谓是《英锡防务协定》最为核心的部分，也是英国此前最为看重的内容。英国之所以会在协定签署后的10年内就同意放弃军事基地，是与当时英国整体实力衰退的形势密不可分的。其实，1956年苏伊士运河危机已经表明了英国在维持其海洋势力范围问题上力不从心，此后英国在海洋战略方面也是急剧收缩。撤出在斯里兰卡的军事基地是英国在这种实力衰退和战略收缩形势下的必然结果。1957年之后，在英斯两国的交往中《英锡防务协定》也很少被提及。但是在20世纪80年代，当印度粗暴干涉斯里兰卡国内民族冲突时，斯里兰卡时任总统贾亚

① "British Bases in Ceylon Vital: 'South Indians May Invade'," *The Times of India*, 8 September 1954, p.7.
② 英国于1957年10月15日、11月1日分别将亭可马里、卡图纳亚克两处基地正式移交给斯里兰卡。

瓦德纳为了威慑印度，开始宣称1947年缔结的《英锡防务协定》从没有废除并且是仍然有效的。

### （二）斯里兰卡的亲西方政策及其转向

这一时期，对印度的安全顾虑在斯里兰卡的外交政策制定中发挥着主导性作用。除了在安全和军事上与英国缔结具有军事同盟性质的《英锡防务协定》外，斯里兰卡在政治和外交方面也采取了相关行动。1948年2月4日，斯里兰卡宣布独立，同时以"自治领"的身份继续留在英联邦内。[①]此外，它也在英国的帮助下积极申请加入联合国。虽然最初因其推行亲西方、反共的外交政策，苏联一度否决其加入联合国的申请。但最终斯里兰卡仍在1955年12月14日加入联合国。在很大程度上，英联邦和联合国成员国的身份也为斯里兰卡的国家安全提供了制度保障。

在总体外交政策倾向上，1948年至1956年期间，斯里兰卡连续三届统一国民党政府[②]都采取了"亲西方"外交政策。在此政策指导下，斯里兰卡积极发展与美国、英国等西方大国的关系。1950年1月，英联邦外长会议在科伦坡举行，会上通过了一项发展经济的临时方案（即"科伦坡计划"）。"科伦坡计划"为斯里兰卡提供了近3.4亿美元的发展资金，帮助其兴建水电站和灌溉工程。1950年11月7日，斯里兰卡成为第二个与美国签订援助协定的国家，按照该协定斯里兰卡将接受美国"第四点计划"的援助。从1950年开始，美国在粮食、灌溉、交通和卫生等领域为斯里兰卡提供发展援助，而且在军事上也提供了少量援助。[③]1951年，斯政府又与美国达成协议，通过当时在南亚地区非常受欢迎的锡兰电台转播"美国之音"的节目，以换取美国的现代化广播设备。[④]此外，在越战

①　1972年斯里兰卡颁布新宪法，结束自治领地位，但仍留在英联邦内。
②　主要包括D. S. 森纳那亚克、杜德利·森纳那亚克和约翰·科特拉瓦拉三任政府。
③　[美]帕特里克·皮布尔斯：《斯里兰卡史》，王琛译，上海：东方出版中心2013年版，第128页；孙士海、江亦丽主编：《第二次世界大战后南亚国家对外关系研究》，北京：方志出版社2007年版，第469页。
④　P. K. Balachandran, "Sri Lanka's Strategic Importance," *The Island*, http://www.island.lk/2005/06/02/features4.html. （访问时间：2020年4月25日）

时期，斯里兰卡总理科特拉瓦拉也曾允许向中南半岛运送法国军队的美国飞机在斯里兰卡境内降落和中转。

20世纪50年代中期，斯里兰卡国内政局的变化导致其在外交政策方面发生调整。1956年，所罗门·班达拉奈克领导的斯里兰卡自由党政府上台以后，斯里兰卡外交政策开始呈现出反西方、亲印度的倾向，斯政府也逐步寻求脱离英国的防务保护伞。1959年9月，所罗门·班达拉奈克遇刺后，其遗孀西丽玛沃·班达拉奈克继任总理。在外交政策和国际事务方面，班达拉奈克及西丽玛沃都采取了追随印度的政策。斯里兰卡不仅成为不结盟运动的主要参与者，而且在1956年匈牙利事件和苏伊士运河危机、1960年刚果危机等问题上都与印度进行了密切合作。在印度方面看来，斯里兰卡班达拉奈克政府最重要的举措是在1957年要求英国从亭可马里和卡图纳亚克基地撤军，印度对此表示满意。[1]当英国放弃其在印度洋地区的传统角色并形成权力真空时，斯里兰卡本该考虑新战略形势下的防务政策，但1950年代中期和1960年代早期的斯里兰卡自由党政府却几乎没有采取任何举措来发展本国的军事能力，以抵御外部威胁和内部动乱。与此相反，斯里兰卡没有考虑这方面的长期影响，而是选择在印度所构建的安全体系下寻求庇护。[2]

### 三、印度对《英锡防务协定》的认知及应对

#### （一）印度对《英锡防务协定》的认知

独立之初的印度几乎对所有南亚小国都使用过武力或武力胁迫，在周边地区也倾向于以武力解决问题。它因克什米尔问题与巴基斯坦大动干戈、对土邦进行武力兼并、对尼泊尔与不丹等喜马拉雅山国家采取武力胁迫以恢复英印时期的控制。但唯独对斯里兰卡例外，在独立之

---

① John W. Garver, *Protracted Contest: Sino-Indian Rivalry in the Twentieth Century*, Seattle and London: University of Washington Press, 2001, pp.302-303.
② K. M. De Silva, "Sri Lanka: The Security Problems of a Small State," *Defence and Peace Economics*, Vol.10, 1999, pp.364-365.

初印度对斯里兰卡的政策保持着足够的克制。即使在20世纪50年代斯里
兰卡当局对泰米尔人采取过激的政策，印度方面也没有作出过多的强烈
反应。应该说《英锡防务协定》对印度起到了一定的威慑作用，离开了
《英锡防务协定》和英国的角色就难以解释印度这一看似异常的政策。

但是，在印度官方文件中却鲜有涉及《英锡防务协定》的文献。
就笔者目前搜集到的资料来看，在印度的议会辩论、外交部年度报告和
尼赫鲁文集中都找不到对《英锡防务协定》的论述。这里存在两种可能
性，一是印度没有过多关注这个问题。如部分学者所说，印度并没有将
《英锡防务协定》视作安全威胁。二是印度领导人在非公开的场合有论
及，但相关档案文献目前没有对外公布。此外，关于印度对于《英锡防
务协定》的认知方面，国内学界相关讨论鲜有涉及，国外的相关研究也
不多。虽然难以确定印度政府对此的确切看法，但仍可以通过对当时印
度总体外交政策及国家战略倾向等方面的内容进行一定程度的分析。本
书赞同已有研究的一些看法，即印度领导人注意到《英锡防务协定》背
后反映出的斯里兰卡对印度的战略不信任，但印度并没有将《英锡防务
协定》及英国在斯里兰卡的军事存在当作严重的安全威胁。[1]其原因具体
如下：

一是印度没有将英国视作战略威胁。虽然印度向来反对本地区国家
与域外大国发展军事关系，尤其排斥外部大国在南亚地区的军事存在；
而且，印度一贯的对斯政策也是将斯里兰卡视作自身安全战略的一部
分，防止敌对大国与斯进行军事合作、在斯获得重要军事或政治存在而
对印度构成战略威胁。但是，由于印斯实力对比相距过于悬殊，印度不
会直接将斯里兰卡视作安全威胁，印度担心的只是斯里兰卡会与其他敌
对大国合作。从这个角度来说，印度没有将《英锡防务协定》视作威胁

[1]  Shakthi De Silva, "Balancing, Bandwagoning or Hedging? Independent Ceylon's Reaction to Regional Hegemony," *South Asian Survey*, Vol.22, No.2,2015, p.193; S. D. Muni, *Pangs of Proximity: India and Sri Lanka's Ethnic Crisis*, New Delhi: Sage Publications, 1993, p.33.

的主要原因是英国并非印度眼中的"敌对国家"。由于印度没有将英国视作安全威胁，因此《英锡防务协定》自然也不会引起印度过多的担心和警惕。

二是印度自身海军实力不足的客观现实。印度意识到其沿海地区存在着安全脆弱性，并且它也将斯里兰卡视作印度海洋防御不可分割的一部分，在这种情况下印度选择接受英国继续维持在斯里兰卡的军事存在。有学者指出，印度实际上是从国家安全的角度来对英国的军事存在进行善意阐释的。印度认为《英锡防务协定》是殖民时期安全安排的延续，它与东西方之间的冷战对峙及大国战略竞争无关。英国继续维持在斯里兰卡的军事存在，对于印斯两国而言都是一种安全保证。而且这种存在能够使南亚一直到东南亚（马来西亚、新加坡、缅甸等国家）以及印度洋岛屿的海上防御都得到保证。[①]

三是独立之初印度在安全与战略上的亲西方政策减少了其对英国的排斥。整个20世纪50年代，英国是印度国防物资的主要来源国。1953年之前，印度对印度洋和南亚地区的总体外交战略是与西方国家更接近的。例如，1947年1月18日，尼赫鲁在一份文件中表示印度的世界观某种程度上是"英国外交政策的延续"。[②]1949年，尼赫鲁首次访美时曾向其亲密伙伴克里希那·梅农建议说，可以与美国结盟以增强印度的经济和军事实力。同年，印度也加入了英联邦。1950年，尼赫鲁又告诫时任印度驻苏联大使和外交秘书不要考虑与苏联签订友好条约的提议。他指出："如果发生世界大战，印度不可能与苏联站在一起，无论它会做什么。显而易见，我们与美国在政治和经济事务上的关系远比其他国家的关系密切。"[③]甚至印度对于美国在科伦坡设立"美国之音"设施的举措也没有过多关注。此外，如前文所述，印度独立之初保留着英印政府的文

① S. D. Muni, *Pangs of Proximity: India and Sri Lanka's Ethnic Crisis*, New Delhi: Sage Publications, 1993, p.33.

② S. Gopal, *Jawaharlal Nehru: A Biography*, Vol. II: 1947-56, Delhi: Oxford University Press, 1983, p.43.

③ S. D. Muni, *Pangs of Proximity: India and Sri Lanka's Ethnic Crisis*, pp.33-34.

官体系，大批英印官员仍处理着印度的内政外交。独立初期的印度海军在发展理念和组织领导上都严重依赖英国皇家海军，而且当时印度在海洋战略方面甚至是服从英国战略利益的。[①]由此观之，印度并不反对《英锡防务协定》以及英国在斯里兰卡继续维持军事存在也就可以理解了。

概而言之，虽然按照印度一贯的立场，它向来反对本地区国家与域外大国发展军事关系，尤其排斥外部大国在南亚地区的军事存在，但印度领导人意识到了斯里兰卡对印度安全的重要性和自身海洋力量的短板，而且当时的印度战略重心聚焦于大陆方向。因此，印度认可和默许前殖民宗主国英国继续维持在斯里兰卡的军事存在。在自身实力不足、战略资源有限，难以顾及南部海上方向的情况下，印度选择接受英国的"庇护"。在印度看来，《英锡防务协定》不仅可以让英国承担起印度洋地区和印度南部的海上防务，也可借此打消斯里兰卡对印度的安全恐惧和战略担忧。因此，印度并没有如外界所理解的那样反对《英锡防务协定》及英国在斯军事存在。甚至可以说，印度不仅没有将英国的军事存在视作对印度的安全威胁，反而将这种军事存在视作其安全保障。

**（二）印度对斯里兰卡"恐印"心理的应对**

通过尼赫鲁的公开讲话及其与政府要员之间的信件可以看出，他已经意识到由于印度广阔的国土面积以及大量印度人口向外流动，斯里兰卡等周边小国对印度心存恐惧。斯里兰卡作为一个邻近印度的小岛国，非常担心印度会吞并它。尼赫鲁也清楚，斯里兰卡对印度的恐惧和忌惮心理很大程度上是源于印斯两国的实力差距，以及在斯里兰卡存在大量印度泰米尔人。对于斯里兰卡的"恐印"心理，他反复强调和建议国内政客在涉及对

---

① 吕昭义：《英帝国与中国西南边疆：1911—1947》，北京：中国藏学出版社2002年版，第506—507页；Selig S. Harrison, K. Subrahmanyam eds., *Superpower Rivalry in the Indian Ocean: Indian and American Perspectives*, Oxford: Oxford University Press, 1989, p.101.

斯政策时要注意语言的谨慎及克制。①实际上，尼赫鲁敏锐地察觉到了斯里兰卡方面的敏感态度，他也清楚疏远斯里兰卡政府的潜在危险。

1952年5月，尼赫鲁在演讲中谈及对印斯关系的认识："我们一直把锡兰当作我们的弟弟。即使那里的一些人对我们出言不逊或者犯了错误，我们仍将继续这样对待锡兰。对我们来说，锡兰总是年轻的，不是因为锡兰的面积小——比印度一个邦还小，而是因为锡兰的文化、文明和语言是源于印度的文化和文明。所以对于弟弟，不应该使用强制手段，这种治疗方法并不明智。我们必须通过爱让他理解，有时也需要通过正式的压力和抗议，但不是通过斗争，对弟弟必须要有感情和体贴。"②同年7月5日，他在给印度各邦首席部长的信中说："僧伽罗人因为佛陀而视印度为他们的圣地。但他们对这个俯瞰着他们的巨人国家（印度）感到有些恐惧。恐惧又常常导致错误的行动。……如果我们威胁他们，只会增加他们的恐惧。……因此，我已经避免使用威胁式的语言，即使他们的行为不当，我也尽量对他们友好。"③1954年4月26日，他又在给各邦首席部长的信中提到了斯里兰卡对印度的恐惧："到目前为止，它（斯里兰卡）一直过着与世隔绝的生活，主要对自己不断变化的经济、橡胶和茶叶的世界价格以及印度后裔的问题感兴趣。……由于这种实际上的孤立，当地的问题（如印度后裔的问题）就变得很突出。……这背后是对印度这块伟大土地的某种恐惧，这种恐惧以某种方式压倒了锡兰，不是通过军事力量，而是通过非常多的人。因此，他们

---

① "People of Indian Descent in Ceylon," in *Jawaharlal Nehru's Speeches, Vol.3 (March 1953-August 1957)*, Delhi: The Publications Division, Ministry of Information and Broadcasting, Government of India, 1958, pp. 365-371.

② "Sri Lanka's Stand on the Right of Franchise to Indian Residents," in S. Gopal ed., *Selected Works of Jawaharlal Nehru, Second Series Vol.18 (1 April-15 July 1952)*, New Delhi: Jawaharlal Nehru Memorial Fund, 1996, pp.506-507.

③ P. K. Balachandran, "Nehru sought a balanced approach to Ceylon," *Hindustan Times*, Feb 17, 2007, https://www.hindustantimes.com/india/nehru-sought-a-balanced-approach-to-ceylon/story-Cae4IU2tlgHq2HVyF0aecL.html. （访问时间：2020年4月15日）

非常重视限制印度血统的人或印度人的同情心。"他也指出了斯里兰卡
疏远印度的可能性："我们必须永远记住锡兰人的这种恐惧，我们这边
的任何施压策略都会增加这种恐惧，并使问题更加难以解决。……他们
开始在贸易等问题上疏远印度，转而依赖英国、澳大利亚等更遥远的国
家。……如果没有这种恐惧的话，他们的每一种兴趣和基本文化观念都
将他们引向印度。……因此，我们有必要不要说或者做任何增加这种恐
惧情结的事情。"①

1954年9月30日，尼赫鲁在印度人民院关于外交事务的辩论中说：
"由于我们（印度和中国）各自国家的面积和我们的人口已经涌入其他
国家，我们周围的小国害怕我们是可以理解的。他们害怕中国或印度，
这取决于地理位置。他（周恩来）同意我的意见，并说他会尽一切可能
摆脱这种恐惧。……事实上锡兰是一个相对较小又非常靠近印度的岛
屿，正因为如此，（他们）存在有一种我认为完全不必要的恐惧，即担
心印度会征服并吞并锡兰。我反复说过印度没有人这样想，我们想要一
个独立的、友好的锡兰。从文化、历史、语言甚至宗教等各方面来说，
锡兰比任何其他国家都更接近我们，为什么我们要用贪婪的眼光看锡
兰？我们没有。但事实仍然是存在着恐惧，因为存在着这种恐惧，我请
求议会在任何时候都不要说任何可能加剧这种恐惧的话。一位议员谈到经
济制裁等问题，我不赞成这种说法，尽管我对锡兰发生的许多事件深感痛
苦。……无论是对巴基斯坦、锡兰还是任何其他国家，我们现在都不应该
做那些可能阻碍未来关系发展的事情。我们应该友好地对待并继续与锡兰
打交道，即使锡兰的回应可能不友好。"②1959年，尼赫鲁在与赴斯访问
的大学生代表座谈时又说，斯里兰卡一些人认为印度会吸收或吞并这个国
家，这种想法是不合理且荒谬的。他也指出："我一直都在尽量打消锡兰

① P. K. Balachandran, "Nehru sought a balanced approach to Ceylon," *Hindustan Times*, Feb 17, 2007, https://www.hindustantimes.com/india/nehru-sought-a-balanced-approach-to-ceylon/story-Cae4IU2tlgHq2HVyF0aecL.html. （访问时间：2020年4月15日）

② *Jawaharlal Nehru's Speeches*, Vol.3 (March 1953-August 1957), pp. 367-369.

对印度的恐惧，但有时一些印度人的言论却吓坏了他们。例如，马德拉斯一个政党宣称希望建立泰米尔国家，锡兰为成为其中的一部分。"尼赫鲁说虽然这完全是异想天开，但却制造了斯里兰卡方面的恐惧。①

印度泰米尔人国籍问题是独立初期印斯关系中的症结。对于这一问题，印度坚持通过和平谈判进行解决。1954年5月15日，尼赫鲁在印度人民院的讲话中说："解决在锡兰的印裔人问题存在巨大困难，因为我非常确信，这一问题比其他问题更加重要，它只能是以友好与和平方式解决的问题。我不想说或者做任何破坏氛围、使之变得更加困难的事情。"②1954年9月30日，尼赫鲁又在印度人民院的发言中表示："我们几个月前达成的所谓协议（即《尼赫鲁—科特拉瓦拉协定》）并没有证明是成功的。在各种问题中，最主要的问题是关于大量在锡兰的印裔的命运问题，他们是印裔（people of Indian descent）而不是印度国民（Indian nationals）……谈到这一协议，问题是现在有大量的人被称为无国籍者。他们不是我们的国民，如果锡兰政府不把他们作为自己的国民，他们暂时没有附属于任何国家的正常宪法地位。当然，他们仍然身在锡兰。"③1955年9月6日，尼赫鲁在印度联邦院中再次全面阐述了印度对印度泰米尔人国籍问题的立场："就我力所能及的范围而言，我不准备对锡兰使用任何强硬的语言，……尽管他们经常对我们说一些强硬的、不公平的话，但是我们对此保持克制并没有作出回应。因为我非常清楚锡兰人民对印度人民基本上是友好的。但不幸的是，各种遗留下来的恐惧、怀疑阻碍着我们，让（印度泰米尔人）这一问题变得难以解决。""我希望议会记住……问题不是他们是否是印度公民（Indian citizens），如果这是印度公民的问题，毫无疑问会很快解决。这不是印

① "PTI report of informal chat with Delhi University students," *The Hindu*, 29 May 1959. 转引自 S. Gopal ed., *Selected Works of Jawaharlal Nehru*, Second Series Vol.49 (1 May-30 June 1959), New Delhi: Jawaharlal Nehru Memorial Fund, 2013, p.605.
② *Jawaharlal Nehru's Speeches*, Vol.3 (March 1953-August 1957), pp. 365-367.
③ Ibid., pp. 367-369.

度公民而是印度裔（people of Indian descent）的问题。他们从来都不是印度公民，但是我们出于历史、文化和其他原因而关心他们的命运。正常情况下我们是不会对他们感兴趣的，但是锡兰和我们都继承了某些特定的东西，我们都曾在某个时期是大英帝国的一部分，都被冠以英国臣民的称号。所有的事情都是发生在英帝国时期：印度人被带到锡兰并主要在那里的茶园定居，他们中的许多人已经在那里生活了许多代。我认为他们现在是锡兰的公民了……这个问题基本上是锡兰政府和这些人之间的问题，我们介入其中是因为我们对这些人感兴趣。但他们不是我们的公民，我们必须记住这一点，如果他们是印度国民（Indian nationals），情况就会完全不同。他们不是印度国民，锡兰政府很显然不喜欢这个想法，因为当我们说他们不是我们的国民时，这意味着我们这里不会接受他们。我们只能接受我们的国民，如果他们被驱逐出那里，我们不会接受他们。无论他们的国籍处于何种法律地位，他们都是锡兰居民（residents and inhabitants of Ceylon），世世代代都是如此。"①

## 第三节　印斯两国历史遗留问题的解决与印斯国际合作

独立初期，印斯两国之间的历史遗留问题主要是斯里兰卡的印度泰米尔人国籍问题、卡恰提武岛归属及印斯海洋划界问题。印斯两国领导人经过近30年的努力，终于在20世纪70年代以双边协定的形式对上述问题进行了解决，这为两国关系的友好发展奠定了基础。可以说，在20世纪70年代中期，印斯两国关系达到了独立以来的最好状态。除解决了历史遗留问题以外，这一时期印斯两国也在共同推动"不结盟运动"、倡导"印度洋和平区"等方面展开了广泛的国际合作。

---

① *Jawaharlal Nehru's Speeches*, Vol.3 (March 1953-August 1957), pp.369-371.

## 一、协商处理斯里兰卡的印度泰米尔人国籍问题

### （一）印度泰米尔人问题的起源

独立之后，困扰印斯两国关系最重要的问题就是斯里兰卡的"印度泰米尔人国籍问题"。[①]在历史发展过程中，斯里兰卡逐渐形成了"斯里兰卡泰米尔人"和"印度泰米尔人"两大泰米尔人群体。这些人都起源于南印度，与印度本土的泰米尔人同根同源，但他们迁移的时间和过程有所不同。斯里兰卡泰米尔人是在欧洲殖民入侵以前的漫长历史进程中陆续迁移到岛内的；而印度泰米尔人则是19世纪英国殖民统治时期，为了开辟咖啡和茶叶种植园而从南印度招募的契约工人及其后裔。[②]可以说，印度泰米尔人是英国殖民统治及种植园经济发展下的产物。由于19世纪初期种植园经济快速发展，加之1833年英国宣布废除殖民地奴隶制度加剧了种植园劳动力的短缺。在这种情况下，英国殖民者开始从英属印度招募大批泰米尔人充当"契约工人"。

印度泰米尔人向斯里兰卡的移民最早始于1827年，当时的移民数量是1万人左右。1911年，英国殖民当局在进行人口统计时，首次将泰米尔种植园劳工称作"印度泰米尔人"。[③]在1846年到1946年的100年间，印度泰米尔人从5万人增加到66万多人。截至1953年11月27日，在斯里兰卡的印度泰米尔人数量更是达到了984327人，约占斯里兰卡人口总数的

① 由于这些人基本都是来自印度南部的泰米尔人及其后裔，因此这一问题也被称为"印度泰米尔人问题"。在印斯两国官方文件、《印度时报》等主流媒体和学界的研究中，对这一问题有各种不同的称呼，如Indo-Ceylonese problem, problem of settlers of Indian origin in Ceylon, problem of Indians in Ceylon, status of persons of Indian origin in Ceylon, problem of people of Indian origin in Ceylon 等；国内学界一般称其为"泰米尔种植园工人国籍问题""泰米尔劳工国籍问题""无国籍印度人问题"等。为行文方便，本书统一称"印度泰米尔人国籍问题"或"印度泰米尔人问题"。
② 王兰：《斯里兰卡的民族宗教与文化》，北京：昆仑出版社2005年版，第88—89页、96—97页。
③ 由于种植园主要在隔绝的山地，印度泰米尔人也被称作"山地泰米尔人"（Hill Country Tamils），参阅Wikipedia, "Indian Tamils of Sri Lanka," https://en.wikipedia.org/wiki/Indian_Tamils_of_Sri_Lanka.（访问时间：2020年5月13日）

12%。①从斯里兰卡历史发展的角度来看，印度劳工长达120多年的移民对其政治、人口和社会结构产生了重要影响。1924年，英国殖民当局进行宪法改革时，承认印度泰米尔人是与僧伽罗人和斯里兰卡泰米尔人不同的民族团体，而且他们也允许两个印度泰米尔人代表参与殖民当局的立法会议。1928年7月，多诺莫尔委员会（Donoughmore Commission）在给英国国会的报告中涉及印度种植园工人的投票权问题，其中也提及当时的移民人数是22.6万。1948年，在索尔伯里宪法规定下，7名印度泰米尔种植园工人代表参与斯里兰卡议会。②可以看出，英国殖民时期的殖民当局赋予了印度泰米尔人一定的公民权利。

但斯里兰卡独立之后，情况发生极大的变化。在"印度威胁论"的影响下，斯里兰卡的僧伽罗政治家将数十万印度泰米尔人视作安全威胁和不稳定因素，因而对印度泰米尔人充满排斥。在僧伽罗民族主义情绪高涨的情况下，斯里兰卡独立后不久就通过了涉及国籍和公民权问题的《公民法案》（1948年）和《印度与巴基斯坦公民法案》（1949年）。③这两项法案实质上剥夺了大多数印度泰米尔人的公民身份。例如，在1949年的《印巴公民法案》规定中，确定印度泰米尔人在斯里兰卡定居的条件非常复杂，远远超出了许多没受过教育的种植园工人的认知范

---

① "Indian In Ceylon," *The Times of India*, November 28, 1953, p.7; Urmila Phadnis, "The 1964 Indo-Ceylonese Pact and the 'Stateless' Persons in Ceylon," *India Quarterly*, Vol.23, No.4, 1967, p.366;

② 王兰：《斯里兰卡的民族宗教与文化》，北京：昆仑出版社2005年版，第94—97页；Parliamentary Committee Reports, India, *Twentieth Report (1981-82) on Overseas Indians in West Asia, Sri Lanka, Malaysia, Burma, Indonesia and Singapore, Part II Sri Lanka*, New Delhi: Lok Sabha Secretariat, February, 1982, p.1, https://eparlib.nic.in/handle/123456789/58170?view_type=search.（访问时间：2020年7月22日）

③ 两项法案具体内容，参阅Avtar Singh Bhasin ed., *India-Sri Lanka Relations and Sri Lanka's Ethnic Conflict: Documents, 1947-2000*, Vol.2, New Delhi: India Research Press, 2001。

围。①此外，1949年斯政府又通过了第48号《议会选举修正案》，该法案规定没有斯里兰卡国籍则没有选举权。这样，斯里兰卡政府就以立法手段剥夺了印度泰米尔人的国籍和公民权，使其成为地位不明的"无国籍印度人"。

**表 1.1　斯里兰卡的印度泰米尔人口数量一览表（1827—1961）**

| 年份 | 人数（人） | 年份 | 人数（人） |
|------|-----------|------|-----------|
| 1827 | 10000 | 1921 | 493944 |
| 1847 | 50000 | 1931 | 692540 |
| 1877 | 146000 | 1946 | 665853 |
| 1911 | 457765 | 1961 | 949684 |

资料来源：Ceylon Census Reports: Administration Reports of the Labour Commissioner②

其实，由僧伽罗人占主导地位的斯里兰卡政府之所以会对印度泰米尔人采取排斥政策，除了有前文所述在"印度威胁论"影响下的政治和安全方面考量之外，另外也有经济因素和人口压力等方面的原因。斯里兰卡本国所产大米向来不足，近代以来主要依靠输出茶、橡胶和椰子而进口粮食。从20世纪40年代后期开始，斯里兰卡人口激增，在这种情况下其国内的粮食问题更为严重。因此，斯里兰卡政府希望遣返大量印度泰米尔人，以缓解国内巨大人口压力和粮食危机。这一点在斯里兰卡领导人的讲话中也得到了印证。1955年，在迎接印度高级专员的招待会发言中，时任总理科特拉瓦拉说："（斯里兰卡的）主要困难是它作为一个小国，主要从经济的角度来看待印度泰米尔人问题，我们每年要多养

① Parliamentary Committee Reports, India, *Twentieth Report (1981-82) on Overseas Indians in West Asia, Sri Lanka, Malaysia, Burma, Indonesia and Singapore, Part II Sri Lanka*, New Delhi: Lok Sabha Secretariat, February, 1982, p.1, https://eparlib.nic.in/handle/123456789/58170?view_type=search. （访问时间：2020年7月22日）
② S. U. Kodikara, *Indo-Ceylon Relations Since Independence*, Colombo, Ceylon: The Ceylon Institute of World Affairs, 1965, p.6.

活20万张嘴。作为总理我有责任确保他们都得到供应。"[1]

### （二）印斯两国关于印度泰米尔人国籍问题的谈判及结果

印斯双方围绕印度泰米尔人国籍问题的正式交涉可以追溯到20世纪20年代。当时尚处在殖民统治下的印斯双方代表就曾围绕这一问题进行过激烈争论。锡兰的国大党领袖们声称大多数种植园工人同印度一直保持着联系与接触，他们是印度人而非斯里兰卡人；印度方面则持不同意见。从1940年起，印斯两国的领导人也多次就此问题进行讨论。1941年，双方代表拟定了《1941年联合报告》，为解决这一问题作出相关制度安排。但是，这个报告却受到印度国内公共舆论的强烈反对，英属印度中央立法机构经过充分考虑之后也宣布该报告的结论完全不可接受。1942年3月，日本海军突然袭击斯里兰卡岛内的英国皇家海军基地（也称"锡兰海战"）。局势突变导致印斯双方无法就最初设想进行"最后意见交换"。印方认为如果进行了这种意见交流，印度会建议对报告中提出的建议进行实质性修改。事实上在随后的两个场合，即1943年2月在为斯里兰卡橡胶园招聘额外劳动力的谈判中，以及1943年12月斯里兰卡的部长们正在为该岛制定宪法草案时，印度政府发现有必要表明他们不能同意《1941年联合报告》的结论。在争取重新开始谈判时，印度也表示希望斯方放弃对1941年报告的坚持，双方在新的基础上重开谈判。不过，斯里兰卡对此并没有退让，而且在独立后对于印度泰米尔人国籍问题作出的各种制度安排所依据的仍是《1941年联合报告》。[2]

随着斯里兰卡独立后一系列公民法案的出台，印度泰米尔人国籍问题的重要性更加凸显。在此后长达30多年的时间里，这一问题始终都是两国之间难解的结，甚至可以被称作阻碍印斯关系正常发展的最大障

---

[1] "Solution of India-Ceylon Problem Not Difficult: Sir John Calls for Mutual Goodwill," *The Times of India*, 02 June 1955, p.1.

[2] K. M. De Silva ed., *Sri Lanka: Part II Towards Independence (1945-1948)*, London: The University of London, 1997, pp.3-5; 王兰：《斯里兰卡的民族宗教与文化》，北京：昆仑出版社2005年版，第97页。

碍。印斯两国对于印度泰米尔人问题的高度关切有其各自不同的战略考量。对于斯里兰卡而言，斯政府密切关心印度泰米尔人问题，主要是因为其地域狭小、国力有限，数十万泰米尔人给岛内增加了巨大的人口和经济压力。而且，斯里兰卡由僧伽罗人主导的政府对印度又怀有战略疑虑，加上泰米尔人入侵斯里兰卡的历史经历，因此他们将印度泰米尔人视作国内的不稳定因素甚至是印度打入斯国的"特洛伊木马"。对印度而言，以尼赫鲁为代表的印度领导人特别关注此问题，并且强烈反对斯方强制遣返印度泰米尔人的要求，其主要的考虑是：印度泰米尔人群体多达数十万，这么庞大的人口群体一旦遣返印度，将会给印度南部带来巨大的人口、经济和社会压力。而且，当时海外印度人遍布斯里兰卡、缅甸、毛里求斯、牙买加、圭亚那、南非等印度洋沿岸、非洲大陆东部甚至远至加勒比海地区，[1]印度担心斯里兰卡的强制遣返会而引起其他国家的效仿。对于这一问题，尼赫鲁一直主张通过印斯两国领导人的和平谈判进行解决，尽量劝说斯里兰卡给予印度泰米尔人以基本的公民权利。在公开演讲或与斯里兰卡领导人的通信中，尼赫鲁多次高度称赞这些人在近100年时间里对斯里兰卡经济建设作出了显著贡献，认为斯里兰卡政府不应该剥夺他们的国籍和公民权利。

为了解决这一问题，尼赫鲁曾与斯里兰卡总理D. S. 森纳那亚克就国籍问题、新的公民法案问题多次通信交流。[2]而且，在1947年12月和1953年6月，他们曾进行过两次会谈，但都因意见分歧而未能达成实质性成果。直到1954年情况才发生转变。1954年1月，斯里兰卡总理科特拉瓦拉访问印度，在此期间与尼赫鲁进行了谈判，1月18日双方签订了《尼赫

---

[1]　[英]休·希顿—沃森：《民族与国家——对民族起源与民族主义政治的探讨》，吴洪英、黄群译，北京：中央民族大学出版社2009年版，第539—544页。

[2]　具体参阅S. Gopal ed., *Selected Works of Jawaharlal Nehru, Second Series Vol.4*, New Delhi: Jawaharlal Nehru Memorial Fund, 1986, pp.622-627; S. Gopal ed., *Selected Works of Jawaharlal Nehru, Second Series Vol.6*, New Delhi: Jawaharlal Nehru Memorial Fund, 1987, pp.479-483; S. Gopal ed., *Selected Works of Jawaharlal Nehru, Second Series Vol.7*, New Delhi: Jawaharlal Nehru Memorial Fund, 1988, pp.634-647.

鲁—科特拉瓦拉协定》。协定内容共8条，可分为"非法移民"和"公民权"两部分，主要包括如下内容：（1）双方同意密切合作以防止非法移民；（2）斯里兰卡将根据《印度和巴基斯坦公民法案》加快对所有尚未完成选举登记的居民进行登记，并将尽一切努力在两年内（即1956年之前）完成对未决申请的处理。登记完成后，任何未登记且母语为印度语的人将被认定为印度非法移民，并可能被驱逐出境；（3）斯里兰卡在实施《移民法案》时，被怀疑是非法移民的被告人有责任自行举证以证身份；（4）由于这些印裔大多不会说斯里兰卡当地的语言，因此在10年时间里，对此类登记人员进行单独的选举登记。他们有权选举一定数量的众议院议员；（5）没有按照上述程序进行登记的人，可以自愿根据《印度宪法》第8条在印度高级专员办事处登记为印度公民。[①]协定签署后，《印度时报》引述圈内人士的观点说："协定的签署有助于缓和两国之间的紧张局势，并为两国政府就共同关心的问题进行更为频繁的讨论铺平了道路。"[②]在两国围绕印度泰米尔人国籍问题争论激烈，而且斯里兰卡独立初期对印度存在强烈恐惧情绪的情况下，《尼赫鲁—科特拉瓦拉协定》作为两国最高领导人通过和平谈判达成的首个旨在解决印裔国籍问题的双边协定，充分表明了印度的善意和克制态度。协定的签署客观上有助于减轻斯里兰卡对于印度的敌意，帮助缓解印斯关系的紧张状态并推动两国关系良性发展。

1954年2月13日，印斯两国政府正式批准通过《尼赫鲁—科特拉瓦拉

---

[①] 全称为《印度和锡兰政府关于向锡兰移民及印裔公民权问题的办法》，参阅Ministry of External Affairs, Government of India, *Instrument Signed by the Government of India and Ceylon Regarding Proposals for Immigration into Ceylon and Citizenship Rights of Persons of Indian Origin (Instrument Regarding Immigration and Citizenship)*, January 18, 1954, https://www.mea.gov.in/bilateral-documents.htm?dtl/7812/Instrument_Regarding_Immigration_and_citizenship.（访问时间：2020年7月20日）；钱其琛主编：《世界外交大辞典（下）》，词条"锡兰印度关于印度劳工协议"，北京：世界知识出版社2005年版，第2143页。

[②] "India-Ceylon Agreement on Issue of Citizenship: Registration to be expedited determining future of million people," *The Times of India*, 19 Jan 1954, p.1.

协定》。但是印度泰米尔人国籍问题并未就此解决。正如尼赫鲁在评价
该协定时所说："它并不是解决问题的方案，它只是就最终如何解决问
题而达成的谅解。它包括一些特定的议程，其中特别规定两国政府如果
要在这个问题方面采取措施，就需要与对方进行协商。"①后来，印斯两
国在协定具体实施程序上产生巨大分歧。双方的分歧不在于那些取得、
打算取得印度国籍的人，或是那些获得斯里兰卡国籍的人，而是在于那
些申请斯方国籍而被拒绝的人。对于这些人，斯政府认为印度会将这些
人视为印度国民，并把他们带回去。但尼赫鲁却表示这种假设是没有根
据的。②印度同意遣返任何想要获得印度国籍的印度泰米尔人，但是印度
拒绝自动向那些申请斯里兰卡国籍被拒后的人提供印度国籍。换言之，
印斯两国的分歧在于，斯里兰卡认为在斯的印度泰米尔人只有两种情况
（即印公民或斯公民）：取得印度国籍或斯里兰卡国籍，不能取得斯国
籍的人将自动成为印度国籍而且要被强制遣返回印度。而尼赫鲁对此并
不同意，他认为存在三种情况（即印公民、斯公民、无国籍者）：取得
印度国籍者、取得斯国籍者和申请斯国籍被拒绝后的无国籍者。③这是
印斯两国争论和分歧的关键所在，两国就此问题僵持不下。因此从1954
年到1964年期间，印度泰米尔人国籍问题一直处于僵局之中。斯里兰卡
原定在1956年就处理完这些人申请入籍的工作，但直至1963年也未能完
成。据估计，这一时期有约97.5万印度泰米尔人依然处于无国籍状态。
此事只得留待尼赫鲁的继任者拉尔·夏斯特里（Lal Bahadur Shastri）和
英迪拉·甘地（Indira Gandhi）进行处理。

---

① "People of Indian Descent in Ceylon," in *Jawaharlal Nehru's Speeches,
Vol.3 (March 1953-August 1957)*, Delhi: The Publications Division, Ministry of
Information and Broadcasting, Government of India, 1958, p. 365.
② P. K. Balachandran, "Nehru sought a balanced approach to Ceylon,"
*Hindustan Times*, Feb 17, 2007, https://www.hindustantimes.com/india/nehru-
sought-a-balanced-approach-to-ceylon/story-Cae4IU2tlgHq2HVyF0aecL.html.（访
问时间：2020年4月11日）
③ 王宏纬主编：《南亚区域合作的现状与未来》，成都：四川大学出版社
1993年版，第212—213页。

表 1.2 印斯两国解决印度泰米尔人国籍问题的双边协定一览表

| 协定名称 | 主要内容 | 协定意义 | 实施效果 |
|---|---|---|---|
| 《尼赫鲁—科特拉瓦拉协定》（1954年1月18日） | 1. 双方依据协议合作以防止非法移民。2. 斯方对所有尚未列入选民册的印度成年人进行登记。3. 凡未登记为斯公民的，可由其本人按印度宪法选择印度国籍。 | 两国最高领导人达成的首个关于印度泰米尔人国籍问题的双边协定，有助于缓解两国关系的紧张状态，减轻斯里兰卡对于印度的敌意。 | 1. 斯方处理登记事务的人手不够，未能在规定时间内完成对所有申请的处理和登记。2. 印斯两国在协定实施程序上产生分歧，即申请斯方国籍失败者是否应该自动获得印方国籍并被遣返回印度。问题最终陷入僵局，难以推进。 |
| 《西丽玛沃—夏斯特里协定》（1964年10月29日） | 对97.5万在斯的印度泰米尔人，印方接收52.5万（含自然增长），斯方接收30万（含自然增长），另外15万留待将来解决。此项工作预计在15年内完成。 | 首次明确规定印斯双方接收具体人数。 | 实际工作进展缓慢，至1985年时遣返人数不到一半、取得斯国籍的也只有十几万人，仍有50多万人地位未定。[①] |
| 《西丽玛沃—英迪拉协定》（1974年6月28日） | 双方等比例赋予1964年协定中待处理的15万人以国籍，分别接收7.5万人。 | 就此前待定15万人进行安排。 | 实际工作进展缓慢，部分按规定应被遣返印度的人却要求加入斯里兰卡国籍。 |

---

① 邹雾露：《斯里兰卡种植园工人国籍问题》，《南亚研究》1987年第1期，第78—79页。

续表

| 协定名称 | 主要内容 | 协定意义 | 实施效果 |
|---|---|---|---|
| 《印斯协议》（1986 年 1 月 15 日） | 斯里兰卡额外接收本应遣返印度的9.4万人。 | 斯里兰卡就泰米尔人国籍问题作进一步妥协。 | 由于内战和国内政治压力，斯里兰卡在操作过程中实际接收了更多的人数。 |

资料来源：笔者依据相关协定自制表格 [①]

　　1964年10月，斯里兰卡总理西丽玛沃·班达拉奈克访问印度，再次就印度泰米尔人国籍问题与印度总理夏斯特里进行会谈。10月29日，印斯两国领导人在新德里签订《西丽玛沃—夏斯特里协定》。该协定规定：对于在斯里兰卡的97.5万印度泰米尔人，印度同意接收并遣返其中的52.5万人及在执行过程中的自然增长人数，斯方同意给予30万人及自然增长人数以斯里兰卡国籍，此项工作于15年内完成。其余15万人留待以后另行商议解决。[②]同年12月，印斯两国在科伦坡成立联合委员会，以制定实施协定的合适程序。《西丽玛沃—夏斯特里协定》的签署为解决

① 参考 *Proposals relating to persons of Indian origin in Ceylon*, framed by the Prime Ministers of Ceylon and India in New Delhi on 18 January 1954, ratified by both Governments on 13 February 1954, http://go.gale.com/choa/i.do?&id=GALE%7CIUBVIP234651151&v=2.1&u=peking&it=r&p=CHOA&sw=w&viewtype=Manuscript. （访问时间：2020年7月20日）; *Ceylon-India Agreement on Status and Future of Persons of Indian Origin in Ceylon (Citizenship and Nationality)*, Signed at New Delhi, October 30, 1964, https://mea.gov.in/bilateral-documents.htm?dtl/6426/Agreement+on+Persons+of+Indian+Origin+in+Ceylon. （访问时间：2020年5月23日）; *Exchange of Letters concerning persons of Indian origin in Sri Lanka*, January 27, 1974, https://mea.gov.in/bilateral-documents.htm?dtl/6411/Exchange_of_Letters_concerning_persons_of_Indian_origin_in_Sri_Lanka. （访问时间：2020年6月12日）;Parliamentary Committee Reports, India, *Twentieth Report (1981-82) on Overseas Indians in West Asia, Sri Lanka, Malaysia, Burma, Indonesia and Singapore, Part II Sri Lanka*, New Delhi: Lok Sabha Secretariat, February, 1982, pp.1-2, https://eparlib.nic.in/handle/123456789/58170?view_type=search. （访问时间：2020年7月22日）

② 全称为《锡兰和印度关于在锡兰的印裔地位及前途问题（公民权和国籍）的协定》，具体参阅 *Ceylon-India Agreement on Status and Future of Persons of Indian Origin in Ceylon (Citizenship and Nationality)*, October 30, 1964, https://mea.gov.in/bilateral-documents.htm?dtl/6426/Agreement+on+Persons+of+Indian+Origin+in+Ceylon. （访问时间：2020年5月23日）

印度泰米尔人国籍问题迈出了关键的一步。该协定最为关键的是明确规定了双方的具体接收人数，印度方面也确认接收了印度泰米尔人群体中的大部分人。这也是此前尼赫鲁政府一直不愿意作出让步的。夏斯特里政府在此问题上作出巨大的让步，是与1962年中印边界战争之后印度陷入内外交困的局面密不可分的。在这种情况下，印度希望尽早解决困扰印斯两国数十年的症结性问题，争取实现印斯关系稳定以及斯里兰卡对印度的战略支持。

为解决《西丽玛沃—夏斯特里协定》遗留的15万人的地位问题，1974年6月28日，印度总理英·甘地与斯总理西丽玛沃·班达拉奈克以换文的形式签订了另一份协定（即《西丽玛沃—英迪拉协定》）。其中规定：对于1964年协定中悬而未决的15万人，斯里兰卡接收其中的7.5万人及其自然增长，印度接收另外7.5万人及其自然增长的人，印度的接收工作将会在1964年规定人数遣返结束后两年内完成。[1]这样，印度需要接收的人数增加至60万人，斯里兰卡需要接收的人数则增加至37.5万人。综合来看，1964年的《西丽玛沃—夏斯特里协定》和1974年的《西丽玛沃—英迪拉协定》以双边协定的方式，对印斯两国应接受的印度泰米尔人的具体数量进行明确规定，有利于推动印度泰米尔人国籍问题的进一步解决，也有助于促进印斯关系的全面友好发展。

但是也应注意到，1964年和1974年两项协定在具体实施过程中，印度泰米尔人入籍斯里兰卡和遣返印度的工作进行得异常缓慢。具体而言，协定实施过程中主要存在如下一些现实问题和制约因素：（1）绝大部分印度泰米尔人希望继续留在斯里兰卡而非被遣返回印度。这是因为他们基本上都是在岛上出生和成长的第二代、第三代移民，对印度本土的感情已经较为淡薄。而且，他们的祖辈和父辈基本都是印度南部生活

---

[1] Ministry of External Affairs, Government of India, "Exchange of Letters concerning persons of Indian origin in Sri Lanka Exchange of Letters concerning persons of Indian origin in Sri Lanka," January 27, 1974, https://mea.gov.in/bilateral-documents.htm?dtl/6411/Exchange_of_Letters_concerning_persons_of_Indian_origin_in_Sri_Lanka.（访问时间：2020年6月12日）

困窘的低种姓贫民，当初由于生活艰难才离开印度到斯里兰卡谋生。他们在印度本土没有祖产可言，遣返回去也意味着失去在斯里兰卡稳定的工作和资产。[①]因此他们大多愿意选择斯里兰卡国籍。（2）巨大的人口压力超出了斯里兰卡政府的预期和承受能力。在具体登记的过程中也出现了登记通过率过低，以及登记机构人手不够造成的登记效率过低、未能在协定规定时间内完成登记任务的情况。这些情况到底是斯里兰卡政府有意为之，还是能力不足，仍是有待进一步探究的。（3）人口数量不是固定不变的，随着时间的延长，印度泰米尔人的自然增长会让这个问题变得更加复杂。（4）1983年斯里兰卡内战爆发打断了印斯两国之间遣返印度泰米尔人的进程。斯里兰卡内战爆发以后，印斯两国都将注意力转向僧泰民族冲突，印度泰米尔人问题被放在一边。印度泰米尔纳德邦原来为遣返回国者准备的营地转而被用作接待斯里兰卡难民，负责遣返工作的行政机构也陷入瘫痪。更重要的是，1984年时斯里兰卡贾夫纳至印度泰米尔纳德邦之间的轮渡被迫关闭，从而也结束了印斯两国之间遣返印度泰米尔人的进程。[②]

到1979年10月30日（即《西丽玛沃—英迪拉协定》规定的15年期限时），协定规定的遣返人数中仅有不到50%的人完成了遣返。而且在应该由印度接收的60万人中，只有50.6万人申请加入印度国籍，剩下的9.4万人坚持要求获得斯里兰卡国籍。他们在锡兰工人大会党的领导下举行罢工，向斯里兰卡政府施加压力。此后，印度又将此协定的有效期延长两年至1981年，可是仍未能遣返相应的人数。1982年时，印度宣布不再认为《西丽玛沃—夏斯特里协定》具有约束力并暂停向新申请者发放印度护照。印度表示如果继续延长这一协定，只会意味着这个问题没完没

---

① 斯里兰卡当局曾出台相关法律文件，对斯里兰卡的印度泰米尔人向印度转移资产作出各种限制。

② 王宏纬主编：《南亚区域合作的现状与未来》，成都：四川大学出版社1993年版，第214页；Wikipedia, "Sirima-Shastri Pact," https://en.wikipedia.org/wiki/Sirima%E2%80%93Shastri_Pact#cite_note-pactlk-2.（访问时间：2020年3月13日）

了。<sup>①</sup>到1985年，印度接受的遣返人数还不到一半，而斯里兰卡给予他们
国籍的人数也不过十几万人，仍有50多万人没有解决公民地位问题。1986
年1月15日，迫于国内锡兰工人大会党的压力，斯里兰卡政府选择作出让步
并与印度再次达成协议，同意再给予9.4万人以斯国籍，使得斯方接收的
总人数从37.5万人增加至46.9万人、印度接收的总人数从60万人减少至
50.6万人；印度则同意接受1981年10月底已申请印度国籍的8.3万人。<sup>②</sup>

1988年，斯里兰卡通过了《授予无国籍者公民权（特别规定）法
案》，给予所有此前没有申请印度国籍的印度泰米尔人以斯国籍。此后大
约有46.9万无法取得国籍的印度泰米尔人获得了斯里兰卡国籍。<sup>③</sup>2003年
10月7日，斯里兰卡又通过《给予印裔国籍法案》<sup>④</sup>，该法案给予1964年
10月以来一直居住在斯里兰卡的印度泰米尔人及其后裔以斯国籍，而且也
给予依据原有协定获得印度国籍但仍住在斯里兰卡的人以斯国籍，前提是
他们必须放弃其印度国籍。这些人的总数为168141人。由此，所有生活在
斯里兰卡的印度泰米尔人最终都获得了斯里兰卡国籍。<sup>⑤</sup>这也意味着印度
泰米尔人国籍问题的最终彻底解决。最后，关于印斯双方分别接收的印度
泰米尔人的数量问题，有研究者经评估认为，最终遣返印度的印度泰米尔

① "Lanka to absorb rest of stateless Indians," *The Times of India*, July 23, 1983,
p.13.
② 王兰：《斯里兰卡的民族宗教与文化》，北京：昆仑出版社2005年版，第
98—99页；何道隆主编：《当代斯里兰卡》，成都：四川人民出版社2000年版，
第176—177页；张位均：《印斯关系概述》，《南亚研究季刊》1990年第3期，
第33页；邹雾露：《斯里兰卡种植园工人国籍问题》，《南亚研究》1987年第
1期，第78—79页；Parliamentary Committee Reports, India, *Twentieth Report*
*(1981-82) on Overseas Indians in West Asia, Sri Lanka, Malaysia, Burma, Indonesia*
*and Singapore, Part II Sri Lanka*, New Delhi: Lok Sabha Secretariat, February,
1982, pp.1-2, https://eparlib.nic.in/handle/123456789/58170?view_type=search.
（访问时间：2020年7月22日）
③ 王兰：《斯里兰卡的民族宗教与文化》，北京：昆仑出版社2005年版，第
98—99页。
④ *The Grant of Citizenship to Persons of Indian Origin Act*, No.35 of 2003.
⑤ Sugeeswara Senadhira, "Lankan Tamils, Indian origin Tamils, and citizenship,"
*Ceylon Today*, Feb 3, 2020, https://archive.ceylontoday.lk/print-more/51162.（访问
时间：2020年5月17日）

人大约只有43.5万人，而留在斯里兰卡的则有63.4万人。[①]这一说法在印度政府高官的发言中也得到了印证。2020年1月19日，在宣布2019年《公民身份法修正案》时，印度财政部部长尼尔马拉·西塔拉曼（Nirmala Sitharaman）表示从1964年至2008年，印度为大约40万来自斯里兰卡的泰米尔人提供了公民身份。这也是印度政府高官第一次间接地公开承认，印度没有完成1964年和1974年协定中规定的60万人的接收份额。[②]

## 二、谈判解决卡恰提武岛争端及印斯海洋划界问题

卡恰提武岛（下文简称"卡岛"）[③]是位于保克海峡的一个无人岛，传统上它是印斯两国渔民出海的临时落脚点。卡岛在14世纪由火山爆发形成，面积约1.15平方千米。岛上没有饮用水等基本生活物资和常住人口，仅有一座由印度天主教徒在20世纪初修建的圣·安东尼教堂。该教堂现在由斯里兰卡贾夫纳主教管理，每年3月都会有印斯两国信众前往岛上参加宗教活动。历史上，卡岛长期处于印度拉姆纳德王公管理之下。在英国殖民时期，该岛由印度与斯里兰卡共同管理。关于卡岛的争端始于20世纪20年代。1921年10月，为划定保克海峡和马纳尔湾的边界，印斯双方代表在科伦坡举行了一次重要会议。双方同意以"等距离"原则沿中线进行划界，但在卡岛问题上却出现分歧。斯方主张拥有卡岛所有权并引述与印度政府的通信来证明这是印方所默许的，要求将海上边界线划在卡岛以西，以便使卡岛落在斯里兰卡一边。印方代表对此毫无准备，他们只能指出卡岛处在马德拉斯邦（今泰米尔纳德邦）拉姆纳德王

---

① 王兰：《斯里兰卡的民族宗教与文化》，北京：昆仑出版社2005年版，第98—99页。

② Sugeeswara Senadhira,"Lankan Tamils, Indian origin Tamils, and citizenship," *Ceylon Today*, Feb 3, 2020, https://archive.ceylontoday.lk/print-more/51162; Staff Reporter, "It's unconstitutional for States not to implement CAA, says Sitharaman," *The Hindu*, Jan 20, 2020, https://www.thehindu.com/news/national/tamil-nadu/its-unconstitutional-for-states-not-to-implement-caa-says-sitharaman/article30602669.ece.（访问时间：2020年5月20日）

③ 卡岛在泰米尔语中被称作Kaccattīvu，英语名称有Kachchativu，Kachchatheevu或Katchatheevu，国内学界常译作"卡恰提武岛""卡恰帝武岛"或"卡奇岛"。

公"柴明达尔"①辖区之内，拉姆纳德王公会将卡岛出租并定期收取租金。斯方代表坚持，如果对卡岛的领土主张存在争议则必须解散会议。最后妥协的结果是，会议达成了将海上边界线划在了卡岛以西3英里（约2.6海里）处的一项报告，但也规定这一界线是"渔区界线"而非"领土界线"。此外，印方代表团还在报告中增加了一项附加条款，明确指出该报告不应"损害印度政府可能就卡岛提出的任何领土主张"。②但英帝国印度事务大臣质疑该协定的有效性，这份协定也没有得到英国海外殖民部的批准。③不过斯里兰卡认为，1921年会议表明印度默许了斯方对卡岛的权利主张。从那时起，双方在这个问题上一直存在争议。

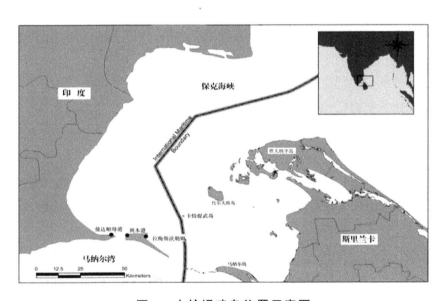

**图 1.1 卡恰提武岛位置示意图**

① "柴明达尔"意为"世袭土地占有者"，指的是印度莫卧儿帝国时期在国家力量不易达到的边远地区，当地王公或部落首领保留了土地世袭占有权，成为帝国的附庸并向皇帝纳贡。参阅赵卫邦：《印度莫卧儿帝国境内的柴明达尔》，《南亚研究季刊》1985年第3期，第60—71页。
② "Delimitation of the Gulf of Mannar and Palk Strait, 25th October 1921," in Adluri Subramanyam Raju, S. I. Keethaponcalan, *Maritime Cooperation between India and Sri Lanka*, New Delhi: Manohar, 2006, pp.84-86.
③ V. Suryanarayan, *Kachativu and the Problems of Indian Fishermen in The Palk Bay Region*, Madras: T. R. Publication Private Ltd., 1994, pp.11-12.

资料来源：University of Jaffna, Department of Geography (2012)[1]

1968年11月，斯总理杜德利·森纳那亚克访印，期间两国谈及卡岛问题。森纳那亚克指出，根据殖民时期地图将卡岛划在斯方一边、葡萄牙和英国人统治时期该岛归斯方管辖、岛上宗教事务一向由贾夫纳教会管理等历史事实，卡岛应是属于斯里兰卡的领土。印度对此持保留态度，并说该岛在两国独立之前一直是拉姆纳德王公"柴明达尔"领地，1948年由马德拉斯邦政府接管。[2]在这个问题上，双方并未达成一致意见。1969年1月，在伦敦举行的英联邦总理会议上，英·甘地和森纳那亚克决定将卡岛问题搁置起来，直到能够找到和平的解决方法。1969年3月，两国同意不采取任何改变现状或支持各自主张的现实行动。[3]与此同时，1968年印度将其领海宽度延伸至12海里，1970年斯里兰卡也相应地扩大了领海范围。因此，印斯两国在保克海峡出现海域重叠。

1974年6月，为划分保克海峡至亚当桥水域的海上边界并解决卡岛归属问题，印斯两国签订了《印斯历史性水域划界协定》（下文简称"1974年协定"）。[4]根据该协定，卡岛被划到印斯海上边界线斯里兰卡一侧，由此卡岛主权归属问题得到解决。同时，协定第5条和第6条规定，印度渔民和朝圣者无需斯里兰卡的旅行证件或签证即可进入卡岛；

[1] 转引自Johny Stephen, Ajit Menon, Joeri Scholtens et al., "Transboundary Dialogues and the 'Politics of Scale' in Palk Bay Fisheries: Brothers at Sea?", *South Asia Research*, Vol.33, No.2, 2013, p.144.

[2] 1968年4月就有泰邦议员在人民院出示1880年至1949年期间关于卡岛的多份租约文件和渔业图，参阅*Lok Sabha Debates*, Fourth Session, Monday, 1 April 1968, Vol. XV, No. 34, New Delhi: Lok Sabha Secretariat, Cols.1236-1237, https://eparlib.nic.in/handle/123456789/2610?view_type=search.（访问时间：2020年9月9日）

[3] V. Suryanarayan, *Kachativu and the Problems of Indian Fishermen in The Palk Bay Region*, p. 18.

[4] 该协定全称为《印度和斯里兰卡关于两国间历史性水域的疆界及有关事项的协定》，也有学者称其为《保克海峡至亚当桥领海协定》。协定原文参阅"Agreement between Sri Lanka and India on the Boundary in Historic Waters Between the Countries and Related Matters", 26 and 28 June 1974, United Nations, https://www.un.org/Depts/los/LEGISLATIONANDTREATIES/PDFFILES/TREATIES/LKA-IND1974BW.PDF.（访问时间：2020年3月17日）

印斯两国船只仍可在彼此水域中享有其传统权利。而且，第6条"保留传统权利条款"在实践过程中存在较大的解释空间。印度很多政客和渔民都将其视作对第5条"卡岛条款"的补充，据此认为印度渔民可以继续在卡岛附近及保克海峡其他水域享有包括捕鱼权在内的传统权利。因此，印度渔民在1974年协定签署后仍然在卡岛附近捕鱼并在岛上晒网。

**表 1.3 印斯海洋划界协定一览表**

| 国家 | 协定内容 | 签署和生效时间 | |
|---|---|---|---|
| | | 签署时间 | 生效时间 |
| 印度—斯里兰卡 | 历史性水域边界协定（保克海峡） | 1974 年 6 月 26/28 日 | 1974 年 7 月 8 日 |
| 印度—斯里兰卡 | 海洋边界协定（马纳尔湾和孟加拉湾） | 1976 年 3 月 23 日 | 1976 年 5 月 10 日 |
| 印度—斯里兰卡—马尔代夫 | 将马纳尔湾领海边界延长至三方交叉点协定 | 1976 年 7 月 23/24/31 日 | 1976 年 7 月 31 日 |
| 印度—斯里兰卡 | 马纳尔湾海洋边界从位置 13m 处延伸至印斯马三方交界点 T | 1976 年 11 月 22 日 | 1977 年 2 月 5 日 |

资料来源：笔者依据相关协定自制表格 [1]

1976年3月，英·甘地政府与斯里兰卡签署《马纳尔湾和孟加拉湾领海划界协定》（下文简称"1976年协定"）。[2]同年11月，两国政府同意

---

[1] 协定文本及相关信息，参阅张海文、黄影主编：《世界海洋法译丛·海上边界协定：1942—1991》，青岛：青岛出版社2017年版，第221—227页；国家海洋局政策研究室编：《国际海域划界条约集》，北京：海洋出版社1989年版，第328—336页；S. P. Jagota, *Maritime Boundary*, Dordrecht: Martinus Nijhoff Publishers, 1985, pp.79-83.

[2] 该协定全称为《斯里兰卡和印度关于两国之间在马纳尔湾和孟加拉湾的海洋疆界及有关事项协定》。协定原文参阅"Agreement between Sri Lanka and India on the Maritime Boundary between the two Countries in the Gulf of Mannar and the Bay of Bengal and Related Matters", 23 Mar. 1976, United Nations, https://www.un.org/Depts/los/LEGISLATIONANDTREATIES/PDFFILES/TREATIES/LKA-IND1976MB.PDF.（访问时间：2020年3月17日）

将马纳尔湾的领海边界延长至印度、斯里兰卡和马尔代夫三方交汇点。至此，印斯两国之间的海洋划界和岛屿争端问题基本得以解决。值得注意的是，在1976年协定后的印斯两国外长换文中规定："随着两国建立专属经济区，印斯两国将对各自区域的生物和非生物资源行使主权。未经斯里兰卡或印度明确许可，印度渔船和渔民不得在斯里兰卡的历史性水域、领海和专属经济区捕鱼，斯里兰卡渔船和渔民也不得在印度的历史性水域、领海和专属经济区捕鱼。"[①]换文中还提到与卡岛类似的威茨滩（Wadge Bank）。威茨滩位于印度科摩林角南部近海，是斯里兰卡渔民传统捕鱼的区域。印度根据换文收回了威茨滩的相关权利，但仍给予了斯里兰卡3年的过渡时间，在此期间斯方渔民仍可继续在威茨滩捕鱼。斯外长同意这一谅解，并声明换文"将构成斯里兰卡政府和印度政府之间的协定"。[②]其实，两国在双边文件中明确限制彼此在对方水域捕鱼的原因有二：一是斯里兰卡认为有必要明确指出，1974年协定中相关条款并不意味着印度渔民拥有在斯方水域的捕鱼权；二是在印度希望借此收回斯里兰卡渔民在威茨滩的捕鱼权。[③]所以有观点认为，印斯两国实际上在1976年协定中做了利益交换，即斯里兰卡放弃在威茨滩的传统权利以换取印度放弃在卡岛的传统权利。[④]

当然卡岛问题仍然留下了争议。由于1974年协定第5条和第6条留下了巨大的解释空间，印度部分政客和渔民坚持主张1974年协定赋予了印度渔民在卡岛附近水域的捕鱼权，但斯里兰卡政府和印度中央政府对此都予以否认。不过印度渔民仍在卡岛附近的斯里兰卡水域甚至是斯方近海地区进行越界捕捞，这种情况一直持续到2009年斯里兰卡内战结束。

---

① 国家海洋局政策研究室编：《国际海域划界条约集》，第322—333页。
② 同上。
③ N. Manoharan, Madhumati Deshpande, "Fishing in the Troubled Waters: Fishermen Issue in India-Sri Lanka Relations", *India Quarterly*, Vol.74, No.1, 2018, p.77.
④ "Katchatheevu Island Issue", *GKTODAY*, October 16, 2016, https://www.gktoday.in/gk/katchatheevu-island-controversy/.（2020年3月13日）

此外，以印度泰米尔纳德邦为代表的地方势力对于1974年协定将卡岛划归斯里兰卡尤其不满，多次要求印度中央政府废除1974年协定、收回卡岛。当然，1974年协定中卡岛条款的模糊性也有可能是两国政府为了尽快划定边界而有意为之，但这却为后来的印斯渔业冲突埋下了隐患。值得注意的是，此后印度议员曾多次在国会中向总理或外长直截了当地询问1974年协定中是否包含"捕鱼权"，但后者的回答常常是避重就轻，没有直接给出确切回复。不过也有一些例外，如1974年协定签署后，印度外长斯瓦兰·辛格在公开发言中对捕鱼权的问题采取了肯定的态度，他明确表示"两国过去享有的捕鱼、朝圣和航行权利，在未来也得到了充分保证"[1]。但印度中央政府官员的肯定回答也仅此一例，此后又有外长和政府高官明确否认了捕鱼权，如1995年印度外长普拉纳布·慕克吉（S. Pranab Mukherjee）的发言、2003年外交国务部部长维诺德·卡纳（S. Vinod Khanna）的发言都明确指出，1974年协定中的"传统权利"指的是休息、晒网和每年参加圣·安东尼宗教节日的权利，并不包括印度渔民在卡岛及附近海域的捕鱼权。[2]印度政府高官这种前后表态的明显差异让人大惑不解。笔者认为，这有可能是印斯两国政府在1974年协定之后又专门围绕卡岛捕鱼权问题签署了秘密协定，鉴于印度国内的强大压力，印度中央政府尚未对外公开协定内容。

---

[1] "Kachchativu accord fair for both", *The Times of India*, 24 July 1974, p.5.
[2] *Lok Sabha Debates*, Twelfth Session, Wednesday, 30 April 2003, Vol. XXXIV, No. 31, Col. 176; *Lok Sabha Debates,* Fourteenth Session, Vol. XLIII, No. 9, Wednesday, 16 August 1995, New Delhi: Lok Sabha Secretariat, Col. 63, https://eparlib.nic.in/handle/123456789/758885?view_type=search.（访问时间：2020年8月20日）

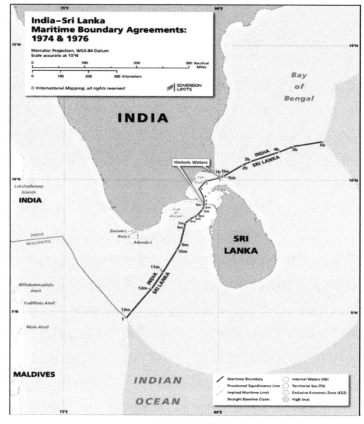

**图 1.2 印斯海上边界示意图**

资料来源：主权边界数据库 [①]

## 三、共同推动不结盟运动

第二次世界大战以后，印斯两国作为亚洲地区新独立的民族国家，在外交政策上也有许多共同之处。20世纪50年代之后，"不结盟运动"是印斯两国在国际舞台共同倡导和坚持的。就印度而言，印度较早就提出了"不结盟"的思想。早在1946年9月7日，在印度过渡政府成立后不

---

① 主权边界数据库，https://sovereignlimits.com/boundaries/india-sri-lanka。（访问时间：2020年8月23日）

到一周时间，尼赫鲁就在其施政演说中首次提出了不结盟的思想："我们要尽可能避开集团的强权政治，不与任何一方结盟反对他人，那（强权集团结盟）在过去曾把世界引向战争，今天可能再次导致更大规模的灾难。"此后，尼赫鲁多次在不同场合论及印度的不结盟外交政策，如1947年1月22日，尼赫鲁在制宪会议上表示，印度"应该在大国面前保持独立与自由"。1949年尼赫鲁访美时，在哥伦比亚大学的演讲中，强调不与大国集团结盟，用独立自主的外交政策追求和平。1952年6月，在人民院辩论中，尼赫鲁直接使用"不结盟"一词："就我们的政策而论，尽管事实上我们主要同英国和美国打交道，我们从它们那里购买我们需要的东西，并且接受它们对我们的帮助。但是我们完全没有因为任何集团而背离我们的不结盟政策。"①

就斯里兰卡而言，它虽然是一个小国，但从独立之初直至20世纪80年代内战爆发以前，它一直积极地活跃在国际舞台。独立之初统一国民党的D. S. 森纳那亚克（1947—1952年任总理）、约翰·科特拉瓦拉（1953—1956年在任）等政府采取了亲西方的外交政策，积极发展与英国及其他西方大国的关系。1956年，斯里兰卡自由党政府上台以后，该国外交政策开始发生明显转变。自由党的所罗门·班达拉奈克（1956—1959年在任）、西丽玛沃·班达拉奈克（1960—1965年、1970—1977年在任）政府基本采取的是"和平中立"的不结盟外交政策。②斯里兰卡也是不结盟运动发起国之一。1964年1月23日，西丽玛沃·班达拉奈克在参议院中宣称，斯里兰卡"在对外政策上采取独立的抉择，不受任何一方军事集团意识形态的束缚"，"在一切情况下坚决反对一切形式的殖民压迫"并"对缓和世界紧张局势作出实际的贡献"。在国际事务方面，斯里兰卡要求美军撤出越南南部，保证实施1954年《日内瓦协议》；反对美国采取帝国主义政策，侵犯古巴主权；反对美国第七舰队进驻印度

---

① 林太：《印度通史》，上海：上海社会科学院出版社2007年版，第372页。
② A. Jeyaratnam Wilson, *Politics in Sri Lanka, 1947–1973*, London: Palgrave Macmillan, 1974, pp.267–268.

洋。[1]1976年8月，斯里兰卡成功举办第五届不结盟国家首脑会议，斯里兰卡也是该届不结盟会议的主席。它同大多数成员国共同努力，捍卫不结盟运动的基本原则和宗旨，强调不结盟运动的内部团结。

总体而言，印斯两国通过推进不结盟运动，不仅维护了自身的政治独立，保持了外交灵活性，而且还可以从美苏两大阵营中获得大量经济、政治和军事援助，促进国内的经济发展和政局稳定。此外，倡导和推动不结盟运动也促进了亚洲和印度洋地区的和平，为印斯两国在国际社会中塑造了良好的国家形象，使其在第三世界赢得了广泛的国际声誉。[2]因此，印度乐于与斯里兰卡一道推进不结盟运动，并十分看重斯里兰卡在不结盟运动中的作用。例如，1982年印度总统在访问斯里兰卡时曾说："斯里兰卡在不结盟运动中所起的作用不亚于任何国家，希望我们两国为实现不结盟运动的目标更加密切合作。"在谈及印度洋和平区问题时，他也说："我们沿岸国家的一个明确责任，就是敦促更好地执行联合国的有关决议，以保证和平区的建立。"[3]

### 四、合作倡导印度洋和平区

"印度洋和平区"是印度洋地区国家为反对两个超级大国争夺印度洋而提出的主张。这一倡议是由斯里兰卡总理西丽玛沃·班达拉奈克在1964年首次提出的。当时她在第二届不结盟国家和政府首脑会议上，要求宣布印度洋为"无核区"。此后，班达拉奈克夫人又在1970年的不结盟国家首脑会议和1971年的英联邦总理会议上一再提出印度洋和平区倡议。随着超级大国在印度洋地区的扩张和争夺日益加剧，印度洋地区受到的威胁越来越严重。在1971年联合国大会第26届会议上，斯里兰卡等

---

① 世界知识年鉴编辑委员会编：《世界知识年鉴（1965）》，北京：世界知识出版社1965年版，第224页。

② 高刚：《〈政事论〉与考底利耶国际关系思想研究》，《国际论坛》2020年第1期，第127页。

③ 新华社：《印度总统雷迪访问斯里兰卡》，《人民日报》1982年2月4日，第6版。

13国提出《关于印度洋和平区的宣言》，要求各大国停止在印度洋地区的军事扩张，拆除一切基地、军事设施与核武器配置，规定不得在印度洋对其周围国家的主权、独立和领土完整进行威胁和使用武力，这项宣言于1971年12月16日由联大通过。[1]

1972年，第27届联大期间成立了由中国、斯里兰卡等10国组成的联合国印度洋和平区特别委员会。1974年11月14日，联大第一届委员会通过决议，敦促包括安理会常任理事国在内的各有关国家，明确支持建立和维护印度洋和平区。1976年至1979年，联大一再敦促大国实施该宣言。1977年11月，联大第一委员会通过了关于实施印度洋和平区宣言的决议草案。1981年，各国在科伦坡召开印度洋和平区会议。会议提出建立印度洋和平区的主张，要求大国从印度洋消除一切军事基地、军事设施、后勤供应设备，停止部署核武器和大规模毁灭性武器及大国军事力量，要求外国不利用印度洋对印度洋沿岸国家的主权、独立和领土完整诉诸武力和武力威胁。

对于印度而言，印度洋和平区倡议符合印度的国家利益，因为它可以在自身国家实力不够的情况下，发动南亚和印度洋沿岸地区国家的集体力量，排斥超级大国在该地区的影响力。与此同时，因为印度是印度洋沿岸和南亚地区的大国，排斥超级大国介入该地区后，就可以确保印度自身对周边国家的干预能力。因为印度海军在印度洋沿岸地区虽然明显处于优势地位，但它相较于美苏等大国海军而言仍是一支微弱的海军力量。只要美苏及其他大国在印度洋地区活动，印度海军的作用将仍然是区域性的。[2]这也是印度大力支持建立印度洋和平区的原因。

斯里兰卡之所以重视印度洋和平区，主要是因为它在地理位置上容易受到海上冲突的影响。在印度洋和平区的问题上，斯里兰卡有时会在

① 《法学词典》编辑委员会编：《法学词典》，上海：上海辞书出版社1980年版，第155页。
② [美]A.J.科特雷尔、R.M.伯勒尔编：《印度洋：在政治、经济、军事上的重要性》，上海：上海人民出版社1976年版，第321页。

口头上采取与印度相似的立场，但行动中却会出现与公开宣称的政策立场不符的情况。例如，1971年斯里兰卡向联合国正式提交一份宣布印度洋为和平区的建议，它呼吁非沿岸大国撤出或至少是减少其在印度洋的军力。不久之后，第三次印巴战争爆发，在交战期间美苏两国都向印度洋派遣军舰，斯政府对此却未提只字抗议。斯政府对于1974年英美关于迪戈加西亚的基地协定以及"中央条约组织"在印度洋进行海空演习，也采取了比较克制的态度。斯政府只是对迪戈加西亚基地协定表示"遗憾"，对"中央条约组织"的海上演习则没有进行表态。

然而，印斯两国对印度洋和平区仍然存在一定分歧。两国之间最明显的分歧表现在，斯里兰卡把印度洋和平区建设与地区大国放弃核武器联系在一起，而印度则一直谋求发展核武器。1974年印度的核试验很大程度上破坏了印斯之间的和睦关系，也打击了斯政府推进印度洋和平区的积极性。斯里兰卡随后也修正了关于建设印度洋和平区的立场，它赞成巴基斯坦发起的关于建立南亚无核区的建议。1974年11月，联合国政治委员会讨论南亚无核区的问题，印斯两国之间的分歧也开始暴露出来。在1974年的一份政策文件中，斯里兰卡政府表示："就地区有关国家而言，它们应承担一项非核化政策，这种政策要求它们永远保证放弃核武器。"①这就表明斯里兰卡赞同了巴基斯坦在印度核试验之后对印度洋和平区建设所提的补充提案，而这是印度方面曾经明确反对过的。斯里兰卡实际上采取了一种折中的政策，它既赞成印度洋和平区建设，也赞成南亚无核区建设。此后，斯里兰卡仍在国际场合支持印度洋和平区，但已不如最初那么热情。此外，斯里兰卡在外交上也试图与印度、中国、苏联、美国建立比较均衡的"等距离"关系，印斯关系也维持着一种审慎而友好的状态。而且，为了对冲印度在南亚地区过于强大的影

---

① [美]利奥·E.罗斯：《印度的边界：从喜马拉雅到斯里兰卡》，收录于时事出版社编：《南亚战略态势》，北京：时事出版社1986年版，第103—104页；王宏纬主编：《南亚区域合作的现状与未来》，成都：四川大学出版社1993年版，第226—227页。

响力，斯里兰卡也采取了一种与域外国家发展关系的策略。1981年斯里兰卡申请加入东盟，就是这一策略的具体体现。[①]

## 本章小结

在独立初期，印斯两国之间存在的最大问题是斯里兰卡对印度的战略不信任与两国间的各种历史遗留问题（印度泰米尔人国籍问题、卡恰提武岛争端、印斯海洋划界等）。当时斯里兰卡选择的自保方式是诉诸外部军事联盟，与英国缔结《英锡防务协定》并允许英国继续保持其在斯的军事基地。按照美国国际关系学者斯蒂芬·沃尔特的观点，国家之所以结盟主要是为了制衡威胁，而威胁的四种主要来源分别是综合实力、地缘毗邻性、进攻实力和侵略意图。其中，地缘的毗邻性产生威胁的原因在于，国家投送实力的能力随着距离而产生变化，距离越近则影响越大。[②]印度方面以尼赫鲁为代表的领导人敏锐地察觉到了斯里兰卡的"恐印"心理，并且主张对斯采取克制与合作的政策，力求通过和平谈判解决与斯里兰卡的各种历史遗留问题。与此同时，也在解决分歧与矛盾的过程中积极释疑，逐步打消斯里兰卡对印度的猜忌与恐惧。

总体而言，从独立初期至20世纪70年代，印度的斯里兰卡政策是一种较为成功的邻国政策。印度采取的克制与合作政策取得了较好的效果。印度不仅很大程度上减轻了斯里兰卡对印度的安全疑虑和威胁认知，而且通过和平谈判的方式成功解决了历史遗留的印度泰米尔人国籍问题、卡恰提武岛归属及印斯海洋划界问题。此外，印斯两国在国际舞

---

① ［美］利奥·E. 罗斯：《印度的边界：从喜马拉雅到斯里兰卡》，第103—104页；王宏纬主编：《南亚区域合作的现状与未来》，第226—227页。

② Stephen M. Walt, *The Origins of Alliance*, London: Cornell University Press, 1990, pp.22-26.

台上也积极推进不结盟运动、共同倡导"印度洋和平区"建设。在这种形势下，域外大国在斯里兰卡的军事存在被撤销，印度也减轻了来自南部地区的安全压力和战略担忧。因此，20世纪70年代中后期，印斯关系是两国独立以来关系最友好的状态。

## 第二章

# 调停与干涉：20世纪80年代印度的斯里兰卡政策

虽然20世纪70年代后期印斯两国之间的友好氛围一度高涨。但20世纪80年代以后，随着斯里兰卡国内民族冲突的加剧，印度对其干预程度不断加深，印斯两国关系开始恶化。在20世纪80年代，印斯关系中最重要的问题就是斯里兰卡民族冲突及印度在其中的角色与作用。在霸权主义南亚政策"英迪拉主义"的指导下，印度强势介入斯民族冲突问题，试图控制斯政府和泰米尔武装组织，以按照自身战略意图塑造斯里兰卡国内政治秩序和外交政策选择。总体而言，印度在斯里兰卡民族冲突中扮演了"暗中支持者""公开调停者"和"直接干预者"三种角色。[①]暗中支持始于1980年英·甘地第二次上台，一直持续至1987年。这一阶段印度泰米尔纳德邦对斯泰米尔分离主义势力进行秘密支持。公开调停始于英·甘地政府对1983年斯里兰卡7月骚乱事件的回应，一直持续至1987年初。直接干预是在公开调停没有结果后采取的政策，其标志是1987年6月印度对斯里兰卡贾夫纳半岛空投物资、7月签署《印斯和平协议》及印度维和部队进驻斯里兰卡，这种干预一直持续至1990年3月印度维和部队的撤出。由于印度的这种地区霸权行为，斯政府和民间层面都对印度充满着反感和敌对情绪，印斯关系在20世纪80年代也开始急转直下。

---

① K. M. de Silva, *Regional Powers and Small State Security: India and Sri Lanka, 1977-90*, Baltimore and London: The Johns Hopkins University Press, 1995, pp.6-7.

# 第一节 20世纪七八十年代印度国家安全战略重心调整与强势南亚政策

20世纪七八十年代，印度在南亚地区的外部环境发生巨大变化。一方面，印度通过1971年第三次印巴战争成功肢解南亚地区的最大战略对手巴基斯坦，极大地减轻了陆上的安全压力，并由此成为南亚地区实力最强的国家；另一方面，随着英国等传统霸权国家的势力从印度洋撤出，美国和苏联两个超级大国开始积极谋求在印度洋的战略存在，它们与印度周边国家的合作也不断增多，在这种情况下印度南部海上方向的战略威胁开始显现。此时，印度自身的海洋力量仍然不够强大，无法拒斥美苏两强对印度洋和南亚地区的染指。印度转而敲打与美国等域外国家合作的南亚小国，希望通过其强大的实力、地位迫使南亚小国放弃引入域外大国的企图。在这一时期，印度国家安全战略的重要诉求就是对南亚及印度洋地区的战略"排他性"，由此印度也形成了针对南亚小国的强势南亚政策（即"英迪拉主义"）。

## 一、印度国家安全战略重心由"重陆轻海"转向"海陆并重"

在独立之后的很长时间内，印度对于印度洋都不太重视，印度的海军与海洋战略发展也相对滞后。甚至到1960年之后，海军在印度国防预算中的比重仍仅仅4%。[1]这种情况直到20世纪70年代之后才渐渐发生变化。在1971年第三次印巴战争中，印度海军在封锁东巴和西巴之间的海上交通线方面起到重要作用，这也让印度开始逐渐重视海洋军事力量的发展。而且，在这个时期几次《联合国海洋法公约》的谈判、美军在迪戈加西亚部署军事基地引起的战略关注、1979年苏联入侵阿富汗后其海

---

[1] Selig S. Harrison, K. Subrahmanyam eds., *Superpower Rivalry in the Indian Ocean: Indian and American Perspectives*, Oxford: Oxford University Press, 1989, pp.101-102.

上军事力量开始深入到波斯湾及阿拉伯海，加之巴基斯坦海军的快速发展，这一系列国际和地区形势的发展使得印度开始更加关注海洋的重要性。从20世纪70年代开始，海军发展经费在印度国防预算中的比重稳步上升。到80年代中后期，印度已经成为印度洋沿岸国家中军事实力最强大的国家，而且其海军力量也是周边国家中最强的。1986年，印度的海军开支已经占到其国防开支总预算的13.2%。[1]

实际上，20世纪七八十年代，印度在基本确保西北陆上方向的总体安全之后，开始将战略重心逐步转向印度洋，印度国家安全战略也开始由此前的"重陆轻海"转向"海陆并重"。1988年，印度海军发布了名为《印度的海上军事战略（1989—2014）》（Maritime Military Strategy for India 1989-2014）的战略文件，其中规定了印度海军在战时的任务：（1）通过实施近海控海，防止敌人对印度主要岸上和海上资产的破坏及对沿海商业交通的干扰；（2）在印度洋特定海域实施远程控海来保护经济利益和商业交通；（3）在印度洋的更广阔海域实施可靠的远程控海，使用海上力量支持陆上行动，这被视为印度海军的一项辅助任务。[2]这其实反映出的是印度海洋发展战略从"近海防御"走向"地区海洋控制"的定位变化。在这一战略的指导下，印度积极谋求海洋大国地位，大力发展海军，力图使印度洋成为"印度之洋"。

不过，这一时期印度所面临的海上安全态势并不乐观。20世纪70年代初，英国全面撤出苏伊士以东的地区，形成了印度洋上的"权力真空"。美国和苏联两个超级大国都争相介入印度洋并展开战略争夺，这使得印度在印度洋上的影响力被极大地削弱和压制。因此，印度力图通过各种手段来阻止美苏等域外大国对印度洋和南亚小国的介入。印度领导人也公开宣称，印度不能容忍外来势力干涉任何南亚国家的内部冲

---

[1] Selig S. Harrison, K. Subrahmanyam eds., *Superpower Rivalry in the Indian Ocean: Indian and American Perspectives*, pp.101-102.

[2] 周德华、陈良武编著：《蓝色方略：21世纪上半叶的海洋与海军》，北京：海潮出版社2013年版，第265页。

突，任何南亚国家不得接受具有反印度倾向的外来军事援助。印度的防务专家指出，正如美国不允许任何域外国家在巴西以北占据一个战略位置一样，印度同样也"不能允许在它的任何一个小邻国建立针对印度利益的军事基地或政治影响"。为了确保南亚次大陆的安全，必须将"美、中、苏三国的影响力排出次大陆"，以避免"如果其中一国的影响进入次大陆，另一国会寻找一切借口干预次大陆的事务，从而造成更大的安全问题"。①实际上，印度是担心南亚小国与美苏等国家的合作会将冷战对抗引入南亚和印度洋地区，这将打破印度在此地区一家独大的战略局面。

不过，印度很快就意识到其自身实力有限，基本上无法改变印度洋的军事平衡，也无法将美苏等域外大国阻遏在印度洋之外。因此，印度继续在打造"印度洋和平区"的口号下，开始努力建设其海军力量，而且在苏联的帮助下逐渐成长为印度洋地区除美苏以外的地区性强国。②此外，印度也开始务实地在印度洋问题上减少对美国的对抗。作为回报，美国同意向印度提供部分国防技术，而且也认可印度在印度洋和南亚地区提供安全保障的角色。③当然，印度在无法撼动美苏两强染指印度洋的情况下，转而向与美国等域外国家合作的南亚小国施压和敲打，印度希望借此迫使这些南亚小国放弃向域外大国寻求帮助的企图。

## 二、英迪拉主义与印度对斯政策

印度独立之后就确立了追求"南亚地区领导者"和"世界大国地位"的双重对外战略目标。在南亚地区的领导地位方面，从地理特征来看，南亚次大陆是以印度为中心、其他国家环绕四周的封闭地理单元。

---

① 曹永胜等：《南亚大象：印度军事战略发展与现状》，北京：解放军出版社2002年版，第41—42页。
② 王晓文：《美国印度洋战略的历史演进研究》，北京：国家行政学院出版社2017年版，第28—36页。
③ [澳]大卫·布鲁斯特：《印度的印度洋战略思维：致力于获取战略领导地位》，吴娟娟、杜幼康译，《印度洋经济体研究》2016年第1期，第6—7页。

斯里兰卡、马尔代夫与印度隔海相望，其他南亚国家虽与印度接壤但彼此之间互不相邻，位置分散且力量有限，不足以与印度相抗衡。从历史上，虽然南亚次大陆从未有过完全的大一统，但印度北部平原的古代王朝历来是次大陆的政治、经济和文化活动中心。近代以来，英国的殖民统治将南亚次大陆整合到一起，并巩固了"印度"作为统一国家的观念。1947年之后，印巴两国成为英国殖民遗产的继承者，但印度仍然获益更多，英属印度的大量工业基础留在印度，加上印度在人口、国土面积、经济规模和军事实力上的优势，印度毫无疑问在南亚具有举足轻重的地位。1971年以前，巴基斯坦曾是印度在南亚地区最大挑战者，对印度形成较大的战略制衡与安全威胁。但1971年第三次印巴战争之后，印度成功肢解了巴基斯坦，一举击败这个南亚地区最大的地缘战略对手，印度的地缘战略优势得到进一步的巩固。此后，印度不仅开始更加肆无忌惮地追求南亚地区的主导与支配地位，而且可以腾出手来处理南部海上印度洋方向的事务。

在追求南亚地区主导地位的过程中，印度逐渐形成了"印度中心观"，也就是将印度定位为南亚乃至印度洋地区的中心国家。印度有意效仿苏联和美国，将自身所处的地区视作领土范围之外的"安全疆界"，并以实力为后盾塑造本地区的安全形势。印度将"地区中心国家"的地位看作其"自然权利"，从而促成了印度版的门罗主义"印度主义"的产生。"印度主义"包含两个基本原则：一是整个南亚地区是单一的战略实体；二是印度是这一战略实体安全与稳定的唯一保证者。"地区中心国家"的战略定位也决定了印度的南亚政策目标：（1）确立印度的南亚领导地位；（2）确保其领导地位不受到其他南亚国家（尤其是巴基斯坦）的挑战；（3）争取让区域外大国尊重印度在南亚地区的领导地位和特殊利益。[1]

---

[1] 宋德星、李庆功等：《世界主要国家安全政策》，第八章"印度国家安全政策"，北京：中央文献出版社2015年版，第358—359页。

具体到印斯关系方面，在20世纪70年代以后，印度对斯政策所体现出的"印度中心主义"思维更加明显。到80年代，随着印度更加肆无忌惮地干涉斯里兰卡等南亚小国内政，学界开始对印度的南亚政策进行概括，并称之为"英迪拉主义"（Indira Doctrine）。"英迪拉主义"这一术语最早是由印度学者巴巴尼·森·古普塔提出的。1983年斯里兰卡七月民族骚乱爆发以后，他在《今日印度》撰文指出印度产生了一种强势的地区安全理论："印度无意干涉任何南亚国家的内部冲突，它也强烈反对任何国家干涉其他国家的内部事务。印度不会容忍对任何南亚国家冲突的外部干预，如果这种干预带有任何明显或者暗含的反印内涵。因此，任何南亚国家政府都不能以反印偏见而寻求外部军事援助。如果一个南亚国家真的需要外部援助以处理严重的内部冲突局势或对合法政府不可容忍的威胁，它应该向包括印度在内的一些邻国寻求帮助。将印度排除在这种情况之外，将会被视作有关政府的反印举动。"[1]其后，巴巴尼·森·古普塔的这一定义开始被当作"英迪拉主义"（或"印度版门罗主义"）的权威论述。颇为有趣的是，印度官方从未公开承认这些定义就是"英迪拉主义"，但媒体和学界常常将这些经典论述误认作是英迪拉·甘地的原话或者印度政府的官方表述。

在印度学界也有一些关于"英迪拉主义"其他表述与定义，例如《印度政治与国际关系词典》对"英迪拉主义"的定义是："英迪拉·甘地制定的一套政策原则。它主要通过部署印度军队作为威慑和干涉主义的外交政策工具，来遏制域外国家对南亚地区的影响，这种影响通常具有隐性或显性反印议程。这一理论代表了印度在1970年代和1980年代对

---

[1] Bhabani Sen Gupta, "The Indian Doctrine", *India Today*, August 31, 1983; Devin T. Hagerty, "India's Regional Security Doctrine," *Asian Survey*, Vol. 31, No. 4, 1991, pp.351-353; IISS, "India: Can the Centre Hold?" *Strategic Survey*, Vol. 84, No. 1, 1983, p.90; Bhabani Sen Gupta, "Carnage in Sri Lanka Spawns Indian Doctrine of Regional Security," *India Today*, July 20, 2013, https://www.indiatoday. in/magazine/cover-story/story/19830831-carnage-in-sri-lanka-spawns-indian-doctrine-of-regional-security-770977-2013-07-20.（访问时间：2020年5月23日）

南亚的态度，包括1980年代印度向斯里兰卡派遣维和部队、印度与马尔代夫的关系。"①另外也有学者认为，广义的"英迪拉主义"指的是印度自20世纪70年代以来形成的"以印度为中心"的南亚地区战略和特定的理论立场。这种立场不仅反映了印度在与周边国家的双边关系中的持久和根本利益，而且还显示出印度的实力和印度精英对其外部角色的认知。自20世纪70年代以来，印度的南亚地区战略主要有三个支柱：（1）捍卫印度西北边境的领土，因为历史上曾不断有外敌由此入侵印度；（2）防止印度次大陆的周围地区落入外部大国的控制之中；（3）领导印度洋及其周边地区。这些虽然是在冷战时期确立的，但它们时至今日仍然适用。②可以看出，"英迪拉主义"的深层次逻辑仍然是"印度中心主义"。

　　当然，20世纪80年代，印度对斯民族问题的介入也是与上述排他性印度洋安全战略与地区安全政策密不可分的。例如，1987年印度维和部队进驻斯里兰卡，表面上是"为了在统一的斯里兰卡前提下解决泰米尔分离主义问题"，实际上印度真正的目标是为了确保其对斯里兰卡的战略控制。从地区和全球角度来看，印度担心被敌对势力包围。它与巴基斯坦、孟加拉国、尼泊尔和中国等邻国都存在问题。中国与巴基斯坦、孟加拉国和尼泊尔等国又有着各种合作关系。此外，美国等西方国家与巴基斯坦是亲密的盟友。当时美国正在阿富汗打一场对抗苏联的代理人战争，而巴基斯坦作为阿富汗的邻国在其中扮演着重要角色。另一方面，印度继续与苏联保持密切关系，这也引起了美国方面相应地反制行动。因此，印度尤其担心斯里兰卡政府会向西方倾斜并成为西方国家反印联盟的一部分。③

① "Indira Doctrine", in Chris Ogden ed., *A Dictionary of Politics and International Relations in India*, Oxford: Oxford University Press, 2019, https://www.oxfordreference.com/view/10.1093/acref/9780191848117.001.0001/acref-9780191848117-e-118?rskey=wD7RQ1&result=117.（访问时间：2020年12月21日）
② Amit Ranjan ed., *India in South Asia: Challenges and Management*, Singapore: Springer Nature Singapore Pte Ltd., 2019, pp.134-135.
③ P. K. Balachandran, "Sri Lanka's Strategic Importance," *The Island*, http://www.island.lk/2005/06/02/features4.html.（访问时间：2020年6月7日）

## 第二节　斯里兰卡国内民族冲突问题与印度的战略关切

从20世纪70年代中期开始，印斯关系主要是由印度对斯里兰卡僧泰民族冲突的反应所决定的。这一时期斯里兰卡的民族冲突进入了第二阶段。第一阶段是在20世纪50年代中后期，那时印度对斯里兰卡民族冲突的关注不多。70年代初，印度成功干预巴基斯坦内战并帮助孟加拉国独立之后，印度对南亚周边国家的政策开始发生变化，印度对斯民族问题的干涉意愿也变得更加强烈。影响印斯两国关系的另一个因素是印度南部的泰米尔纳德邦，泰邦地方政府和民间力量对斯里兰卡民族冲突的局势常常起到重要的外部干预作用。[①]泰米尔纳德邦与斯里兰卡贾夫纳半岛之间仅隔着狭长的保克海峡，在斯里兰卡僧泰民族矛盾激烈的时期，斯泰米尔人经常受到泰米尔纳德邦的扶植与庇护。

### 一、斯里兰卡民族冲突与1983年七月事件

#### （一）斯里兰卡民族冲突的起因与发展

近代以来，在西方殖民的影响下，斯里兰卡岛内形成了僧伽罗人、泰米尔人、摩尔人、伯格人、马来人等多民族共存的局面。但1948年独立后，斯里兰卡中央政府主要由坚持"僧伽罗民族主义"的僧伽罗政治精英掌控。为了巩固自身的统治地位，应对来自印度的潜在威胁，斯里兰卡政府有意渲染泰米尔人的威胁，激起僧伽罗人的民族危机感。由于僧伽罗人主要信仰佛教，而泰米尔人则信仰印度教。因此，僧伽罗人不仅宣称泰米尔人是政治分裂主义者，更称其是从印度大陆引入的旨在消灭斯里兰卡佛教的宗教侵略主义者。他们也经常宣传印度南部的泰米尔人是斯里兰卡人口的数倍，以此来保持斯里兰卡国内对泰米尔人的敌

---

① K. M. de Silva, "Sri Lanka: The Security Problems of a Small State," *Defence and Peace Economics*, Vol.10, 1999, pp.372-373; K. M. de Silva, *Regional Powers and Small State Security: India and Sri Lanka,1977-90*, Baltimore & London: The Johns Hopkins University Press, 1995, pp.221-244.

意。[1]正如斯里兰卡学者西尔伐（K. M. de Silva）所说："斯里兰卡位于南印度的海岸附近，特别是距离泰米尔纳德邦极近，只被一片狭窄的浅湾分隔开来。这种地理位置更加强了僧伽罗人内心作为少数派的感觉。他们要通过宗教（上座部佛教）和语言（僧伽罗语）得到民族特质的认同感。"[2]当时印度南部正兴起着一股印度教复兴运动浪潮，这让僧伽罗人政治精英产生一种维护佛教的历史使命感。这种使命感与僧伽罗人历史上长期将斯里兰卡岛视作"佛法岛"和"僧伽罗人岛"的观念也是密不可分的。而且，这种观念也通过《大史》等斯里兰卡古代编年史及各种僧伽罗民间故事和神话传说不断得到强化。[3]

在国家结构形式方面，斯里兰卡采取的是单一制。它也是英国众多南亚殖民地中唯一在独立后推行单一制的国家。[4]1956年，斯里兰卡自由党政府上台以后，更是推行了以僧伽罗语为唯一官方语言的政策。这引起了泰米尔人的极度不满，语言政策也成为斯里兰卡独立后民族冲突不断的原因之一。1972年，斯里兰卡新宪法中将佛教规定为国教。同年，斯政府在大学中实行"标准分"制度，按照规定泰米尔学生的录取分数必须高于僧伽罗学生。此外，斯政府还将大批僧伽罗人移居到泰米尔人聚居的东北地区，以稀释后者的影响力。而且，泰米尔人在政治上也明显受到排挤，他们在政府部门中的任职人数不断减少，政治和社会地位

---

① 徐以骅等著：《宗教与当代国际关系（第2版）》，上海：上海人民出版社2015年版，第505页。

② K. M. de Silva, *Reaping the Whirlwind: Ethnic Conflict, Ethnic Politics in Sri Lanka*, New Delhi: Penguin, 1998, p.8. 转引自[美]罗伯特·D.卡普兰著：《季风：印度洋与美国权力的未来》，吴兆礼、毛悦译，北京：社会科学文献出版社2013年版，第248页。

③ [斯]迈克尔·罗伯茨：《斯里兰卡的民族问题：和解的障碍》，刘兴武译，《民族译丛》1981年第3期，第11页。

④ 有研究认为单一制政体是斯民族冲突爆发及延续的主要原因，参阅[斯]穆罕默德·伊姆提亚兹、王勇：《斯里兰卡民族冲突析论》，《南京大学学报》2000年第5期，第76页。

被极大地边缘化。①斯政府这一系列民族歧视政策加剧了僧泰民族之间的矛盾，也给斯里兰卡国内局势制造了持续的不稳定因素。

在国内民族对立情绪高涨的时候，也有部分僧伽罗领导人尝试与泰米尔人进行对话以缓和紧张局势。例如，1957年7月26日，斯里兰卡总理所罗门·班达拉奈克就曾与泰米尔政党领袖切瓦纳亚卡姆签署《班达拉奈克—切尔瓦纳卡姆协定》，协定除承认泰米尔语为北方和东方两省第二官方语言外，还提出成立省议会并给予泰米尔人一定程度自治权。但此协定不仅遭到了执政党内部的反对，而且也引起了在野党统一国民党及国内佛教僧团的强烈抗议，最终班达拉奈克被迫撕毁该协定。这也导致了1958年斯里兰卡的大规模民族冲突，当时泰米尔上层人士提出了联邦制的要求，为此斯政府不得不实行紧急状态。与僧伽罗民族主义相结合的佛教僧侣在民族问题上也显得尤为激进，1959年班达拉奈克本人也因被视为对泰米尔人妥协而遭到佛教僧侣暗杀。②由此也可以看出斯里兰卡的僧泰民族对立已经越陷越深，即便是在大选中广受民众支持的国家领导人也不能扭转这种局势。

由于政府在宗教、教育和语言等方面一系列政策失当，斯里兰卡僧泰民族矛盾在20世纪70年代以后变得更加尖锐，民族敌对情绪也越来越深。20世纪70年代几个主要的泰米尔政党联合组成了"泰米尔联合解放阵线"（TULF）。该党成立后向政府提出了包括给予泰米尔语应有地位、实现宗教平等、实行政府分权、保障各民族平等的基本权利等6点要求，并发起了为泰米尔人争取自由和权利的非暴力斗争。1976年时，TULF公开提出要在泰米尔人聚居的东北地区建立独立的泰米尔国家（即"伊拉姆"③）。此后，又出现了更激进和好战的泰米尔派别，他们寻

---

① 郭家宏：《斯里兰卡：发展与民族对抗的困境》，成都：四川人民出版社2002年版，第132—133页；王锦兰：《斯里兰卡的民族冲突》，《国际问题资料》1984年第4期，第5—6页。
② 参阅Wikipedia, "Bandaranaike-Chelvanayakam Pact", https://en.wikipedia.org/wiki/Bandaranaike%E2%80%93Chelvanayakam_Pact。（访问时间：2020年11月10日）
③ "伊拉姆"是Eelam的音译，原为泰米尔语词汇Eylom（即"国家"）。

求以武力手段建立泰米尔国家。各种泰米尔武装组织一度发展到30多个，其中最突出的是从TULF中分裂出来的"泰米尔伊拉姆猛虎解放组织"（LTTE，简称"泰米尔猛虎组织"或"猛虎组织"）。[1]"猛虎组织"在韦卢皮莱·普拉巴卡兰（Velupillai Prabhakaran）的领导下，明确提出通过武装暴力、恐怖手段在东北部建立泰米尔国家的政治目标。从20世纪70年代后期开始，该组织策划了一系列的民族暴乱和恐怖袭击，到80年代以后类似活动更加频繁和激烈。

### （二）1983年七月民族骚乱事件

1983年7月23日，"猛虎组织"在贾夫纳半岛发起针对斯政府军的大规模伏击行动，杀死了执行巡逻任务的13名政府军士兵。这一事件激化了僧泰两族之间本已十分尖锐的民族矛盾。愤恨的僧伽罗人对泰米尔人实施了大规模的报复行动。至28日，科伦坡、贾夫纳、亭可马里、康提等地陆续发生针对泰米尔人的抢劫、暗杀和纵火等暴力事件，这种骚乱很快蔓延至岛内各地。虽然斯政府很快宣布实行宵禁，可仍未能有效控制局势。此后在短短十几天内，就有1000多名泰米尔人被杀、1.8万多间房屋受损、500多家商店和100多家工厂被洗劫一空后烧毁，10多万泰米尔人无家可归。[2]学界一般将1983年7月斯里兰卡的一系列民族冲突和骚乱称作"七月民族骚乱事件"。[3]"七月事件"中僧伽罗人对泰米尔人的残忍屠杀激起了后者的反抗，大批泰米尔青年纷纷加入"猛虎组织"等泰米尔武装组织。此后，僧泰民族冲突的规模越来越大、烈度越来越

---

[1] 印度前驻斯高级专员J. N. 迪克希特曾列举了20世纪七八十年代斯里兰卡最为活跃的37个泰米尔政治和军事团体名单，具体参阅J. N. Dixit, *Assignment Colombo*, New Delhi: Konark Publishers, 1998, p.371.

[2] 新华社：《斯里兰卡骚乱扩大，近百人死于种族冲突，政府尚未有效控制局势，总理呼吁人民携手合作》，《人民日报》1983年7月29日，第6版；王锦兰：《斯里兰卡的民族冲突》，《国际问题资料》1984年第10期，第5页；王向前、吴雪峰编著：《反恐怖：跨世纪的战争》，北京：中共中央党校出版社1994年版，第163页；何秉松：《恐怖主义·邪教·黑社会》，北京：群众出版社2001年版，第80页。

[3] 也称"七月事件"或"黑色七月事件"。

强，很多泰米尔人都开始接受武力建国的设想。[1]而且，一些泰米尔激进分子开始在斯北部和东部地区袭击警察和军队，贾夫纳等北部地区也基本被泰米尔武装组织所控制，当地政府军只能躲在军营中而不敢与泰米尔组织正面对抗。[2]为了应对这一局面，斯政府决定采取武力手段对泰米尔武装分子进行清剿镇压。由此，也拉开了斯里兰卡政府军和泰米尔武装分子之间长达26年内战的序幕。[3]

"七月事件"是斯里兰卡独立之后规模最大、影响最为深远的一次民族冲突。它不仅揭开了斯里兰卡内战的序幕，而且也成为印斯关系史上的重要事件。此前，在20世纪70年代末的印度人民党联合政府时期，尽管斯里兰卡民族冲突已经十分严重，但印度仍奉行友好政策，对此问题采取"中立"和"模糊"的立场。然而，1980年英·甘地重新执政以后情况发生变化，印度开始密切关注斯里兰卡民族冲突局势及外部势力对南亚和印度洋地区的介入。早在竞选期间，国大党的口号就是恢复印度在南亚地区的优势地位，这种地位是自1971年第三次印巴战争以来所确立的。英·甘地声称地区外的大国正在肆无忌惮地干涉印度洋和南亚地区的事务。

事实上，"七月事件"给印度提供了一个公开介入斯里兰卡的机会，印度也希望借此时机按照自身战略意图来塑造斯里兰卡内政外交。印度将斯里兰卡作为展示其南亚政策的试验场，借此来显示其对南亚地区小国的"主导性"和"排他性"地位。对于七月事件，印度的立场是将其与印度的国家安全联系在一起：斯里兰卡针对泰米尔人的杀戮会激起印度泰米尔纳德邦长期存在的分离主义情绪，为了遏制这种直接影

---

① 曹兴著：《僧泰民族冲突与南亚地缘政治：世界民族热点研究和最长民族纠纷》，北京：民族出版社2003年版，绪论，第13页。

② 马胜荣、李云：《斯里兰卡的种族冲突难以很快解决》，杨效农主编：《缓和帷幕后的角逐——1985年国际形势回顾和1986年展望》，北京：新华通信社《参考消息》编辑部1986年版，第124页。

③ 斯内战从1983年7月持续至2009年5月，战争分为战势初起和印度介入的阶段（1983—1990）、战斗激烈的阶段（1990—1995）、斯政府军获得优势的阶段（1995—2001）、挪威斡旋的和平进程阶段（2002—2005）、斯政府军最后围剿阶段（2005—2009）等几个主要时期。

响印度国家安全和主权完整的分离主义，印度对斯国内民族问题有合法的干预权。印度的"调停"对于斯政府与泰米尔人达成合理协议至关重要。①英·甘地也在国会中说，在斯里兰卡泰米尔人问题上，印度不能被视为与其他国家一样的外部国家，斯里兰卡和印度是直接相关的两个国家，任何外来的介入都会使得印斯两国之间的问题复杂化。②从此，印度开始改变过去不干涉斯里兰卡民族问题的立场，转而积极介入斯里兰卡国内民族冲突。

## 二、英·甘地政府对七月事件的应对

七月事件爆发以后，印度国内尤其是泰米尔纳德邦反应激烈。无论是在野党还是普通民众都一致谴责斯里兰卡僧伽罗人对泰米尔人的暴行，还举行了声援斯里兰卡泰米尔人的罢工、罢市和示威游行，强烈要求印度中央政府出面制止斯里兰卡当局对泰米尔人的"有组织的种族灭绝活动"，敦促中央政府"采取强硬措施拯救斯里兰卡泰米尔人"。泰邦首席部长拉马钱德兰（M. G. Ramachandran）还率领由16个地方代表组成的邦代表团，赴新德里求见英·甘地并向其施加压力。③英·甘地政府出于政治上的考虑，很快就从多个方面展开行动。

一是在国内层面，对斯里兰卡泰米尔人进行声援和支持。英·甘地等印度最高级别领导人多次在官方声明和公开讲话中对斯泰米尔人表示同情和支持。甚至印度中央政府办公室和国大党（英迪拉派）都加入泰米尔纳德邦的声援活动，他们积极组织大罢工和游行以抗议斯里兰卡的民族暴力。英·甘地还专门设立了1000万卢比的救济基金，用于斯里兰

---

① Sankaran Krishna, *Postcolonial Insecurities: India, Sri Lanka, and the Question of Nationhood*, Minneapolis: University of Minnesota Press, 1999, p.119.

② *Lok Sabha Debates*, 12th Session, Seventh Series, Vol. XXXIX, No.10, Friday August 5, 1983, Cols.517-518, https://eparlib.nic.in/handle/123456789/1358?view_type=search.（访问时间：2020年12月23日）

③ 郭家宏：《斯里兰卡：发展与民族对抗的困境》，成都：四川人民出版社2002年版，第277—278页。

卡人道主义救援活动。

二是在双边层面，印度对斯国内暴力冲突表示关切。印度外交秘书瓦杰帕伊紧急约见斯国驻印高级专员伯纳德·迪奥卡拉纳（Bernard Tilkaratna），称印度不希望干涉斯内政，但斯政府应就贾夫纳地区的情况向印度作出解释。[①]1983年7月29日，印度外长纳拉辛哈·拉奥赴科伦坡对局势进行评估，与斯政府协调沟通保护印度公民和印裔生命财产的事宜，同时迅速掌握危机形势的第一手资料。此后，在斯总统特使回访印度期间，印度表示愿意为斯政府和泰米尔组织在"统一的斯里兰卡框架内"进行直接会谈进行斡旋。为此，英·甘地派出了特使G.帕塔萨拉蒂（G. Parthasarathy）开展穿梭外交，帕塔萨拉蒂于8月25日抵斯并与斯总统贾亚瓦德纳（J. R. Jayawardene）进行会谈。

三是在国际层面，进行广泛外交宣传。印度通过其在世界各地特别是西方发达国家的外交使团，提请东道国政府注意斯政府对泰米尔人犯下的暴行。在斯里兰卡雇用以色列情报机构，并在美国驻科伦坡大使馆设立了以色列科之后，印度驻阿拉伯地区的代表开始对阿拉伯世界国家进行游说，以增加对斯政府的压力。而且，自1983年起，印度政府也不断在联合国大会和联合国人权委员提出了斯里兰卡政府侵犯泰米尔人人权的问题，以促使人们关注斯里兰卡泰米尔人的困境。[②]

当然，从1983年七月事件到1984年10月底英·甘地遇刺，这中间仅有16个月的时间。英·甘地政府推行的很多政策都因时间过短而无法显出成效。而且，印斯两国领导人英·甘地和贾亚瓦德纳之间也存在缺乏战略互信的问题。此外，英·甘地派出斡旋的特使G.帕塔萨拉蒂是泰米尔人，自然会有被怀疑偏袒斯里兰卡泰米尔人的嫌疑。加之，帕塔萨拉蒂在谈判斡旋中态度过于倨傲、强硬，这也让斯里兰卡政府方面产生反

---

① 陶亮：《理想主义与地区权力政治：冷战时期印度的对外政策》，昆明：云南大学出版社2014年版，第231页。

② S. D. Muni, *Pangs of Proximity: India and Sri Lanka's Ethnic Crisis*, New Delhi: Sage Publications, 1993, pp.69-73.

感。他到斯里兰卡后也常常向斯政府转达英·甘地的口信，口信内容除涉及斯里兰卡民族冲突的议题之外，另外大多都是要求贾亚瓦德纳政府恢复西丽玛沃·班达拉奈克①被剥夺的公民权利。这一要求也被贾亚瓦德纳视作印度在支持其最大的政敌。

### 三、印度对斯里兰卡民族问题的战略关切

民族问题是印度对斯政策中的重要问题，1983年七月事件后印度对斯政策立足于三个基本的目标：阻止美国等外部力量的干涉；赢得国内泰米尔纳德邦的政治支持；通过外交和军事行动来稳定斯里兰卡的局势，保护斯里兰卡泰米尔人的合法权利。具体而言，印度对斯民族问题的主要战略关切有如下几个方面。

#### （一）担心美国等域外大国介入

七月事件爆发后，斯政府认为此次骚乱是印度在背后煽动的。为了应对国内混乱局面及可能出现的外部入侵，斯政府选择绕过印度转而向美国、英国、巴基斯坦和孟加拉国寻求援助。②从1983年下半年至1984年上半年，斯总统贾亚瓦德纳及政府高官频繁开展外交出访，足迹遍及菲律宾、香港、印尼、韩国、日本、西德、中国、英国、美国等地。在出访活动中，斯代表不断强调其国家的统一与完整受到泰米尔恐怖主义的威胁，这种威胁背后有着印度政府及民间的支持和鼓励。而且，为了突显出其民族危机形势的严峻，他们还宣称印度会像1971年东巴危机期间创造出孟加拉国一样，对斯里兰卡进行直接的军事入侵以帮助建立起一个独立的泰米尔主权国家。③斯政府希望这些国家能够在斯里兰卡法律和秩序面临严重挑战的情况下为其提供军事援助和政治支持。

---

① 斯国前总理西丽玛沃·班达拉奈克与英·甘地私交甚好，1980年她因涉嫌在执政期间滥用职权被剥夺公民权利7年，直至1986年才予以恢复。
② 新华社：《斯里兰卡政府请求美英巴孟提供军援准备对付外国入侵》，《人民日报》1983年8月3日，第6版。
③ S. D. Muni, *Pangs of Proximity: India and Sri Lanka's Ethnic Crisis*, New Delhi: Sage Publications, 1993, pp.52-53.

　　为了获得美国等西方大国的支持，斯里兰卡在使用亭可马里港口、在斯国内设立"美国之音"电台等重要问题上对西方国家作出让步，并且在政治、军事等方面积极增强与西方国家的合作。1983年9月30日，美国国防部部长卡斯帕尔·温伯格（Casper Weinburger）在访问巴基斯坦中途于科伦坡短暂停留并与斯总统贾亚瓦德纳会谈。同年12月，斯政府与美国重新签订一项协定，使得美国得以进一步改善"美国之音"的广播设施。1986年6月，斯总统贾亚瓦德纳访美，要求美国为其提供军事和经济援助以应对泰米尔武装分子的威胁。最终美国同意以援助计划形式拨款16万美元，帮助斯里兰卡进行军事训练。在美国的撮合下，以色列也与斯里兰卡进行了有关防务合作，斯政府也从以色列购得一批海上巡逻艇。5月，美国驻斯大使馆设立了"维护以色列利益办公室"，以色列情报机构辛拜特（Shin Beth）和摩萨德（MOSSAD）也秘密训练斯里兰卡军事和情报人员。同月，斯政府也允许美国在印度洋的军舰频繁出入亭可马里港，并将该港的储油设备租借给美国使用。[①]此外，斯政府也宣称1947年的《英锡防务协定》仍然是有效的，以此来寻求英国的帮助并对印度进行威慑。而且，英国、中国和巴基斯坦也通过不同形式给予斯政府以技术援助和防务支持。[②]

　　对印度而言，斯里兰卡是其南部具有战略重要性和敏感性的沿海岛国。由于西北边境与巴基斯坦敌对、北部对中国战略敌视，印度北部陆上已经面临强大的安全压力。因此，任何来自南部的安全威胁都会引起印度极大的不安和顾虑。1983年七月事件以后，斯政府寻求外部帮助的举动是刻意疏远印度并引入外部势力，这显然没有顾及印度的安全敏

---

① 梅颖编著：《"猛虎"组织内幕与拉·甘地之死》，北京：时事出版社1992年版，第63页；王宏纬主编：《南亚区域合作的现状与未来》，成都：四川大学出版社1993年版，第227—228页；P.A. Ghosh, *Ethnic Conflict in Sri Lanka and Role of Indian Peace Keeping Force (IPKF)*, New Delhi: A.P.H. Publishing Corporation,1999, pp.52−53。

② 关于这些国家对斯政府的支持，以及由此引发印度担忧的详细内容，参阅前引P.A. Ghosh, Ethnic Conflict in Sri Lanka and Role of Indian Peace Keeping Force (IPKF),pp.50−59。

感性，而印度南亚政策最典型的特点就是排斥域外国家对南亚小国的介入。在斯里兰卡密切往来的国家中，美国、中国、巴基斯坦等国都是被印度认为是怀有敌意的国家。其中，印度最为忌惮和排斥美国，这不仅是因为美国一直支持其宿敌巴基斯坦，而且还因为20世纪70年代以来，美国开始填补英国撤退后在印度洋上形成的权力真空。由此，印度也将美国视作印度洋地区最大的霸权威胁。[①]在美国已经拥有印度洋南部迪戈加西亚军事基地的情况下，如果它继续获得斯里兰卡的亭可马里港的使用权，那么美国在印度洋上的地位将无可撼动并且直接威胁到印度南部的战略稳定。而且，这也极有可能引起苏联方面的竞争性政策，从而将冷战对抗引入到印度洋和南亚地区。[②]美苏两个大国在印度洋地区展开权力竞争是印度所不愿意看到的局面。

因此，印度对美国在斯里兰卡民族危机中的角色显得极其敏感。它尤其担心在亲西方的贾亚瓦德纳政府邀请下，美国会借着斯民族问题的契机掌控亭可马里港甚至向斯驻军，从而使斯里兰卡成为美国的势力范围与"反印"的前沿阵地。[③]所以，印度坚决排斥美国等西方大国以及中国、巴基斯坦等被印度视为敌对国家对斯民族问题的介入。1983年8月，英·甘地在国会中作出如下发言："我们已经以各种可能的方式明确表示，印度不会对斯里兰卡构成任何威胁，我们也不想干涉他们的内部事务……我们希望斯里兰卡的统一和完整得到维持。……斯里兰卡的发展也影响到我们。""在（斯里兰卡民族冲突）这个问题上，不能把印度仅仅看作另一个国家。斯里兰卡和印度是直接参与其中的两个国家，任

---

① [英]约翰·理查德·希尔：《中等强国的海上战略》，吕贤臣等译，上海：上海交通大学出版社2015年版，第22—23页。

② Shelton U. Kodikara, "International Dimensions of Ethnic Conflict in Sri Lanka: Involvement of India and Non-State Actors," *Bulletin of Peace Proposals*, Vol. 18, No. 4, 1987, p. 644；曹永胜等：《南亚大象：印度军事战略发展与现状》，北京：解放军出版社2002年版，第42页。

③ John W. Garver, *Protracted Contest: Sino-Indian Rivalry in the Twentieth Century*, Seattle and London: University of Washington Press, 2001, p.305.

何不相干的介入都会使我们两国的问题复杂化。"[①]1983年8月初，印度外交部部长也明确发出警告：所有外部势力不要插手斯里兰卡国内动乱。[②]1983年8月5日，英·甘地在给贾亚瓦德纳的电话中，也强烈反对斯里兰卡寻求外部势力的军事援助。此后，印度方面也展开了一系列外交活动，表示印度不会容忍域外势力干预斯里兰卡事务。[③]

### （二）国内选举政治和泰米尔纳德邦因素

印度泰米尔纳德邦（Tamil Nadu）[④]的泰米尔人与斯里兰卡的泰米尔人同根同源。泰邦向来对于斯里兰卡的民族冲突十分关切，每当斯泰米尔人遭受到斯政府不公正的对待或被战乱波及时，泰邦地方政府常常会强烈要求印度中央政府出面保护斯泰米尔人的利益。而且，对斯泰米尔人境况的关注已经成为泰邦地方政治中"政治正确性"的话题，为了争取民心以捞取政治资本，"全印安纳德拉维达进步联盟"（AIADMK）和"德拉维达进步联盟"（DMK）[⑤]等地方政党都争相表现出"泰米尔民族主义"倾向。它们也都各有其支持的斯里兰卡泰米尔派系，如DMK支持"泰米尔伊拉姆解放组织"（TELO）、AIADMK支持"泰米尔猛虎组织"（LTTE）。

而且，印度政党制度的变化也使得中央政府不得不考虑地方政府的利益诉求。国大党自1964年尼赫鲁去世后不久逐步走向分裂，1969年该党又在人民院选举中遭遇挫败，所占席位下降20%。此后，国大党虽然

---

① *Lok Sabha Debates*, Vol.38,1983, col. 418; "Mrs. Gandhi's Statement in Lok Sabha on 12 August 1983," *The Times of India*, August 13, 1983.
② *The Times of India*, August 3, 1983; *The Hindu*, August 6, 1983.
③ Bhabani Sen Gupta, "The Indian Doctrine," *India Today*, August 31, 1983, p. 20; Devin T. Hagerty, "India's Regional Security Doctrine," *Asian Survey*, Vol. 31, No. 4, 1991, p. 354.
④ 意为"泰米尔人的土地"，其原名为马德拉斯邦，20世纪60年代在德拉维达运动兴起时改现名。
⑤ 关于DMK和AIADMK两党的历史演变、基本纲领、执政状况等具体情况，参阅曹小冰：《印度特色的政党和政党政治》，北京：当代世界出版社2005年版，第334—343页。

勉强在中央立法机构维持着一党优势，但在地方议会中其"一党独大"的局面已经宣告结束。[①]到20世纪70年代印度的政党制度更是发生了根本性变化，国大党一党独大的局面已经不复存在。在1977年大选失败以后，国大党一直试图保持政治权力，其主要手段就是与地方政党结盟。此外，1983年1月，国大党刚失去了印度南部安得拉邦和卡纳塔克邦的执政权。为了应对即将到来的大选，英·甘地必须要争取泰米尔纳德邦的支持，这对于国大党的选举而言意义重大。

1983年七月事件爆发以后，泰米尔纳德邦反应尤为强烈。泰邦政府宣布举行为期一周的悼念活动并号召全邦开展罢工运动。地方政党试图游说印度中央政府对斯政府进行制裁。泰米尔纳德邦两个主要政党DMK和AIADMK长期在泰邦政府中轮流执政，并在中央政府中担任重要的联盟政党，它们对印度的斯里兰卡政策发挥着重要影响。DMK和AIADMK也都希望通过高调立场把对方压下去。DMK一直要求印度暂停与斯里兰卡的外交关系、实施对斯经济制裁，将斯里兰卡驱逐出不结盟运动。与国大党结盟的AIADMK主席拉马钱德兰也亲自游说英·甘地。[②]印度国大党领导的中央政府虽然支持了国内的罢工和游行活动，但对制裁斯里兰卡等激进要求保持克制。不过，英·甘地仍向泰邦各政党代表保证：中央政府同样关心斯里兰卡泰米尔人的命运，并在努力通过外交途径敦促科伦坡解决危机。她也答应派出更多船只将斯里兰卡南部被逐离家园的泰米尔人转运到岛内北部的贾夫纳地区。[③]此外，英·甘地虽然拒绝直接干预斯里兰卡民族问题，但却对斯泰米尔武装分子在印度建立军事基地的事情视而不见。

不过也有研究认为，事实上不仅仅是外界所想象的那样，是泰米尔

---

① 李文主编：《亚洲政治概论》，北京：中国社会科学出版社2008年版，第349页。
② [美]苏米特·甘古利主编：《印度外交政策分析：回顾与展望》，高尚涛等译，北京：世界知识出版社2015年版，第45—46页。
③ 孙叔林主编：《当代亚太政治》，北京：世界知识出版社2002年版，第295—296页；王宏纬主编：《南亚区域合作的现状与未来》，成都：四川大学出版社1993年版，第224页。

纳德邦利用民族问题对中央政府施压，或泰邦地方政党蓄意炒作斯泰米尔人问题以便争取政治支持；相反是印度中央政府有意利用泰米尔人问题进行宣传炒作。印度中央政府借此可以实现双重目的：一是以种族联系为借口干预斯里兰卡民族冲突；二是以对斯干预为手段来获取泰米尔纳德邦泰米尔群体的支持。这样从国内政治角度来看，印度对斯民族问题进行干预可以将拉·甘地及国大党塑造为"泰米尔人保护者"的形象，也可以改善国大党在泰米尔纳德邦地方选举中长期以来的不利地位。[①]

### （三）难民及印度南部稳定问题

由于印斯两国之间只隔着水浅狭长的保克海峡，因此每当斯里兰卡发生局势动荡时，就会有斯里兰卡泰米尔难民逃到印度南部的泰米尔纳德邦寻求庇护。1983年七月事件以后，有大量斯里兰卡难民[②]逃到印度。根据1985年印度外交部官员在国会中的说法，1983年七月骚乱以后，有超过5万名难民逃到印度并一直待在印度。至1983年底，有超过13.5万名泰米尔难民居住在印度。1985年2月初，又有11225名斯里兰卡难民逃到印度沿海的拉梅斯沃勒姆。[③]造成大量难民涌入印度的原因，除了斯里兰卡局势动荡之外，还因为斯政府为打击猛虎组织而在北部沿海设立安全区的政策严重影响到当地渔民的生计。这些难民基本被安置在印度泰米

① Sankaran Krishna, *Postcolonial Insecurities: India, Sri Lanka, and the Question of Nationhood*, Minneapolis: University of Minnesota Press, 1999, pp.111, 197-198.

② 印度官方与学界对于难民具体数量有不同说法，学界普遍使用的数据是15万人，参阅Alan J. Bullion, *India, Sri Lanka and the Tamil Crisis, 1976-1994: An International Perspective*, London: PINTER, 1995, p.105; Ralph R. Premdas, S. W. R. de A. Samarasinghe, "Sri Lanka's Ethnic Conflict: The Indo-Lanka Peace Accord," *Asian Survey*, Vol.28, No.6, 1988, pp.677, 685; [美]苏米特·甘古利主编：《印度外交政策分析：回顾与展望》，第45—46页。

③ *Questions in the Rajya Sabha*, New Delhi, March 14, 1985, in Avtar Singh Bhasin ed., *India-Sri Lanka Relations and Sri Lanka's Ethnic Conflict: Documents, 1947-2000*, Vol.1, New Delhi: India Research Press, 2001, pp.199-200; [美]帕特里克·皮布尔斯：《斯里兰卡史》，王琛译，上海：东方出版中心2013年版，第183页。

尔纳德邦的难民营，他们给泰邦地方政府和印度中央政府带来了巨大的经济和社会压力。

除此之外，泰米尔猛虎组织等激进分子提出建立独立的"泰米尔国"的想法，也得到了部分印度泰米尔民族主义者的支持和响应。他们开始寻求建立一个包括印度南部和斯里兰卡北部泰米尔人聚居区的独立国家"大泰米尔联邦"。在这种情况下，斯里兰卡民族问题的发展也在刺激着印度国内的泰米尔分离主义情绪。换言之，印度南部的政治和社会稳定受到斯里兰卡民族冲突的影响。印度觉得有必要尽快控制住斯里兰卡国内局势，避免斯里兰卡的政治动荡影响到印度的国家统一和领土完整。

## 第三节　英·甘地和拉·甘地政府的对斯政策：从双轨到强势干涉

整个20世纪80年代印度的对斯政策，主要是在英·甘地政府（1980年1月至1984年10月）和拉·甘地政府（1984年10月至1989年12月）主导下制定施行的。印度在斯民族冲突中扮演了"暗中支持者""公开调停者"和"直接干预者"三种不同角色。[1]1983年七月事件之后，印度对斯里兰卡的民族冲突基本上采取了暗中支持与公开调停相结合的"双轨"政策。一方面，印度通过情报机构暗中支持泰米尔武装分子；另一方面，印度也通过外交途径在斯里兰卡政府和泰米尔团体之间进行斡旋，试图通过制订权力下放、泰米尔人聚居区省级自治的政治方案来解决斯里兰卡民族问题。1984年10月，拉·甘地上台以后开始放弃英·甘地时期的"双轨"政策，转而直接介入到斯里兰卡民族冲突之中。最终，印斯双方在1987年7月签署和平协议，印度也开始向斯里兰卡派遣维

---

① K. M. de Silva, *Regional Powers and Small State Security: India and Sri Lanka, 1977-90*, Baltimore & London: The Johns Hopkins University Press, 1995, pp.6-7.

和部队。

## 一、英·甘地政府"暗中支持"与"公开调停"的双轨政策

### （一）暗中支持

英甘地政府对斯泰米尔武装分子的"暗中支持"，主要是通过印度情报机构"调查分析局"（RAW）[①]来进行的。实际上，1983年以前斯里兰卡泰米尔武装分子就在印度泰米尔纳德邦建立起训练营地。当然，印度开始对这些泰米尔武装分子进行训练的确切时间至今难以确定。根据印度中央政府官员的说法，1983年7月之前的营地是由泰米尔武装分子在泰米尔纳德邦偏远农村地区建立的，或者是在泰邦同情者的纵容下建立的，这些训练营的规模都不大。印度中央政府最开始没有参与这一过程。然而，斯里兰卡政府对此有不同的看法。斯政府认为，泰米尔纳德邦为泰米尔武装分子提供庇护是令人反感的，印度中央政府在这一问题上很可能是同谋。而且泰米尔武装分子在1983年7月前获得的训练极可能是受到泰邦政府、印度政府甚至是二者同时支持的。通过泰米尔武装分子来破坏斯里兰卡的稳定似乎是印度潜在的官方政策。[②]

可以确定的是，1983年七月事件爆发后，英·甘地决定支持泰米尔武装分子，并通过调查分析局（RAW）向猛虎组织等泰米尔团体提供军事援助，而且印度南部也成为斯泰米尔分离主义者的大本营。虽然印度政府从未正式承认过其对泰米尔武装分子的支持，但有研究指出，从1983年到1987年前后，印度为32个训练营地的2万多名泰米尔武装分子提

---

[①] 其英文名称为Research and Analysis Wing，也被译成"研究分析处"，该组织的详细情况参阅刘守功等编著：《间谍帝国与间谍战争：国外间谍情报机构概览及活动》，北京：金城出版社1996年版，第203—204页；[印度]阿索卡·拉伊纳：《研究分析处——印度国外情报局真相》，英石译，北京：群众出版社1984年版。

[②] Sankaran Krishna, *Postcolonial Insecurities: India, Sri Lanka, and the Question of Nationhood*, p.114.

供了资金、武器和训练。①训练营地设在印度泰米尔纳德邦、北方邦、中央邦、卡纳塔克邦等多个地区，主要由印度调查分析局的军事教官负责提供专门训练，授课内容包括使用自动和半自动武器、重武器以及埋设地雷、开展游击战、实施爆破、反坦克战以及潜水和水下破坏训练。②印度还专门聘请黎巴嫩和以色列教官向斯泰米尔人传授游击战经验。此外，印度也为斯泰米尔人提供武器装备，对泰米尔人从新加坡和香港等地进口武器、经印度转运到贾夫纳半岛的情况也视而不见。面对斯政府指责和抗议时，印度政府则声称在印度只有斯泰米尔人的难民营，不存在任何训练武装分子的军事营地。当斯方拿出训练营地的照片或被俘武装分子的供词时，印方却说对斯泰米尔武装分子的支持只是部分民众的行为，拒不承认其与印度政府之间的关系。但1992年至1994年期间，包括前外长和驻斯高级专员在内的许多退休印度高官开始私下承认，此前印度确实存在为斯泰米尔人提供军事训练的营地的行为。③实际上，泰米尔武装分子获得的武器装备、军事训练甚至比斯里兰卡政府军的更好。这些专业训练和武器装备极大地提高了泰米尔武装分子的战斗力，不仅加剧了斯里兰卡国内局势的复杂性，也为后来印度维和部队对猛虎组织作战时的受挫埋下了隐患。

### （二）公开调停

"公开调停"主要是由印度政府出面，在斯里兰卡政府和斯泰米尔群体之间进行斡旋。正如印度总统吉亚尼·辛格在国会咨文中所说："在斯里兰卡的种族暴力中，印度国民、泰米尔人和其他印裔遭受了重大伤亡和财产损失，这自然引起了（印度）整个国家的深切关注。令人

---

① [英]彼得·哈克莱罗德：《反恐时代》，王振西主译，北京：新华出版社2001年版，第137页；Barbara Elias, *Why Allies Rebel: Defiant Local Partners in Counterinsurgency Wars*, "Chapter 7 India in Sri Lanka," New York: Cambridge University Press, 2020, pp.190-191.
② Sankaran Krishna, *Postcolonial Insecurities: India, Sri Lanka, and the Question of Nationhood*, pp.123-125.
③ Ibid., p.124.

欣慰的是，斯里兰卡政府接受了我们为促进可行的政治解决进行斡旋的提议。我们希望各方参与的会议将带来持久和令人满意的解决办法。"[①]七月事件后，印度开始努力为斯里兰卡提供外交斡旋，使斯国内敌对的各方势力坐到一起，寻求通过政治途径来解决民族冲突。

1983年8月，英·甘地派特使前往斯里兰卡进行斡旋，与斯政府及各政治团体磋商停火事宜，同时邀请斯总统贾亚瓦德纳到印度进一步商讨解决方案。1983年10月，贾亚瓦德纳政府勉强同意印度充当"调解人"。同年10月至12月，印度特使G.帕塔萨拉蒂（G. Parthasarathy）在斯政府和泰米尔联合解放阵线（TULF）之间进行穿梭外交，最终达成了名为"附件C"（Annexure C）的一揽子方案。附件C方案的核心是在统一的宪法框架内建立所谓的"地区联盟"，进一步扩大权力下放程度，增加下放给省级行政部门的立法和行政权，并确保泰米尔人在中央政府中有足够的代表。但僧伽罗人对此不满，他们无法接受东北两省的合并、向省议会下放权力。因此，贾亚瓦德纳政府在附件C问题上犹豫不决。[②]1983年12月，在贾亚瓦德纳的倡导下，斯里兰卡国内组成了由所有政治力量参加的政治协商会议（即"全体政党会议"，All Party Conference）。附件C方案也被提交到该会议来讨论，但各政治派别利益诉求相差太大，经过近一年的漫长谈判，没有达成任何结果，政治协商会议也停止工作。至此，印度的第一次和平调停努力宣告失败。[③]1984年10月31日，英·甘地因印度国内宗教矛盾遇刺身亡。此后不久，附件C方案也被抛弃。

① Giani Zail Singh, "Address by President of India, Giani Zail Singh to Parliament," 23 February 1984, p.281, Parliament of India (Lok Sabha), Digital Library, https://eparlib.nic.in/handle/123456789/3982?view_type=browse. （访问时间：2020年7月21日）
② [美]帕特里克·皮布尔斯：《斯里兰卡史》，王琛译，上海：东方出版中心2013年版，第183页；Sankaran Krishna, *Postcolonial Insecurities: India, Sri Lanka, and the Question of Nationhood*, p.121.
③ 陶亮：《理想主义与地区权力政治：冷战时期印度的对外政策》，昆明：云南大学出版社2014年版，第232页。

总体而言，1987年以前印度一直在斯政府和泰米尔组织之间充当"调停人"，不断开展穿梭外交以促成双方的对话谈判。印度试图给双方施压迫使其作出让步，然后按照自己设想的政治路线来解决斯民族问题。1983年至1987年期间，印度提出了一系列主张给予斯泰米尔人不同程度的有限自治，以解决民族问题的方案，但这些方案都没能得到有效实施。①具体说来，印度对于斯民族问题的主要政策目标是：（1）以政治手段解决斯里兰卡民族冲突，保证泰米尔人的基本权利，一定程度上实现泰米尔人地区的省级自治；（2）防止斯里兰卡局势失控，避免印度敌视的域外大国借此时机在斯里兰卡增加政治和军事存在，形成对印度南部的战略威胁；（3）防止泰米尔武装分子通过武力手段建立独立的泰米尔国家，这会波及印度南部的泰米尔人地区，影响印度的国家稳定和主权完整；（4）避免斯里兰卡内战久拖不决导致大量难民涌入印度南部，这会给印度南部地区的经济发展和社会稳定增加负担。总之，印度希望在自己的主导下，按照其规划的政治路线实现斯政府和泰米尔组织的和解，尽快恢复斯里兰卡的稳定与秩序。

**（三）对"双轨"政策的评价**

仔细观察印度对斯民族冲突的"双轨"政策，会发现其中似乎存在着明显的矛盾。"公开调停"主张通过政治谈判和协商，推动斯政府向泰米尔人地区进行权力下放、实行泰米尔地区省级自治，此方案实质上是要以政治途径和平解决斯里兰卡民族冲突；但印度"秘密支持"的泰米尔武装分子（尤其是猛虎组织）却明确表示只接受"泰米尔独立建国"方案，这很明显与第一种政治解决途径相冲突。其实，看似矛盾的双轨政策是英·甘地有意为之的。她并没有想要立即解决斯里兰卡的民族问题，她既不希望泰米尔武装分子建立"泰米尔国家"，也不希望斯政府通过武力彻底击溃泰米尔武装分子；她认为贾亚瓦德纳不可能通

---

① 郭家宏：《斯里兰卡：发展与民族对抗的困境》，成都：四川人民出版社2002年版，第279页；孙叔林主编：《当代亚太政治》，北京：世界知识出版社2002年版，第297页。

过向泰米尔人放权的方式迅速解决民族危机，也不可能让他在地缘政治和国际问题上屈服于印度的所有要求。"双轨"政策与其说是为了迅速解决问题，不如说是为了让斯里兰卡处于一种不稳定的状态之中。这种政策的好处在于让亲西方的贾亚瓦德纳政府受到牵制，减少其将美国等西方国家和被印度视作敌对势力的国家引入南亚地区的努力，也提醒南亚其他小国疏远印度是要付出代价的。同时，印度也可借此在国内政治层面，将国大党和英·甘地政府塑造成为"泰米尔人利益捍卫者"的角色，从而有助于争取泰米尔纳德邦民众的政治支持。[①]

换言之，英·甘地实施的"双轨"政策是一种政治平衡术。其实质是将公开的外交施压与秘密的暗中破坏相结合，最终目的是确保印度在南亚地区的霸权。实际上，印度是斯里兰卡民族冲突中的重要外部干预因素，斯内战对印度而言具有重大的地缘战略意义和民族利害关系。正是在地缘政治利益的驱使下，英·甘地政府才会选择扶植猛虎组织等泰米尔武装势力，以此作为敲打斯里兰卡政府、制衡美国对斯影响的战略工具。在1971年东巴危机时期，印度就使用过这种双面手段并获得了巨大成功。印度促成了孟加拉国独立和巴基斯坦解体，沉重地打击了巴基斯坦并一跃成为南亚地区的"超级大国"。印度认为，如果出现有利时机，可以像1971年东巴危机时期一样采取必要政策从而获得外交成功。在此之前，可以继续维持这种可控的"双轨"政策。当然，这种让斯里兰卡保持"不稳定平衡"的政策，其背后暗含的前提是斯里兰卡泰米尔武装势力处于印度的掌控之下。

## 二、1985年至1986年拉·甘地政府的"积极调停"政策

### （一）拉·甘地政府政策转变的背景

1984年10月31日，英·甘地被国内极端民族主义分子暗杀。国大党

---

[①] Sankaran Krishna, *Postcolonial Insecurities: India, Sri Lanka, and the Question of Nationhood*, pp.125-126.

（英）随即推举英·甘地之子拉吉夫·甘地上台接任印度总理。同年12月，印度举行全国大选，在英·甘地去世引起举国悲痛的情况下，国大党（英）在大选中大获全胜，拉·甘地正式出任印度总理。拉·甘地上台以后，在处理印斯关系方面，仍一定程度上延续了英·甘地时期的政策，但又有一些明显的变化和调整。在英·甘地时期，印度对于斯民族问题采取的是"公开调停"和"暗中支持（泰米尔组织）"相结合的"双轨"政策。在斯里兰卡政府和泰米尔组织之间，印度是明显偏袒和扶植后者的。当时印度希望扶植泰米尔组织以牵制和打压斯政府，让其不要过多地倒向西方国家、在国内不要激化民族矛盾，并借此满足印度防止域外大国介入南亚地区的地缘战略需要与迎合泰米尔纳德邦的国内政治需求。

拉·甘地政府上台以后渐渐放弃了"双轨"政策，并转而积极在斯里兰卡政府与泰米尔组织之间进行调停。这种政策转变是与当时的局势发展分不开的。当时泰米尔组织在印度的扶植下已经羽翼渐丰，其要求独立建国的声势渐长并有不受印度控制的趋势。斯政府在武力清剿泰米尔组织的过程中也显得有些招架不住。此前，英·甘地政府在斯政府和泰米尔组织之间的调停也陷入僵局。而且，斯里兰卡开始更加依赖西方国家的帮助，斯政府与美英等西方国家的联系也变得越来越密切。在这种形势下，要么就会出现泰米尔组织不受控制走向独立的情况，要么就会是斯政府借助外部大国力量以平定内乱的局面。前者会激起印度南部的泰米尔分离主义情绪，印度的泰米尔人地区会在"大泰米尔联邦"的口号下要求独立，影响印度的国内稳定和国家统一；后者会导致西方大国在南亚地区立足，并可能将冷战引入南亚。因此，在上述这种局势急剧变化的情况下，拉·甘地政府不得不适时地作出政策调整。

此外，拉·甘地的个人特质也对印度对斯政策转向产生较大影响。作为政治新人的拉·甘地在处理印斯关系时，对形势的判断常常过于乐观和理想主义，高估了印度对斯里兰卡局势的影响和掌控能力。例如，当他着手应对斯里兰卡民族问题时，曾下令让新任外交秘书罗梅什·班达里（Romesh Bhandari）"在30天内解决斯里兰卡危机"。[①]而且，他以年轻一代政治家的状态出现在政治舞台，对于各种秘密外交和阴谋权术也不甚热心。他很快放弃了英·甘地政府的"双轨"政策，转而希望通过真诚而热心的调停尽快帮助斯里兰卡解决民族问题，以公开手段达到印度的外交政策目标。在拉·甘地这种理想主义作风的影响下，后来印度公开宣布放弃支持猛虎组织、对泰米尔组织和斯政府双方施压以迫使双方和谈、直接武力干预等一系列事件也就不足为奇了。

**（二）拉·甘地政府的积极调停措施**

1985年之后，拉·甘地政府逐渐放弃了前任政府的"双轨"政策，转而积极介入斯里兰卡民族问题，在斯政府与泰米尔组织之间进行积极调停。这一时期印度的政策特点是"积极调停"和"强力促和"，对斯民族问题干预的力度更大、程度更深。而且，为推进斯民族问题尽快解决，拉·甘地政府同时对斯政府与泰米尔组织施压：一方面，印度明确表示反对建立泰米尔国家，斯里兰卡民族问题的解决方案需要被置于统一的斯里兰卡框架之下。而且，拉·甘地政府也禁止泰米尔纳德邦继续向斯里兰卡泰米尔组织提供武器，限制斯泰米尔武装分子在印度的活动。另一方面，印度也向斯政府施压，要求其放弃武力镇压并寻求民族冲突的政治解决途径，给予泰米尔人必要的自治权，同意斯北部和东部地区自治。

1985年至1986年，拉·甘地政府继续在斯民族问题上充当调停者，印度重新向斯里兰卡派出特使进行穿梭斡旋，积极撮合斯政府与泰米尔组织坐到谈判桌前。1985年1月22日，拉·甘地在议会中宣布，印度希望同斯总统进行高级会谈，愿意帮助斯里兰卡寻找解决民族冲突的办法，并积极改善两国之间的关系。这是印度为改善印斯关系作出的重要表态。1月底，印度释放了被扣押的斯海军巡逻艇及相关人员。斯里兰卡方

---

① Sankaran Krishna, *Postcolonial Insecurities: India, Sri Lanka, and the Question of Nationhood*, p.133.

面也作出了相应的回应，释放了准备进行审讯的17名印度渔民。此后，拉·甘地还在很多场合表示，印度无意干涉斯里兰卡内政，希望同斯建立起亲密友好的关系，并强调斯民族问题应通过政治途径进行解决。他也拒绝了泰米尔人要求他采取"孟加拉国式"行动的请求。①

1985年3月，印度外交秘书罗梅什·班达里赴科伦坡参加会谈，他呼吁停止一切暴力行为、恢复政治对话。斯总统贾亚瓦德纳表示，如果武装分子同意停火，他将提供大赦和军事营地安保力量。6月，贾亚瓦德纳访印与拉·甘地进行了将近8个小时的会谈，双方制定了斯里兰卡国内冲突停火条款。会谈中，印度表示不再支持斯泰米尔武装分子的分裂活动，不允许他们将印度领土作为活动基地，不允许成立泰米尔国家。②印度也积极对泰米尔组织施压。据斯外交官员透露，印度外交秘书班达里因泰米尔组织拒绝同斯政府继续谈判而动怒，甚至"不顾外交礼节地大发雷霆"，迫使泰米尔激进分子不得不同斯政府进行谈判。③同年7月和8月，在印度的斡旋下，斯政府与泰米尔团体代表在不丹首都廷布举行了两轮会谈（即著名的"廷布会谈"）。但双方分歧太大，廷布谈判最终破裂。在谈判破裂之后，以"泰米尔联合解放阵线"为代表的温和派泰米尔团体逐渐被边缘化，而以"猛虎组织"为代表的激进派则不断发展壮大并开始占据中心地位。

虽然斯政府与泰米尔组织的"廷布谈判"破裂，但由印度充当中间人的谈判仍时断时续地进行着。1986年4月，印度高级代表团前往科伦坡，继续寻求斯里兰卡民族危机的和平解决。8月，在印度宪法专家的帮助下，斯里兰卡完成了一项向泰米尔各省份下放权力的改进草案。同月，印度外交秘书文卡斯瓦兰（A. P. Venkateswaran），与5

① 李云：《斯里兰卡与印度关系从紧张对立走向缓和》，收录于杨效农主编：《缓和帷幕后的角逐——1985年国际形势回顾和1986年展望》，北京：新华通信社《参考消息》编辑部，1986年版，第122页。
② 李云：《斯里兰卡与印度关系从紧张对立走向缓和》，第122页。
③ 马胜荣、李云：《斯里兰卡的种族冲突难以很快解决》，收录于杨效农主编：《缓和帷幕后的角逐——1985年国际形势回顾和1986年展望》，第125页。

个泰米尔武装团体领导人进行会谈，劝说他们参加斯政府与"泰米尔联合解放阵线"的谈判。12月，两位印度国务部部长茨达姆巴兰（P. Chidambaram）、纳特瓦·辛格（K. Natwar Singh）与贾亚瓦德纳会面，以寻求民族问题的妥善解决办法。双方经过三轮会谈后提出了一项提议，此方案建议在斯里兰卡境内以泰米尔人为主的北方省设立省级委员会，在东方省把僧伽罗人居住地划出后由泰米尔人实行自治。但泰米尔强硬派坚持要把东北两省合并以建立独立的泰米尔国，而且他们在谈判的同时还在加紧进行暴力恐怖活动。这样，1985年至1986年期间印度所进行的斡旋和调停也基本失败。

在印度调停失败的同时，斯政府和猛虎组织等泰米尔武装组织都积极地扩军备战，双方都准备以武力实现自己的政治目标。到1986年，巴基斯坦、美国、以色列都在向斯里兰卡政府军提供培训、情报和武器，这增加了斯里兰卡政府使用武力解决民族问题的信心，也使印度更加不安。与此同时，主要的泰米尔武装组织也开始积极备战。其中最为突出的就是猛虎组织。出于对印度政府的防范，猛虎组织开始减少对印度的依赖，转而在英国、法国、马来西亚、美国、加拿大、澳大利亚等世界各地的泰米尔人聚集区设立办事处或相关组织，扩大自身的资金来源和武器供应渠道。在这种情况下，斯政府与以猛虎组织为代表的泰米尔武装分子之间的冲突一触即发。

### 三、1987年斯里兰卡局势变化与拉·甘地政府的强势干涉

（一）1987年上半年斯里兰卡局势突变

1987年1月，"泰米尔猛虎组织"等反政府武装在贾夫纳地区宣布成立"泰米尔国"的"民事政府"，实际上控制了这一地区。2月初，斯政府对北方省和东方省泰米尔地区实行禁运及封锁，并调集兵力对猛虎组织总部和据点发起大规模进攻，打死百余名泰米尔武装分子。在进行军事围剿的同时，斯政府也呼吁和谈，表示愿意与猛虎组织等强硬派谈判，通过政治途径解决内战问题，并于4月宣布单方面停火10天。但这并

没有得到猛虎组织的积极响应。4月17日，泰米尔武装分子在东方省的亭可马里制造了暴力袭击公共汽车事件，造成127人死亡、60多人受伤。4月21日，泰米尔武装分子又用炸弹袭击首都科伦坡的中央公共汽车站，造成300多人的伤亡。接连两次重大的袭击事件后，5月14日斯政府开始对北部地区发起"解放行动"，出动空军轰炸贾夫纳半岛的泰米尔反政府武装营地，并派出3000名陆军及海军进行围剿，军事行动一直持续到6月10日。经过一个多月的围剿，泰米尔武装分子的许多营地都被清除。[①]

对此，印度坚决反对斯政府的封锁禁运和军事围剿行动。1987年2月9日，拉·甘地发出了强硬的信息：如果斯政府不做到三点要求（停止对泰米尔人的军事行动；解除对贾夫纳的经济封锁；接受1986年12月19日的提议），那么印度将停止其调停努力，到时候斯里兰卡的冲突将会延长并且升级。[②]2月24日，印度停止了在斯政府和泰米尔武装分子之间寻求政治解决途径的调停。5月28日，针对斯政府军行动中造成的较大平民伤亡，拉·甘地开始发出严厉警告，要求斯政府不要寻求通过军事途径解决民族冲突，不要在贾夫纳地区屠杀手无寸铁的平民，立即停止针对泰米尔武装分子的攻势。除了印度中央政府的表态之外，泰米尔纳德邦也开始积极支持斯里兰卡泰米尔组织。泰邦所有政党都要求印中央政府支持斯里兰卡泰米尔人，甚至要像1971年东巴危机时那样直接进行军事干预。例如，在野党DMK领导人卡鲁纳尼迪（M. Karunanidhi）就要求印度中央政府对斯里兰卡进行武装干预以建立和平局面。[③]此外，4月27

① 梅竹、齐雅：《斯印"和平协议"与斯里兰卡局势》，《世界知识》1987年第17期，第8页；军事科学院世界军事研究部编：《战后世界局部战争史·第二卷·冷战后期的局部战争（1969—1989）》，北京：军事科学出版社2014年版，第61—62页。

② S. D. Muni, *Pangs of Proximity: India and Sri Lanka's Ethnic Crisis*, New Delhi: SAGE Publicationss,1993, pp.185-203.

③ P. A. Ghosh, *Ethnic Conflict in Sri Lanka and Role of Indian Peace Keeping Force (IPKF)*, New Delhi: A. P. H. Publishing Corporation, 1999, p.88; Sankaran Krishna, *Postcolonial Insecurities: India, Sri Lanka, and the Question of Nationhood*, p.149.

日，泰邦首席部长拉马钱德兰宣布给予猛虎组织等泰米尔武装团体4000万卢比的资助。5月20日，当斯政府军轰炸了泰米尔武装分子的部分基地并进入贾夫纳半岛后，泰米尔纳德邦开始要求印度中央政府采取更为积极的行动。

印度对泰米尔组织的声援和支持，让斯里兰卡政府感到严重不满。1987年4月23日，斯总理普雷马达萨在议会中表示："任何现在要求我们寻求政治解决办法的朋友都将会被视作最大的敌人，印度应将恐怖分子移交给斯里兰卡政府。"4月28日，斯总统贾亚瓦德纳说印度的对斯政策是"希特勒式的"。他也表示除非泰米尔武装团体放下武器，否则不可能与其进行谈判。贾亚瓦德纳甚至将猛虎组织形容为"拉马钱德兰（泰邦首席部长）的私人部队"，说猛虎组织头目普拉巴卡兰是拉马钱德兰的"朋友"，后者为猛虎组织等分裂分子提供了武器和通信设备。①此外，贾亚瓦德纳也向印度递交了一份备忘录，内容是泰米尔纳德邦以向贾夫纳提供救援物资的形式干涉斯里兰卡内政。而且为了表示不满，5月27日贾亚瓦德纳甚至拒绝了拉·甘地要求通电话的请求。

显而易见，印斯两国政府在斯里兰卡民族问题上存在巨大分歧。印度的主要诉求和目标就是尽快实现斯里兰卡和平稳定，为斯泰米尔人争取到一些合法权利，防止域外国家插手南亚地区事务，甚至将冷战引入南亚。在斯政府无力控制局面的情况下，印度愿意提供帮助同时排斥域外国家插手。因此，在印度看来，斯民族问题是需要通过政治手段来解决的政治问题，而且这种政治解决过程最好是在印度的操控和安排下进行。但是，斯政府则认为这是泰米尔武装分子的叛乱行为，也是对国家安全的严重威胁，应首先消灭这些势力然后才能进行政治解决。斯政府也认为民族冲突问题是该国内政，印度不应该插手，尤其不应该暗中支持泰米尔武装分子。而印度则宣称由于印斯两国的传统历史联系，加之

---

① Michael Hamlyn, "Jayawardene to hold power until Tamil terror beaten," *The Times*, Wednesday, April 29, 1987, p.9.

斯内战引起大量难民涌向印度，泰米尔武装分子要求建立泰米尔国家的诉求影响到印度南部的稳定，因此印度与斯里兰卡民族问题有着重要的利益相关性。

### （二）印度向贾夫纳半岛空投物资行动

在各种口头劝说和公开调停无果后，拉·甘地政府开始转向强力干涉和武力介入。为了应对因战争导致的贾夫纳地区人道主义危机，印度决定以空投物资为突破口采取行动。1987年6月初，印度驻斯高级专员J. N. 迪克希特（J. N. Dixit）[1]向斯里兰卡外长哈米德（A. C. S. Hameed）表示，印度决定派遣20艘非武装船只，向被围困的贾夫纳半岛运送食品和重要药品。随即这一决定引起了斯政府的强烈反对，斯总理普雷马达萨将印度运送救济物资的想法形容为是挑衅，并警告这会导致严重的后果。他也告知议会，斯政府已经命令陆军、海军和空军保护斯里兰卡岛及其领海。[2]

1987年6月3日，印度仍不顾斯里兰卡的强烈反对，派出近20艘船只从印度南部出发，试图将救济物资运送到被围困的斯里兰卡贾夫纳半岛。但印度船队遭到了斯里兰卡海军拦截后，不得不被迫返航。次日，印度政府派出5架苏-32运输机，在4架法国幻影2000式战斗机的护航下，强行闯入斯里兰卡领空并向贾夫纳半岛泰米尔人聚居地区空投了25吨救援物资。这一行动也被称作"花环行动"（Operation Poomalai）。在空投行动的前几个小时，印度政府官员才紧急召见斯里兰卡驻印高级专员，告知印度会在当日采取空投行动，并警告说"任何抵抗都会遇到武力对付"。因此，印度方面的空投活动没有受到斯政府的武力应对。[3]但在行动结束后，斯政府当即向印度发出了照会以示强烈抗议，并将空

---

① 迪克希特在1985年至1989年期间担任印度驻斯里兰卡高级专员（其等级相当于大使）。

② S. D. Muni, *Pangs of Proximity: India and Sri Lanka's Ethnic Crisis*, New Delhi: SAGE Publicationss,1993, pp.185-203.

③ 孙叔林主编：《当代亚太政治》，北京：世界知识出版社2002年版，第298页。

投行动形容为"对斯里兰卡独立、主权和领土完整的赤裸裸地无端侵犯"。斯外长哈米德也致函联合国秘书长通报此事，说斯里兰卡正面临着"对其独立、主权和领土完整"的潜在外部威胁。斯反对党领导人同政府一道谴责印度的霸权行径。[①]此外，为表示不满和抗议，斯政府也拒绝参加同年6月18日在印度召开的南盟常设委员会会议。

这次空投事件给斯里兰卡政府和民众造成了极大的心理冲击。空投事件几天后，贾亚瓦德纳在一次佛教圣物供奉仪式发言中说："在与印度及印度大陆诸多邦国之间关系的漫长历史中，我们曾16次受到来自印度本土的入侵，4次受到远东及西方列强的入侵……6月4日印度的入侵是第21次。在（斯里兰卡）2500年的历史中，我们整个岛屿或部分地区被占领了715年。这次（空投）给这个总时间增加了几个小时。"此外，他也要求印度放弃"暴力和欺凌"，并说斯里兰卡永远不会与其强大邻国作战。[②]可以看出，印度这次公然的军事介入唤起了斯里兰卡对"强邻入侵"的恐惧。这种恐惧既是斯里兰卡僧伽罗人传统历史叙事中形成的一种久远记忆，也是斯里兰卡独立初期以来就怀有的现实担忧。此前在尼赫鲁时代的克制政策影响下，斯政府的这种担忧本已有所平息与缓和，但此时又因印度的军事行动而被切实地激活了。

不过，斯政府对于印度这种肆意干涉其内政的霸权行为既充满愤恨，但又显得有些无可奈何。作为小国，斯里兰卡所能依靠的战略手段有限，1983年至1987年期间，它曾试图依靠引入"外部大国"来解决国内民族问题并制衡印度的影响力，但是美国等域外大国对此反应消极。这次空投事件以后，让斯里兰卡感到震惊的是，印度的空投行动并没有受到美英等西方大国的谴责。尽管中国和一些南亚国家提出了抗议，但这无法改变整体国际舆论状况。由于南盟关于限制双边问题讨论的规

---

① 张颖生：《斯里兰卡种族冲突与斯印关系》，《瞭望周刊》1987年第26期，第37—38页；王连志：《印度和斯里兰卡宿怨难解》，《国际展望》1987年第13期，第4页。
② *Daily News*, Colombo, June 12, 1987. 转引自Sankaran Krishna, *Postcolonial Insecurities: India, Sri Lanka, and the Question of Nationhood*, pp.152-153.

定，斯政府也无法将这一问题诉诸南盟机制。贾亚瓦德纳从西方国家那里获得的表示是，他应该解决与印度之间的分歧并争取印度的帮助，而不是与印度进行对抗。[①]贾亚瓦德纳后来在接受媒体采访时充分表达了其对西方大国的失望，他说"你永远不会真正了解大国。他们朝三暮四、反复无常"。[②]这以后斯里兰卡只得转而寻求与印度合作。

与斯里兰卡相反，印度的空投行动在印度国内引起了较好的反响，此举甚至被视作印度在南亚地区合法霸权的体现。例如，1987年6月6日和9日《印度教徒报》有两篇社论说："南亚地区的每一个孩子都必须知道，印度拥有反击斯里兰卡统治集团对无辜泰米尔平民残暴行为的能力，这种能力体现在物质、政治、军事和后勤能力。""这在国际上的影响将是相当大的，但对印度来说，被视为软弱的后果将更大。今天印度在该地区被认为是一个无法帮助朋友或影响邻国的大国。在史无前例的空投之后，如果不采取另一个步骤，必将导致泰米尔事业的崩溃，这只会以最坏的方式证实印度的虚弱。"[③]印度国内这种积极反响和斯里兰卡方面的无可奈何，也为印度进一步介入斯民族冲突创造了有利的外部氛围。

## 第四节 《印斯和平协议》与印度维和部队介入斯里兰卡

虽然贾夫纳空投事件给印斯关系蒙上了阴影，但是斯政府出于当时国内外形势的综合考虑，不得不寻求与印度实现某种形式的和解。1987

---

① Sankaran Krishna, *Postcolonial Insecurities: India, Sri Lanka, and the Question of Nationhood*, p.155.

② K. N. Malik, "A desperate Lanka signed accord: JRJ," *The Times of India*, Aug 9, 1987, p.9.

③ Sankaran Krishna, *Postcolonial Insecurities: India, Sri Lanka, and the Question of Nationhood*, pp.154-155.

年6月15日，印斯双方就物资援助事宜进行谈判并达成协议。6月25日，印度再次向贾夫纳运送救济物资，但这次是交由斯里兰卡红十字会进行处理。7月，印度总理拉·甘地访问斯里兰卡并与斯总统贾亚瓦德纳商讨实现斯里兰卡民族和解及恢复秩序的办法。

## 一、《印斯和平协议》的签署及潜在问题

### （一）《印斯和平协议》主要内容及战略意义

1987年7月29日，印斯两国领导人在科伦坡正式签署了《为在斯里兰卡建立和平与政策秩序的印斯协议》（简称《印斯和平协议》）。该协议其实是以1983年附件C至1986年12月方案等一系列方案为基础的。和平协议的签署主要是为了推动斯里兰卡政府和泰米尔反政府势力在统一的斯里兰卡框架下实现和解，推进泰米尔地区的省级自治。与此同时，印度也借此实现维持印度南部地区稳定、排斥域外大国介入南亚、独享亭可马里港、将斯里兰卡外交纳入印度设定的轨道等一系列国家安全与地缘战略目标。协议正文及附件的主要内容是：（1）维护斯里兰卡的统一、主权和领土完整，承认斯国是多民族多语言的多元社会，斯官方语言将包括僧伽罗语、泰米尔语和英语；（2）将泰米尔人占多数的东方省和北方省暂时合并一年，由选举产生省议会、省长等机构并向省议会下放权力，一年后由东方省公民投票决定是否继续合并；（3）协议签署后48小时之内在斯里兰卡全境停止敌对行动，72小时内泰米尔武装组织向斯政府指定的机构上缴武器；（4）斯政府对各种政治犯及武装分子实行大赦；（5）为防止泰米尔武装组织不接受相关建议，印度要做到防止其领土被用于从事危害斯里兰卡统一和安全的活动，印度海军要配合斯方阻止泰米尔武装分子的活动，印度要给予斯方要求的军事援助并遣返在印度的斯方难民；（6）印斯两国政府代表组成观察员小组监察停火，斯

方可以邀请印度派出维和部队，以保证停火的实施。[1]

除此之外，印斯领导人的换文也构成了和平协议的组成部分，换文的主要内容是：（1）外国军事和情报人员的存在不能损害印斯关系；（2）斯方的亭可马里港或其他港口不得提供给任何国家用于军事目的而损害印度利益；（3）重建和经营亭可马里油罐区将由印斯联合企业进行；（4）重新审议斯方与外国广播公司达成的协议，确保相关广播设备不用于军事和情报目的；（5）印方将在印度从事恐怖主义、分离主义的斯方公民驱逐出境，为斯方人员提供军事训练和补给。[2]其实，换文中的条款都有其具体指向性，主要体现了印度对南亚地区和斯里兰卡的地缘战略关切。这种关切是对1977年斯里兰卡统一国民党重新执政以来"亲西方"政策的一种扭转。具体而言，就是地区外大国及其他被印度视为敌对的势力不应出现在斯里兰卡，斯里兰卡必须在亭可马里港口、"美国之音"设施、以色列和英国雇佣军、巴基斯坦和中国的军事训练和武器援助等问题上向印度妥协。

颇有意思的是，《印斯和平协议》正文中明确提出印度要采取一切措施确保印度领土不被用于从事损害斯里兰卡统一、领土完整和安全的活动。此前印度政府拒不承认其对泰米尔武装分子的暗中支持，此时却在印斯两国的双边协定中明确规定这一条，其实有点"不打自招"的意味，也间接证明了印度政府此前的说辞是罔顾事实的。此外，除了对斯民族问题进行有关政治安排外，协议和换文其他部分主要集中于地缘政治和军事问题，实际上印斯两国是作出了重大利益交换：印度政府通过承诺不支持泰米尔武装分子、派出维和部队监督停火、提供军事援助，以换取斯政府完全满足印度的各种地缘战略要求，同意通过政治途径解决国内民族问题，甚至一定程度上牺牲自身的独立自主和国家主权。

---

① "India-Sri Lanka: Agreement to Establish Peace and Normalcy in Sri Lanka, July 29, 1987", *International Legal Materials*, Vol.26, No.5, September 1987, pp.1175-1185; 中文译文参见李丽莎译：《为在斯里兰卡建立和平与正常秩序的印度——斯里兰卡协议》，《南亚研究》1988年第2期，第84—87页。
② 同上。

《印斯和平协议》的签署是印斯两国关系史上最重要的历史事件之一，协议及换文体现了印度对斯政策的总体战略关切和地缘战略目标，其中的一些要求甚至可以被视作印度对斯政策目标的总纲，对此后较长时期内印度对斯政策都具有指导作用。而且，《印斯和平协议》实质上也表明，斯政府承认印度作为"南亚安全管理者"的角色。它对印度而言可谓是重大利好，1983年以来印度企图通过秘密支持泰米尔武装分子而获得的各种战略利益，现在可以通过双边协定的形式公开合法地获得。[①]有学者曾分析印度的收获指出："协议本身就是斯里兰卡政府默许了印度是地区超级大国，对于整个地区的势力范围不容否认。在地区背景下，这是门罗主义的一种重申，即强制声明任何损害印度利益的外部力量都不得在该地区水域里'畅游'。这一讯息毫无疑问也会延伸至地区内的其他国家（如尼泊尔、不丹）。"[②]这一评价其实说明了印度以斯里兰卡作为试验场和展示平台来推行以印度为中心的南亚地区政策。《印斯和平协议》签署以后，印度在南亚地区的地位得到巩固和确认，尼泊尔、不丹等其他南亚小国在外交关系方面也不得不照顾印度的安全关切。

### （二）《印斯和平协议》得以签署的原因

签署《印斯和平协议》对于印斯双方而言都是相当大的外交举措。从1987年6月4日贾夫纳空投事件引起两国间局势紧张，到7月29日《印斯和平协议》签署，这中间只有不到两个月的时间。印斯两国政府为何能在如此短的时间内顺利扭转两国紧张关系，并且就困扰多年的斯里兰卡民族问题达成一致，这确实是值得深入探讨和研究的问题。在此，本书将尝试从印斯双方的角度对《印斯和平协议》得以签署的原因进行分析。

---

① S.M. Aliff, "Indo-Sri Lanka Relations after the LTTE: Problems & Prospects," *Journal of Emerging Trends in Educational Research and Policy Studies*, Vol.6, No.4, 2015, p.328; Alan J. Bullion, *India, Sri Lanka and the Tamil Crisis, 1976-1994: An International Perspective*, London: PINTER, 1995, p.109.

② Dilip Bobb, "High Stakes Gamble," *India Today*, 15 December 1987, p.81.

从印度的角度来看，除了有前文已经论述过的排斥域外大国介入、泰米尔纳德邦影响、斯内战带来的难民问题等方面因素的影响之外，也还有1987年印度国内政局不稳的影响。1987年上半年，印度发生了博福斯军火贿赂案①，此案对拉·甘地的政治声誉形成了巨大的冲击并造成了国大党的分裂，国大党主要领导人V. P. 辛格不仅退党而且还加入了反对党人民党。此外，1987年国大党在一系列邦议会选举中失利，这使得党内对拉·甘地的领导能力产生了信任危机。在1985年9月旁遮普邦选举、1986年12月阿萨姆邦选举和1987年2月米佐拉姆邦选举中，国大党接连败选。1987年3月，国大党又在喀拉拉邦选举中败给了印度共产党，在西孟加拉邦选举中败给印共（马），6月在北部的哈里亚纳邦选举中惨败，以及在安得拉邦、卡纳塔克邦的选举中接连失败，这也使得国大党内的不满情绪急剧上升，拉·甘地的威信降到了低点。此外，拉·甘地推行的经济改革也遇到了困难，其新经济政策因触及既得利益集团而受阻。而且以锡克教极端主义、廓尔喀人自治要求为代表的民族矛盾、教派骚乱、分离主义等各种动荡也此起彼伏。②在印度国内出现严重政治危机、国大党频频在邦议会选举落败的情况下，拉·甘地迫切希望在外交上找到突破口。

对于签署《印斯和平协议》及介入斯里兰卡的风险评估方面，又有两个具体的决策层面因素影响了拉·甘地的最终决策。一是印度决策团队的战略误判。印度前驻斯高级专员J. N. 迪克希特曾在事后回忆说："情报机构、武装部队和外交部，包括我本人都告诉他（拉·甘地），为签署协议而采取的举措是有效且切实可行的。……如果猛虎组织仍顽固不化，就应绕过他们而争取其他泰米尔团体的支持，并直接与贾亚瓦德纳政府签署协议。调查分析局（RAW）的代表告诉他（拉·甘地），

① 此案详细情况及其对印度政局的影响，参阅朱庭光主编《当代国际知识大辞典》，"印度博福斯军火受贿案"，北京：团结出版社1995年版，第731页；郑刚主编：《二十世纪国际要闻录》，长春：吉林文史出版社1999年版，第1674—1685页。
② 林太著：《印度通史》，上海：上海社会科学院出版社2007年版，第446—448页。

由于已经向包括猛虎组织在内的所有泰米尔团体解释了该协议，而且他们已经表示了总体同意，因此可以签署该协议。""针对猛虎组织退出协议可能性的质疑，调查分析局的代表告诉拉·甘地，一旦普拉巴卡兰作出承诺，他们就有足够的影响力来阻止猛虎组织退出协议。他们说'这些都是我们曾接触过的年轻人，我们能够应付可能出现的情况'。同样，当有人问及印度武装部队在军事上与抗猛虎组织对抗的可能性，及这些部队参与斯里兰卡游击队或反叛乱行动的可能性时，时任陆军参谋长桑达尔吉对拉·甘地说'这不应是令人担忧的问题。印度武装部队可以在两周或三四周内瓦解猛虎组织'。拉·甘地正是基于这些自信的断言而推进了这项协议。……我们到事后才能认识到，这些建议是错误的，建议所依据的政治判断也是错误的。"①二是1971年印度介入东巴危机大获成功的历史经验的影响。实际上，1971年印度在东巴危机中的巨大成功极大地鼓舞了国内士气，也助长了印度国内对使用武力手段介入与其利益相关的邻国内部事务的观念。换言之，这种以往的成功干涉先例对印度的外交决策产生了较大影响，让印度更容易对邻国使用武力进行干涉。当然，1987年至1990年期间在斯维和行动的失败，也让印度此后对于直接使用武力介入斯里兰卡变得尤为谨慎。

斯政府为何会接受这样一个有损国家主权和外交独立的协议，确实令人费解。由于贾亚瓦德纳的立场在短时间内出现了巨大转变，以致于斯里兰卡国内舆论甚至说这是因为拉·甘地的胁迫：如果不接受《印斯和平协议》，印度将武装入侵斯里兰卡。②对此问题，前印度维和部队情报官员拉马尼·哈里哈兰（Ramani Hariharan）在接受《今日锡兰》采访时表示，人们往往低估了贾亚瓦德纳的政治技巧，贾亚瓦德纳是狡猾的政治老手，拉·甘地这样的政治新人是无法"强迫"其签署《印斯和

---

① Jaswant Singh, *Defending India*, Bangalore: Macmillan India Ltd., 1999, pp.201-202.

② Bryan Pfaffenberger, "Sri Lanka in 1987: Indian Intervention and Resurgence of the JVP," *Asian Survey*, Vol.28, No.2, 1988, p.141.

平协议》的。他反而认为是贾亚瓦德纳有意签署该协议，以便印度能够承诺结束泰米尔人的军事武装行为。当然拉·甘地为其决定付出了沉重的政治代价，甚至是自己的生命代价。[①]这一观点并非无的放矢。事实上，当时斯里兰卡贾亚瓦德纳政府正处于内外交困的局面，为了摆脱困局斯政府不得不承认印度在南亚地区的"安全管理者"角色。具体情况如下：

一是长期内战引起的经济和社会压力让斯政府不堪重负。在1983年七月事件爆发之后的四年间，内战造成了大约6000人伤亡，每年各种耗费约为150亿卢比（约5亿美元）。整个国家出现严重的经济和社会问题，经济增长率也接连下降，从内战以前的超过5%下降为1987年的3%。军费开支也逐年攀升，1986年斯国军费达到100多亿卢比（占到预算的17%），相当于1978年时的15倍，国民经济已经不堪重负。[②]此外，内战也沉重打击了旅游业，此前斯里兰卡每年可以吸引约40万人次的外国游客、创造1.5亿美元的外汇和6.4万个工作岗位。内战爆发引起了斯里兰卡失业率激增，1987年其失业人数甚至达到100万人。而且，外国援助者也表示如果斯民族冲突和人权状况持续恶化，援助将被削减。[③]

二是斯里兰卡南部极端民族主义势力"人民解放阵线"（JVP）[④]异军突起，斯政府无力同时应对北部和南部的双重压力。这也是迫使贾亚

---

① Sulochana Ramiah Mohan, "Ex-IPKF Intelligence Chief sets the record straight," *Ceylon Today*, Foreign Ministry of Sri Lanka, 10th August 2014, https://mfa.gov.lk/ex-ipkf-intelligence-chief-sets-the-record-straight/.（访问时间：2020年10月26日）

② 王向前、吴雪峰编著：《反恐怖：跨世纪的战争》，北京：中共中央党校出版社1994年版，第163页；Ralph R. Premdas, S. W. R. de A. Samarasinghe, "Sri Lanka's Ethnic Conflict: The Indo-Lanka Peace Accord," *Asian Survey*, Vol.28, No.6, 1988, p.677.

③ Ralph R. Premdas, S. W. R. de A. Samarasinghe, "Sri Lanka's Ethnic Conflict: The Indo-Lanka Peace Accord," *Asian Survey*, Vol.28, No.6, 1988, p.677.

④ 人民解放阵线（Janatha Vimukti Peramuna, JVP）于1965年成立。1971年4月5日发动全国性发政府暴乱被镇压，1977年2月恢复活动。1983年又因参加7月种族骚乱而被政府禁止，转为地下活动。1988年5月恢复合法地位。

瓦德纳政府在较短时间内作出巨大让步并接受《印斯和平协议》的重要原因。据印度驻斯高级专员J. N. 迪克希特的说法，在《印斯和平协议》签署前的几个小时，贾亚瓦德纳就要求拉·甘地尽快在斯里兰卡北部部署印度军队，以便他能够将一些斯里兰卡军队抽调到南部。①

三是斯里兰卡向域外大国寻求帮助而无果。1987年和平协议签署后不久，贾亚瓦德纳在接受英国《泰晤士报》和BBC采访时表示："斯里兰卡已经接受了印度是地区主导国家的现实"，"印度是印度洋地区最为强大的国家，斯里兰卡别无选择，只能与这样一个（强大的）国家达成协定以解决最为迫切的问题。"他也在采访中表示出对美国的失望，他承认曾向美国提出军事援助的请求，但美国的回应让他感到失望。他说："美国在没有请示印度之前是一点也不会帮助我的……在这一地区，美国追随印度，其他国家也差不多。"②他也表示已经认识到印度作为地区"民主守护者"的角色，印度似乎也乐于承担这样的责任。③可以看出，斯里兰卡是在求助美国等域外大国无果的情况下，才被迫向印度寻求帮助。

四是斯政府意识到印度是斯内战最大的外部因素。由于印度泰米尔纳德邦为猛虎组织等泰米尔武装团体提供了武器、物资和后方基地，因此印度成为斯政府解决泰米尔武装叛乱问题的最大外部因素。如果不解决印度暗中支持泰米尔组织的问题，斯政府就无法取得对泰米尔武装分子的决定性胜利。④贾亚瓦德纳也清楚意识到了这一点，1987年他在接受

① Sankaran Krishna, *Postcolonial Insecurities: India, Sri Lanka, and the Question of Nationhood*, Minneapolis: University of Minnesota Press, 1999, pp.163-164.

② K. N. Malik, "A desperate Lanka signed accord: JRJ," *The Times of India*, Aug 9, 1987, p.9; [美]苏米特·古甘利主编：《印度外交政策分析：回顾与展望》，第47页。

③ K. N. Malik, "A desperate Lanka signed accord: JRJ," *The Times of India*, Aug 9, 1987, p.9.

④ Barbara Elias, *Why Allies Rebel: Defiant Local Partners in Counterinsurgency Wars*, Chapter 7 "India in Sri Lanka," New York: Cambridge University Press, 2020, pp.190-191.

《泰晤士报》采访时甚至说："如果印度只是通过停止对叛军的补给来提供帮助，或只是配合在两国之间的海域监视区巡逻，那么'这场战争将会在几天之内结束'。"[①]签署和平协议不仅意味着切断了印度对泰米尔武装组织的援助，也表明印度站在斯政府一边，斯里兰卡的统一和完整有了印度的支持。而且，印度强大的实力也会对斯北部泰米尔分离主义和南部动乱形成威慑。

**（三）各方对《印斯和平协议》的看法**

《印斯和平协议》在印度、斯里兰卡、泰米尔组织和国际社会中分别引起了不同的反应和评价。对印度而言，协议在满足印度地缘战略目标的同时也保障了斯泰米尔人的自治权利，因而受到了印度国内主流社会的欢迎。印度主要媒体大多认为，和平协议签署以后，斯里兰卡和平在望。1988年2月，印度总统拉马斯瓦米·文卡塔拉曼在国会咨文中对协议给予高度评价并对斯国和平前景充满希望："1987年7月我们缔结了历史性的印斯协议，该协议被视为斯里兰卡和平与斯泰米尔少数民族正义的先声，在泰米尔纳德邦和印度其他所有地区都受到欢迎。该协议被国际社会誉为体现最高政治才能的法令。协议条款满足了斯泰米尔少数民族的所有合法愿望，同时确保了斯国的统一和完整。协议为斯里兰卡持久的和平稳定铺平了道路，它满足了我们的重要安全关切并加强了我们地区的不结盟。根据协议规定并应贾亚瓦德纳总统的紧急请求，印度维和部队被派往斯里兰卡。……我们决心确保全面执行该协定的所有条款，我们正在进一步推动它所设想的进程。我们正在确保充分实现持久解决斯民族问题的目标。"[②]这一评价基本代表了印度官方对协议的看法。当然，印度国内也有一些反对的声音。例如，印度民众党总书记

①　Michael Hamlyn, "Jayawardene to hold power until Tamil terror beaten," *The Times*, Wednesday, April 29, 1987, p.9.

②　Shri R Venkataraman, "Address by President of India, Shri R Venkataraman to Parliament," 22 February 1988, p.322. Available at Parliament of India (Lok Sabha), Digital Library, https://eparlib.nic.in/handle/123456789/3987?view_type=browse.（访问时间：2020年7月22日）

苏·斯瓦米说："协议标志着印度对另一个国内事实上的干涉，印度不得不越来越深地卷入到斯里兰卡内部事务中去。"印度《政治家报》指出："拉·甘地先生很可能把印度置于混乱处境之中，而且将很难体面地摆脱这种处境。"①

对斯里兰卡而言，大多数斯里兰卡人认为《印斯和平协议》是印度强加的，严重损害了斯里兰卡的主权。协议中在泰米尔人地区实行省级自治和权力下放的规定尤其刺激了僧伽罗人的敏感情绪。因此，和平协议不仅没有被视作镇压叛乱的工具，反而是被当作印度霸权的象征。②协议的签署在斯政府内部引起了总理普雷马达萨及大批部长、议员的反对。斯最大反对党自由党甚至指责贾亚瓦德纳进行了"十足的卖国活动"。反对党领袖阿努拉·班达拉奈克（Anura Bandaranaike）就在国会中公开指责："（签署《印斯和平协议》）是允许斯里兰卡'芬兰化'。"③其意在说明斯政府已经慑于印度强大的实力而被迫奉行印度所默许的政策。协议签署后，科伦坡及斯里兰卡南部许多城市就出现了僧伽罗人的大规模抗议活动。而且，当拉·甘地于协议签署期间在科伦坡检阅游行队伍时，甚至遭到了一名斯里兰卡卫兵的袭击。④这些都表明了斯里兰卡国内对印度干涉的强烈不满。

对于泰米尔组织而言，他们对《印斯和平协议》产生了两极化的

---

① 棠萍：《斯印和平条约能否给斯里兰卡带来和平？》，《国际展望》1987年第16期，第8页。

② Sankaran Krishna, *Postcolonial Insecurities: India, Sri Lanka, and the Question of Nationhood*, Minneapolis & London: University of Minnesota Press, 1999, p.205.

③ "芬兰化"（Finlandisation）是指苏联凭借其强大的实力与地理接近的因素，直接给予芬兰的政治、经济、军事、外交政策制定以重大影响的现象。关于斯里兰卡"芬兰化"的研究，参阅Amal Jayawardane, Chapter 6 "Finland vs Sri Lanka: Use and Misuse of an Analogy", in Shelton U. Kodikara ed., *South Asian Strategic Issues: Sri Lanka Perspectives*, New Delhi: SAGE Publications, 1990, pp.116-135.

④ 梅竹、齐雅：《斯印"和平协议"与斯里兰卡局势》，《世界知识》1987年第17期，第9页；Jaswant Singh, *Defending India*, Bangalore: Macmillan India Ltd., 1999, p.202.

看法。温和派泰米尔组织对协议表示欢迎，对于印度主动承担其"监督者"和"保护人"的角色，他们也是充满着期待和信心，希望在印度的帮助和介入下斯里兰卡能够尽快恢复和平，协议规定的斯泰米尔人的自治要求和相关权利尽快得到落实。但以猛虎组织为代表的泰米尔激进派武装组织对协议却充满了怨恨不满。猛虎组织的奋斗目标是通过武装暴力建立泰米尔国家，和平协议在他们看来无疑是对泰米尔人事业的背叛。猛虎组织领袖普拉巴卡兰得知《印斯和平协议》即将签署的消息后，他表示拉·甘地签署协议的决定是"令人失望和震惊的"，并将其形容为一种"在泰米尔人后背捅了一刀"的背叛行为。而且，印度外交部和调查分析局对猛虎组织的轻视，也让普拉巴卡兰感到失望及愤恨。在协议签署时就有人曾提醒要注意猛虎组织的不满，并指出拉·甘地可能会遭到报复。[1]但这一建议并没有引起足够的重视。

对于国际社会而言，《印斯和平协议》受到了广泛的欢迎。1987年8月10日，英国《泰晤士报》对和平协议的评价是："作为和平协议的缔造者，贾亚瓦德纳总统和拉·甘地总理完全可以为自己的成果感到自豪。"[2]各主要大国也基本都支持或默许印度在和平协议中的角色和作用。苏联作为印度的盟友，对于印度的支持自不必说。美国和英国这两个在斯里兰卡有着重要利益的国家，对于《印斯和平协议》也没有作出特别强烈的反对。这是因为英美两国都认为斯民族冲突是印度真正关切的事情，印度应该在此问题的政治解决方面扮演主要角色。事实上，到20世纪80年代后期美国已经承认了印度在南亚地区安全管理者角色。1988年亨利·基辛格在美国《新闻周刊》（Newsweek）撰文说："印度将扮演越来越重要的国际角色，这表明美国对印关系的看法出现了新的趋势。印度的目标类似19世纪时

---

① S. D. Muni, *Pangs of Proximity: India and Sri Lanka's Ethnic Crisis*, New Delhi: SAGE Publicationss,1993, pp.185-203.

② 郭家宏：《斯里兰卡：发展与民族对抗的困境》，成都：四川人民出版社2002年版，第281页。

英国在苏伊士运河以东的政策……印度将寻求成为次大陆最强大的力量，并试图阻止一个大国在印度洋和东南亚崛起。无论新德里和华盛顿之间的日常摩擦如何，印度的地缘政治利益将促使它在未来10年承担一些现在由美国行使的安全职能。"[1]

### （四）《印斯和平协议》存在的问题

虽然《印斯和平协议》对两国关心的重大战略问题都作出了安排，斯里兰卡和平前景看似实现在望，但仔细分析协议条款后，会发现存在一系列问题：首先，协议谈判和起草的主体始终是印斯两国政府，猛虎组织等泰米尔武装团体被排除在整个过程之外，但协议本身又事关他们的核心利益。协议规定承认斯国的统一、主权和领土完整，实质上就彻底否定了建立"泰米尔国"的要求。这就注定了协议的落实将面临巨大的困难。实际上，致力于建立泰米尔国家的猛虎组织是实力最强、影响最大的泰米尔武装组织，也是各个游击部队中最独立、最激进的民族主义团体，但它的战斗力、决心和狂热都被各方极大地忽视了。[2]印度的重要战略失误就是它将猛虎组织与其他泰米尔组织等而视之，低估了猛虎组织的恐怖主义特性。可以说，猛虎组织的存在就是《印斯和平协议》和斯里兰卡局势的最大不稳定因素。

其次，协议也引起僧伽罗人的强烈反对。将东北二省合并及自治的主张对猛虎组织来说是远远不够的，但对僧伽罗人而言却又太过火。此前斯政府与泰米尔组织的谈判基本也卡在这个重要问题上。对于僧伽罗人而言，这一条款对泰米尔人让步太多，泰米尔地区的自治可能使斯里兰卡出现1971年巴基斯坦遭遇到的分裂。而且，将泰米尔语、英语与僧伽罗语一样列为官方语言，就打破了1956年《僧伽罗语唯一》法案所确立的僧语优势地位，这让部分极端僧伽罗民族主义者不满。在协议签署

---

① P. K. Balachandran, "Sri Lanka's Strategic Importance," *The Island*, http://www.island.lk/2005/06/02/features4.html.（访问时间：2020年4月14日）

② Dagmar Hellmann-Rajanayagam, "The Tamil Militants-Before the Accord and After," *Pacific Affairs*, Vol.61, No.4, Winter, 1988-1989, p.606.

后不久，就有僧伽罗极端势力对贾亚瓦德纳发起暗杀行动。[①]

再次，协议规定的时间表过于理想化，实施时基本难以按照规定的时间完成相应任务。例如，协议中规定48小时内在斯里兰卡全岛停止敌对行动、72小时内要求泰米尔武装分子上缴武器、在1987年8月15日以前解除东方省和北方省的紧急状态，这些最后证明都难以实现。这种理想化的时间安排，实际上反映出印度对自身实力的过度自信、对斯局势的估计过于简单化以及对猛虎组织缺乏足够的认识与警惕。

最后，协定中关于权力下放和难民遣返等具体规定难以落实。就难民问题而言，这是因为大量难民对于斯政府的未来政策走向是不放心的，他们对此前遭受到的民族歧视和战乱痛苦仍然印象深刻。很多泰米尔难民希望留在印度甚至是加入印度国籍，这也使得按照《印斯和平协议》来实施难民遣返变得困难。就权力下放而言，和平协议只是在原则性和时间上对斯里兰卡国内权力下放作出规划，并没有具体的实施方案和细则，而这些问题正是斯里兰卡国内政治问题的关键难点所在。此后的历史发展也证明，斯国内的政治和解与权力下放是相当漫长而复杂的过程，绝非一纸协定就能解决的。

## 二、印度维和部队介入斯里兰卡并与猛虎组织开战

### （一）维和部队进入斯里兰卡并参与作战

1987年7月30日，在《印斯和平协议》签署后的次日，首批印度维和部队[②]中的3000名士兵被空运到斯里兰卡北部的帕拉利（Palaly）空军基地。此后，他们陆续进驻岛内北部和东部的泰米尔人聚居地区，执行监督停火和收缴武器的任务。印度维和部队最初只有一个旅，后来发展成为拥有独立总部与专门军事官僚机构的军团。[③]印军

---

[①] Bryan Pfaffenberger, "Sri Lanka in 1987: Indian Intervention and Resurgence of the JVP," *Asian Survey*, Vol.28, No.2, 1988, pp.142-143.

[②] Indian Peacekeeping Force，简称IPKF。

[③] Jaswant Singh, *Defending India*, Bangalore: Macmillan India Ltd., 1999, p.202.

本来预期可以很快完成维和任务、恢复斯里兰卡国内秩序，但形势发展却出人意料。印军首先碰到的障碍就是泰米尔组织缴械问题。各泰米尔组织都不愿意放下武器，最初都只是象征性地交出了一些残旧损坏的武器。这主要是由于僧泰两族在长期仇视和敌对过程中形成了强烈的不信任，此前泰米尔武装分子杀害了大量僧伽罗人，他们担心放弃武装以后会遭到僧伽罗人的打击报复。因此，泰米尔武装组织的武器收缴变成一大难题。另外，各泰米尔组织之间也彼此猜忌，都担心一旦自己先上缴武器便会受到其他组织的攻击。实际上猛虎组织作为最有野心的泰米尔武装组织，常常在其他泰米尔组织上缴武器或参与和谈时，将这些组织诬蔑为投降派并对其展开进攻，以便能够主导整个泰米尔群体的政治事务。在这种情况下，猛虎组织和印度维和部队之间的关系也日趋紧张。

1987年10月3日，17名猛虎组织成员从印度南部基地偷渡到斯里兰卡贾夫纳地区时被斯里兰卡海军截获。由于其中部分成员参与策划了此前的恐怖袭击案，因此斯政府决定将这些非法武装人员移送科伦坡听候审讯。在即将移交之际，这些武装分子集体吞服了自杀式氰化物胶囊，导致其中15人死亡。这引起了猛虎组织的疯狂报复，他们随即杀死了8名被俘的斯政府军士兵，并开始暗杀斯政府官员与袭击僧伽罗平民。猛虎组织的恐怖主义行动引起了斯里兰卡民众的愤慨，贾亚瓦德纳也开始给拉·甘地施压，要求其履行条约义务、保证和平协议的实施，否则就该将印度维和部队撤走。经过反复权衡之后，拉·甘地决定对猛虎组织动武，采取武力手段收缴其武器装备。

印军与猛虎组织之间的战斗可以分为两个阶段。第一阶段主要是城市争夺战，战争时间是1987年10月9日印度向泰米尔武装大举进攻开始至同年10月28日攻占贾夫纳为止。这一时期的主要战场是在贾夫纳半岛。10月9日，印度发起代号为"微风行动"（Operation Pawan）的作战计划，印军集中优势兵力，先后出动坦克、装甲车、大炮，在直升机掩护下兵分四路向泰米尔组织集结地发起猛烈进攻。双方经过数日激战，印军相继占领了猛虎组织的10多个营地。10月19日，印军开始以绝对优势兵力向贾夫纳城发动进攻并占领该城。到10月28日，印军基本控制贾夫纳半岛，而泰米尔猛虎组织则被迫转入丛林开展游击战。第二阶段主要是丛林游击战，战争时间是1987年10月底猛虎组织撤离贾夫纳城至1988年底猛虎组织同意停火为止。这一时期的战场分散在斯里兰卡北部和东部广大丛林地区。印度开始利用空军和海军从国内向斯里兰卡增调了大量兵力，1988年中期印军已经增加到5万人。[1]相比之下，猛虎组织兵力显得单薄，其人数最多时也不过4500人。但他们利用熟悉地形、受到民众支持等有利条件，广泛开展以地雷、陷阱和狙击为主的游击战和运动战。因此，印军清剿成效甚微，伤亡不断增多，双方也逐渐陷入僵持状态。[2]此外，印军在执行作战任务时也存在滥杀无辜、违法乱纪、侵扰当地居民的情况，斯里兰卡国内民众开始强烈反对印军继续留在岛内。到1987年底时，《印斯和平协议》关于斯里兰卡政治安排最重要的部分基本未能实现：泰米尔武装分子没有解除武装；印度军队无法在军事上击败猛虎组织，也无法让他们配合协议；斯政府虽然根据协议对宪法进行了重大修改并成立了省议会，但这些并不能让泰米尔人或僧伽罗人感到满意。可以说，至此《印斯和平协议》已经基本归于失败。

### （二）维和行动的失败与印军撤出问题

不久，印斯两国围绕印度维和部队撤出的问题展开了争论。1989年1月，拉纳辛哈·普雷马达萨就任斯里兰卡新任总统后，立即提出要求印度维和部队撤军。此后几个月里，印斯两国领导人频繁地进行信件往来，也发生了激烈的争论。双方都将这一问题作为影响国内政治的因素进行考量。对普雷马达萨而言，为应对南部的人民解放阵线（JVP）叛

---

① Alan Bullion, "The Indian Peace - Keeping Force in Sri Lanka," *International Peacekeeping*, Vol.1, No.2, 1994, p.152.
② 丁皓：《印度军情解析》，北京：解放军出版社2017年版，第22页。

乱，他必须争取僧伽罗民众的支持，最好的办法就是立即驱逐印度维和部队。然而对拉·甘地而言，国大党在当年的议会选举中前景黯淡，他仍希望利用维和行动作为增加胜选机会的筹码，并以尚未完成《印斯和平协议》规定的任务为由拒绝撤兵。

到1989年7月，关于印度维和部队撤出的争执已经达到白热化，几乎要将印斯两国拉到战争的边缘。7月13日，斯外长宣布若驻斯印军不服从斯总统的命令，在7月底以前撤离，则科伦坡方面将宣布印军为占领军，并会采取行动将其驱赶出去。斯里兰卡国内反印情绪高涨，这迫使印度撤离驻斯外交官员家属及部分侨民。但印度政府仍然坚持己见，并以"营救可能遭到袭击的印度外交官"为名，派出一艘航母到斯里兰卡近海地区进行威吓，局势变得异常紧张。[①]在此期间，为了让印军尽快撤出斯里兰卡，斯政府甚至在猛虎组织与印度维和部队的战斗中为其提供秘密支持。[②]经过激烈谈判，印斯双方最终达成共识。1989年9月17日，印度宣布维和部队将在9月25日后停止在斯所有军事活动，同时所有部队将于12月31日前撤出。可是，在具体实施过程中印度并没有按照议定时间撤兵，反而是各种推诿和拖延。

1989年12月2日，V. P. 辛格当选印度总理。辛格能够顺利击败拉·甘地的重要原因之一，就是印度维和部队的惨败及撤出事宜久拖不决。V. P. 辛格直接批评此前拉·甘地政府的政策，他认为向斯里兰卡派兵是一个错误，整个事件都是在错误的基础上开始的，他希望印度士兵能够尽早回国。[③]此后，辛格政府开始积极推动维和部队撤出事宜。1990年3月24日，印度维和部队全部撤出斯里兰卡，至此结束了印度对

---

① 郭家宏：《斯里兰卡：发展与民族对抗的困境》，成都：四川人民出版社2002年版，第283—284页。
② Sankaran Krishna, *Postcolonial Insecurities: India, Sri Lanka, and the Question of Nationhood*, p.200; Alan Bullion, "The Indian Peace - Keeping Force in Sri Lanka," *International Peacekeeping*, Vol.1, No.2,1994, p.153; 佟加蒙著：《殖民统治时期的斯里兰卡》，北京：社会科学文献出版社2015年版，第189—190页。
③ Alan Bullion, "The Indian Peace - Keeping Force in Sri Lanka," *International Peacekeeping*, Vol.1, No.2,1994, p.154.

斯里兰卡长达2年8个月的军事干预。根据印度国防部部长在国会中提供的数据，整个维和行动耗资约为978亿卢比，行动造成印军1165人死亡、3009人受伤。[①]

印度维和部队撤出后，猛虎组织很快卷土重来，不仅撕毁了与斯政府签订的停战协议，并重新控制贾夫纳半岛大部分地区。至此，印度近三年的努力仅存的战果也荡然无存。从最后的结果来看，印度在斯里兰卡的维和行动可以说是一次彻底的失败。耗费巨大人力、物力的维和行动费力不讨好，不仅未能达到结束斯里兰卡内战并保障泰米尔人权利的目标，还极大地损害了印斯两国的关系，也造成了斯里兰卡民众和泰米尔武装分子对印度的仇视，拉·甘地在卸任后也因出兵之事被猛虎组织暗杀。可以说，印度对斯里兰卡这次"维和行动"（或者说武装干涉）造成了巨大的政治、外交、经济和军事损失，有人甚至将其称作"印度的越南战争"。在这次轻易出兵邻国遭受严重挫折之后，印度对于向南亚小国使用武力方面开始变得异常谨慎。此后，在与斯里兰卡、尼泊尔、不丹和孟加拉国等小国打交道时，印度开始更加倾向于使用经济和文化等软实力手段。

在此，有必要对印度维和行动失败的原因进行分析。这里可以参考1991年《印斯和平协议》签署五周年时猛虎组织对协议的评价："此协议标志着伊拉姆斗争的转折点，其条款改变了历史。协议破坏了斯泰米尔人和印度之间的相互友谊。无论在外交上还是军事上，协议对印度来说都是一场灾难。印度官员们对这项协议意见不一，与猛虎组织战斗的印度军事官员不知道为何而战、为谁而战。印度政客不关心斯里兰卡泰米尔人，他们不尊重后者的'解放理念'。他们认为印军作为世界第四大军队，可以打败一小撮人（猛虎组织），但这一小撮人证明了

---

① *Economic Burden by Sending IPKF in Sri Lanka*, Rajya Sabha, Press Information Bureau (Defence Wing), Government of India, December 15, 1999, https://archive.pib.gov.in/archive/ArchiveSecondPhase/DEFENCE/1999-JULY-DEC-MIN-OF-DEFENCE/PDF/DEF-1999-12-15_300.pdf. （访问时间：2020年10月25日）

不是这样。这次失败是印度外交政策自中印边界战争以来所遭受的最大失败。……有印度人担心斯里兰卡会成为印度的另一个'越南'。然而现在仍有一些印度政治家试图激活这一协议。斯政府已经将这个协议丢到了墙角，这种情况是印度非常清楚的。在印度的政治中，决策是为了个人的利益而不是为了国家。本着类似的思路，拉·甘地起草了这一协议，但它不是解决斯里兰卡泰米尔人问题的办法。"[①]可以说，这一评价的部分内容准确地指出了印度所犯的一些重要错误。

具体而言，印度维和行动与《印斯和平协议》的失败是一系列因素导致的。首先，印度在军事上准备不充分。印军在与猛虎组织开战时甚至都没有战斗地区的基本地图，他们使用的仍是1937年版殖民时期的地图。而且，印军对自身使命并不清楚，最初他们以为只是按照和平协议执行维和任务，但实际上他们却在参与斯里兰卡对反叛活动的镇压。再就是维和部队士兵在情报、政治指导和军事方向上也常常缺乏明确指示，陌生的作战环境让他们感到沮丧和迷茫。与之形成对照的是，猛虎组织很清楚自己的意图就是破坏《印斯和平协议》并驱逐维和部队。[②]其次，印度国防部、情报机构和外交部等政府部门在执行维和行动期间缺乏协调。这也是前印度驻斯高级专员J. N.迪克希特的观点。他认为，执行维和行动期间印度各部门的政策协调度与1971年东巴危机期间形成了鲜明对比。[③]再次，印度最大的失误是对猛虎组织的轻敌和战略误判。印度调查分析局自以为对猛虎组织有充分的掌控能力，印度国防部部长也傲慢地认为印军可以在几周内瓦解猛虎组织。[④]印度

---

① "No.1058. Statement of the LTTE on the 5th Anniversary of the signing of the Indo-Sri Lanka Peace Agreement, Jaffna, July 29, 1991,"in Avtar Singh Bhasin ed., *India-Sri Lanka Relations and Sri Lanka's Ethnic Conflict: Documents, 1947-2000*, Vol.5, New Delhi: India Research Press, 2001, p.2659.

② Sankaran Krishna, *Postcolonial Insecurities: India, Sri Lanka, and the Question of Nationhood*, pp.188-189,192-193.

③ Jaswant Singh, *Defending India*, Bangalore: Macmillan India Ltd., 1999, p.206.

④ Jaswant Singh, *Defending India*, pp.201-202.

政府决策层显然低估了猛虎组织寻求独立的野心和能力。尤其讽刺的是，猛虎组织正是在印度政府和泰米尔纳德邦的长期援助与培训之下才羽翼渐丰的。此后，印军被迫地卷入对猛虎组织的战斗并陷入斯里兰卡内战泥潭，这时印军又面临着名义上是"维和部队"实际上却成为"战争参与者"的尴尬处境。

可以说，印度没有吸取此前美国介入越南和苏联入侵阿富汗的惨痛教训，印度维和部队介入斯里兰卡内战并对猛虎组织作战是一个本可以避免的战略失误。其实，印度所追求的各种战略利益，尤其是加强印度南亚地区霸权的地缘战略利益，已经通过《印斯和平协议》得到了规定和体现，印度本可以不必向斯里兰卡派驻维和部队。在关于印度向斯派出军队的意图方面，本书认为印度的初衷并非对泰米尔武装组织的防范，相反印度更多的是出于对斯里兰卡政府的不信任。而且，印度也希望借此为泰米尔武装组织提供心理保障，以便其尽快完成停火和武器上缴。总体而言，印度的目标是在其监督之下，斯政府和泰米尔组织能够尽快按照和平协议实现停火、和解与权力下放。因此，可以说印度维和部队最初的使命实际上是监督停火并保护斯里兰卡泰米尔人。

## 三、印度干涉斯里兰卡民族问题与印度维和行动的国际法意义

不干涉原则是现代国际法公认的一个基本原则，互不干涉是国家主权平等的必然要求。一国干涉其他国家主权范围内的事项，既是不尊重他国的主权，也是对其独立权的侵害，构成了国际不法行为。[1]早在1954年，印度就与中国共同提出并倡导了"和平共处五项原则"，其中就有"互不干涉内政"与"互相尊重主权和领土完整"的要求。此外，根据《联合国宪章》与联合国大会通过的《关于各国内政不容干涉及其独立与主权之保护宣言（1960年）》《关于各国依联合国宪章建立友好关系及合作之国际法原则之宣言（1970年）》，不干涉原则已经成为国际社

---

① 周鲠生：《国际法（上）》，武汉：武汉大学出版社2007年版，第161页。

会公认的国际法基本原则。在上述1960年和1970年联大通过的两项宣言中，分别对不干涉原则进行了详细的阐述。前者指出，充分遵守不干涉他国内政外交的原则，对于实现《联合国宪章》的宗旨和原则至关重要。武装干涉就是侵略的同义词，也违背了国家之间进行国际合作所依据的基本原则。直接干涉、颠覆活动与一切形式的间接干涉都是违背这些原则的，因而也就违背了《联合国宪章》。因此，任何国家都无权直接或间接地干涉他国的内政与外交事宜。后者提出了一系列国际法基本原则，其中包括避免以武力相威胁或使用武力、以不符合国际法的任何方式侵犯他国的领土完整或政治独立、不干涉他国国内事务、国家主权平等等一系列原则。①

不干涉原则主要是"不干涉内政"或"不干涉国内管辖事件"。具体而言，不干涉原则包括下述内容：（1）任何国家或国家集团均无权以任何理由直接或间接干涉任何其他国家之内政或外交事务。（2）武装干涉及对国家人格或其政治、经济及文化要素之一切其他形式之干预或试图威胁，均系违反国际法。（3）任何国家均不得使用或鼓励使用经济、政治或任何他种措施强迫另一国家，以取得该国主权权利形式上之屈从，并自该国获得任何种类利益。（4）任何国家均不得组织、协助、煽动、资助、鼓励或容许目的在于以暴力推翻另一国政权之颠覆、恐怖或武装获得，或干预另一国之内政。（5）使用武力剥夺各民族之民族特性，构成侵犯其不可移让之权利及不干涉原则之行为。（6）每一国均有选择其政治、经济、社会及文化制度之不可移让之权利，不受他国任何形式之干预。②就20世纪80年代印度对斯里兰卡民族问题的干涉以及1987

---

① 联合国公约与宣言检索系统：《关于各国内政不容干涉及其独立与主权之保护宣言》（联合国大会第2131（XX）号决议），1965年12月21日，https://www.un.org/zh/documents/treaty/files/A-RES-2131(XX).shtml；《关于各国依联合国宪章建立友好关系及合作之国际法原则之宣言》（联合国大会第1883次全体会议第2625（XXV）号决议），1970年10月24日，https://www.un.org/zh/documents/treaty/files/A-RES-2625(XXV).shtml。（访问时间：2021年4月7日）

② 邵沙平主编：《国际法（第四版）》北京：中国人民大学出版社2020年版，第67页。

年《印斯和平协议》的签署而言，印度旨在按照自己的意愿来塑造斯里兰卡国内局势、扭转斯里兰卡的亲西方外交政策、将斯国纳入印度的安全战略轨道。为了达到自身战略目标，印度在英·甘地时期秘密支持泰米尔武装团体，在拉·甘地时期则使用武力胁迫和武力干涉，甚至直接武装入侵斯里兰卡领空向贾夫纳地区空投物资。印度与斯里兰卡同为联合国会员国和英联邦成员国，印度对斯的这种胁迫和干预明显违反了国际法的不干涉原则。

在1987年至1990年印度的维和行动方面，也存在着值得分析探究的地方。维和行动（Peacekeeping operation）是第二次世界大战以后逐渐兴起和发展的一种国际实践，它也是国际社会常见的冲突管理手段。维和行动的主要目的是监督停火或停战协定的实施，避免冲突与敌对活动再次发生或者蔓延，帮助冲突地区稳定局势、恢复秩序。[1]学界一般认为，维和行动的法律依据有几个主要来源：国际公约、国际组织决议和双边条约、国内法律。最早的维和行动实践是1948年联合国在巴勒斯坦开展的维和行动，此后几十年中又出现了一系列重要的维和行动。自1948年以来，国际维和行动逐渐形成并确立了一系列重要的指导原则，其中最重要的就是"同意""公正"和"非必要不使用武力"等三项原则（也被称作"哈马舍尔德三原则"）。[2]其中"同意"原则是指维和行动要在冲突主要各方同意的情况下部署实施。如果没有这种同意，维和部队可能被卷入冲突之中，而成为参与冲突的一方。"公正"原则指的是维和过程中，维和部队与冲突各方打交道时应该不偏不倚。维和部队也应与冲突各方都保持良好关系，并且

---

① 凌岩：《国际人道法对联合国维和部队的适用》，收录于马呈元主编《国家领土主权与海洋权益协同创新文集（第三辑）》，北京：中国政法大学出版社2017年版，第214页。

② 陆建新、王涛、周辉：《国际维和学》，北京：国防大学出版社2015年版，第71—89页、120—122页；Nicholas Tsagourias, "Consent, Neutrality/Impartiality and the Use of Force in Peacekeeping: Their Constitutional Dimension," *Journal of Conflict and Security Law*, Vol.11, No.3, 2006, pp.465-482.

要谨慎地避免可能损害其公正形象的活动。否则，可能会破坏维和行动的信誉和合法性，或会导致冲突有关方撤销其对部署维和部队的同意。"非必要不使用武力"原则指的是除了自卫和保卫任务之外，不应全面采取强制的武力手段。当然，在局势极度紧张和不稳定的情况下，经安理会授权、当事国和主要冲突方同意之后，可以在战术层面使用武力以保护平民、协助当事国维护法律和秩序。此外，联合国的维和行动是将武力作为最后的手段,这种武力使用必须以精准、相称、适当的方式，采取达到预期效果所需最小的兵力。[1]

从法律基础方面来看，印度维和部队进驻斯里兰卡是有其合法性来源的。印度维和部队存在的法律基础是1987年7月29日印斯两国签署的《印斯和平协议》。协议中规定斯里兰卡总统可以邀请印度派遣一支维和部队以监督停火事宜。而且，如前文所述，为应对斯里兰卡国内动乱，在和平协议商谈期间，贾亚瓦德纳就急于催促拉·甘地派出维和部队帮助斯里兰卡恢复秩序。因此，印度向斯里兰卡派驻维和部队的行动可以被视作"邀请干预"（Intervention by Invitation）。[2]从具体行动原则方面来看，印度维和部队的行动没有严格遵守维和行动一般原则。就"同意"原则而言，斯内战的冲突方包括斯政府和泰米尔武装组织，但印度只是与斯政府达成了协议，事先并没有征求猛虎组织等泰米尔武装组织的意见。这就明显没有做到"以取得冲突方或冲突派别的同意为前提"。当然这种重大战略失误也是后来造成印军维和行动失败的重要原因。就"中立"和"非武力"原则而言，印度维和部队并没有从始至终都保持中立，进驻斯里兰卡后才2个月它就介入了斯内战交战方之间的冲突，甚至直接与泰米尔猛虎组织发生战斗。1987年10月，当印度维和部队对猛虎组织发起进攻之后，其行动性质

---

[1] United Nations Peacekeeping, "Principles of Peacekeeping", https://peacekeeping.un.org/en/principles-of-peacekeeping.（访问时间：2021年4月8日）

[2] Roshani M. Gunewardene, "Indo-Sri Lanka Accord: Intervention by Invitation or Forced Intervention," *North Carolina Journal of International Law and Commercial Regulation*, Vol.16, No.2, Fall 1991, pp.211-234.

开始由"维持和平"（Peace-keeping）转向"强制和平"（Peace-enforcement）。[1]在具体战争操作层面，这种转变除了让印度维和部队在作战中面临着各种任务指令的不协调外，也让印度在舆论和道义上失去了正义性。在国际法的角度来看，这也是与维和行动的一般指导原则相背离的。至此，印度维和行动的合法性由于印军直接卷入斯里兰卡内战之中而不断被消解殆尽。

# 本章小结

20世纪80年代的印度对斯政策需要放到印度总体外交战略布局中进行考量。实际上，从印斯两国独立起至20世纪70年代，斯里兰卡在印度的外交布局中重要性不高。但在20世纪80年代，斯里兰卡是被印度国大党政府视作一个绝好的外交平台：可以用它来展示印度的南亚霸权地位；帮助国大党在泰米尔纳德邦的政治中重新站稳脚跟；将自己塑造成为泰米尔人利益捍卫者的角色，并以此在全国其他地区争取民意支持和选举胜利。[2]因此，在印度外交布局中，印斯关系一下被提高到前所未有的高度。在这一历史阶段，印度基本按照自身意图对斯里兰卡局势进行干预，并试图控制斯里兰卡政府和各种泰米尔组织。印度这种"积极调停者"和"强力干预者"的姿态，其背后反映出的是以"英迪拉主义"为代表的南亚霸权主义政策。印度在"英迪拉主义"的指导下

---

[1]　根据1992年联合国前秘书长加利发布的《通向和平的议程》报告，维持和平（Peace-keeping）指的是在冲突当事者之间达成停战协议后，为防止武力冲突再度发生与冲突和平解决的维和行动；强制和平（Peace-enforcement）指的是在实际进行的武力行为当中为使冲突状况缓解而发动的维和行动。参阅[日]池尾靖志主编：《和平学入门》，池建新、朱庆华译校，南京：南京出版社2004年版，第49页。

[2]　Sankaran Krishna, *Postcolonial Insecurities: India, Sri Lanka, and the Question of Nationhood*, Minneapolis: University of Minnesota Press, 1999, p.227.

以"地区霸主"与"地区安全管理者"角色自居，不断侵犯斯里兰卡的国家主权与独立自主，也破坏了独立初期至20世纪70年代印斯关系的友好状态。因此，20世纪80年代成为印斯关系史上冲突最集中、矛盾最突出的时期，印度对斯里兰卡民族冲突的干预也使得两国关系遭到前所未有的破坏。

## 第三章

# 不干涉与修好：20世纪90年代至21世纪初印度的对斯里兰卡政策

20世纪90年代之后，印度积极调整其南亚政策和对斯政策。从1990年至21世纪初期，印度对斯政策的特点是不干涉斯内战、淡化政治问题、修复双边关系，将双边关系重点转向发展经济合作与文化交往。印度对斯里兰卡民族问题的立场主要是："继续对斯民族问题的和平解决保持着强烈关切……斯里兰卡有必要在国家统一和领土完整的框架内通过谈判达成政治解决，以实现民族问题的持久和永久解决。……1987年的印斯和平协议和斯里兰卡宪法第13修正案为解决斯民族危机提供了框架。"[①]在这些政策的指导下，印度对斯政策明显摆脱了此前的"老大哥"姿态，印斯两国关系也开始逐步走向正常化。此后，印斯双边关系逐渐回暖升温，两国高层互访不断，双边经贸关系与文化交流也迅速发展。1998年12月，两国签署了《印斯自由贸易协定》，印斯双边贸易以此为契机获得快速发展。在2006年之后的斯里兰卡内战最后阶段，斯里兰卡向中国和巴基斯坦寻求武器援助，这引起了印度的战略警惕。[②]为了制衡中、巴对斯的影响力，印度开始放弃对斯民族问题的不干涉政策并给予斯里兰卡部分武器援助。

---

① Ministry of External Affairs, Government of India, *Annual Report 1991-92*, https://mealib.nic.in/?2520?000.（访问时间：2020年3月22日）

② Ananth Venkatesh, "China & Pak enter Lanka as India appeases DMK," *The Times of India*, June 9, 2007, p.15.

## 第一节 冷战后印度的总体外交战略转型与南亚政策调整

20世纪90年代初期，印度面临着内外交困的局面。具体而言，从国内发展情况来看，印度国内出现政局不稳，国大党一党独大的地位不复存在，多次出现悬浮式议会[1]；经济危机和外汇危机严重，经济发展压力大；教派冲突和分离主义开始影响国内政治稳定，极端主义势力也对国家发展和社会稳定造成严重威胁。从外部环境来看，苏联解体使印度失去了强大的盟友，如何处理与美国的关系成为印度的当务之急。此外，冷战结束以后，中国、韩国与东南亚国家在经济上开始呈现快速发展的态势，印度的经济发展与综合国力增长速度明显落后于东亚其他国家。在这种情况下，印度为了创造有利的外部环境、进一步巩固其南亚主导地位、缓解与南亚小国的紧张关系、进一步提高自身国际地位，印度开始对其外交战略进行了重大调整，重点关注经济外交与全方位多元外交，并且提出了旨在改善印度与南亚小国关系的"古杰拉尔主义"。

### 一、冷战后印度内外局势变化与总体外交战略转型

冷战结束以后，印度对外政策调整的背景是当时印度的内外环境面临着巨大挑战。从国内政治的角度来看，当时国大党一党独大的地位不复存在，印度进入了多党联合执政的时期。具体而言，从20世纪80年代末至90年代之后，没有一个政党能够单独在议会选举中获得单独组阁的多数席位，印度政坛面临着政治不稳定、政府频繁更迭的局面。在1989年12月至1999年4月的10年时间里，印度一共形成了8届中央政府、7任总理，其中6届政府只执政了一年左右的时间便下台了，最短的政府仅执政了13天。这种动荡不稳的政局加剧了印度经济和社会发展的不稳定，也

---

[1] 悬浮议会（Hung Parliament），指的是议会制国家中，没有任何单一政党能够在议会中取得绝对多数的情况。一旦出现悬浮议会，通常会通过组建联合政府、成立少数派政府或者重新选举等三种方式予以解决。

严重影响了印度外交政策的稳定性。而且，频繁的大选使政党和政客的主要精力都投入到权力斗争和赢得选举上，难以集中精力处理各种具体的内政外交事务，大大削弱了中央政府的执行力。[1]此外，20世纪90年代印度国内也面临着宗教、种姓和民族等各种矛盾，在克什米尔、旁遮普和阿萨姆等地区的恐怖主义和分离主义等暴力事件层出不穷。北方邦也因阿约迪亚"寺庙之争"（清真寺和罗摩庙）引发各种宗教冲突，这甚至威胁到印度中央政府的稳定。

在经济发展方面，由于经济体制长期僵化，印度在20世纪90年代初已面临着举步维艰的经济困境。1991年拉奥政府上台时，印度正处于严重的经济危机之中。当时印度经济长期低迷，外汇储备数量急剧锐减甚至近乎枯竭，印度政府不得不将国家黄金储备拿到英国进行抵押以换取外汇。印度也面临着高达720亿美元的外债，其国际信用等级也跌落至低点。从外部情况来看，苏联的解体使印度失去了强有力的国际支撑，失去了长期依靠的经济援助、稳定的市场和廉价的军事装备，"印度的对外政策失去了主要的靠山"。[2]而且，1990年海湾战争爆发，大量在中东地区务工的海外印度人被迫返回印度，加之战争引起的石油价格飞涨，这使得印度已有的经济困难更加雪上加霜。此外，印度每年接近3%的人口增长也给印度政府带来了巨大的经济和社会压力。[3]

从国际形势来看，印度也面临着非常不利的国际环境。冷战结束以后，随着苏联的解体，整个国际格局发生了巨大的变化，印度也失去了冷战时期最强大的盟友。虽然印度与俄罗斯迅速建立起外交关系，但印俄关系远远比不上印苏关系，而且中俄关系迅速发展也引起了印度的强烈不安。苏联解体后美国成为唯一的超级大国，而冷战时期印美关系长

---

① 王丽：《国大党的兴衰与印度政党政治的发展》，厦门：厦门大学出版社2014年版，第121—126页。
② 马加力：《印度外交战略纵论》，北京：中国民主法制出版社2020年版，第18页。
③ [美]斯坦利·沃尔伯特：《细数恒河沙·印度通史（下）》，李建欣、张锦冬译，上海：东方出版中心2019年版，第491页。

期不睦，如何处理与美国的关系也是印度政府面临的外交难题。此外，冷战结束以后，经济全球化加速发展，国际社会开始重点关注以经济和科技发展为代表的综合国力竞争。当时印度周边的国家和地区都开始快速发展，中国、韩国、东盟国家也创造了各种经济发展奇迹。相比之下，虽然印度在英·甘地和拉·甘地时期进行了一些初步经济改革，但进展相对缓慢，明显落后于其他经济发展迅速的亚洲国家。印度的一些政治家开始意识到印度在亚洲的地位越来越低甚至有被边缘化的危险。这些内部、外部环境变化都迫使印度作出外交战略调整，并寻求稳定的周边和地区环境以发展本国经济。[①]

因此，根据当时印度的具体国情和国际局势，印度政府采取了强调经济发展的务实外交战略。1991年拉奥政府上台以后，印度开始进行以自由化、市场化和全球化为主要方向的经济改革。这需要创造稳定的外部环境以服务于国内的经济发展。因此，拉奥政府开始改变印度政府原有的外交政策，并使经济外交和全方位多元外交成为新的外交政策基调。1991年12月20日，印度总理拉奥（Narasimha Rao）在国会发言中提出，印度外交政策的重要目标是创造对印度有利的国际经济环境。鉴于西方国家强大的经济实力和综合国力，印度开始尤其强化与美国等西方国家的关系，并且将对美外交逐渐放到印度外交中的重要位置。[②]1997年4月20日，新当选的联合阵线领导人古杰拉尔（Inder Kumar Gujral）被任命为印度总理。他上任后声明："我的政府……在经济政策上，将继续加强经济改革，充分保证经济政策的连续性。在外交方面，将奉行独立自主的外交政策，努力改善与邻国的关系，实现与巴基斯坦关系的正常化。印度将同等重视同美国、俄罗斯、中国和欧洲的关系。"[③]可以说，在20世纪90年代至21世纪初期，印度政府内外政策的重点是关注经济发

① 陈建山：《冷战后印缅关系研究》，广州：暨南大学出版社2018年版，第60页。
② 梁悍江、韩梦泽：《不可不知的印度史》，武汉：华中科技大学出版社2014年版，第298页。
③ 上海国际问题研究所编：《国际形势年鉴（1998）》，上海：上海教育出版社1998年版，第178页。

展，印度外交也开始以经济外交和全方位外交为主要特点。在这种新的国际国内形势下，印度对南亚地区小国事务进行干预的主观意愿和客观实力都有所下降。而且1991年至2006年，斯里兰卡在印度外交中的定位又一次被下调，印度开始关注更为重要的经济发展和大国关系。

## 二、古杰拉尔主义的出台及印度与南亚国家关系的改善

冷战结束以后，印度对其南亚政策作出重大调整，开始在南亚地区实行睦邻政策。一方面，这是其整体对外政策调整与发展的重要组成部分。由于冷战后国际局势的变化和经济全球化的发展，印度开始实行全方位外交，积极强化与周边国家的经济合作，因此改善与南亚邻国的关系就成为一种必然要求；另一方面，这也是其反思传统南亚政策的结果，印度传统的南亚政策并没有取得预期效果，反而引起其他南亚国家对印度的战略疑虑。除此之外，印度国内政局变化也对其南亚政策的调整起到重要作用。如前文所述，在20世纪90年代印度开始进入议会悬浮的联合政府时期。从印度独立之后的政治发展史来看，在虚弱的中央政府领导下，印度对周边中小邻国所表现出的大国主义就会有所收敛，印度的南亚政策往往呈现出温和收敛与睦邻友好的特征。这种睦邻外交能够有利于避免政府陷入内外交困的局面。[1]

因此，印度在冷战以后开始实行睦邻政策，强调各国政府间协调而非政治干预，强调不对等的互惠而非针锋相对，强调促进共同经济利益而非只关注国家安全。[2]实际上，印度这种邻国政策调整始于20世纪90年代初的拉奥政府时期。到高达政府时期，外长古杰拉尔对此进一步明确

① 叶正佳：《印度外交展望》，收录于清华大学国际问题研究所编：《21世纪初的世界经济与政治》，福州：福州教育出版社2000年版，第584页；叶正佳：《印度对南亚邻国政策的调整和"古杰拉尔主义"》，《国际问题研究》1997年第4期，第20页。
② Chattopadhyay P., "India's South Asian Neighbourhood: Policy and Politics," *The Indian Journal of Political Science*, 2010, p.1253.

阐述，形成具体的外交政策方针。[①]1996年9月23日，印度时任外长古杰拉尔在伦敦英国皇家国际事务研究所就高达政府的外交政策发表演讲，首次在公开场合全方位阐述印度新的南亚政策。他在演讲中提出了印度处理与南亚邻国关系的若干基本原则：（1）印度将向尼泊尔、孟加拉国、不丹和斯里兰卡等国提供力所能及的真诚帮助而不要求对方给予印度相应的回报；（2）南亚各国不应允许其领土被用于从事危害地区内其他国家利益的活动；（3）南亚各国互不干涉他国的内政；（4）南亚各国之间互相尊重彼此的主权和领土完整；（5）南亚各国之间的争端应该通过双边谈判求得和平的解决。[②]上述这些原则也被学界称作"古杰拉尔主义"（Gujral Doctrine）。

"古杰拉尔主义"的出台是冷战后印度首次系统形成的邻国外交政策和周边外交战略。"古杰拉尔主义"提出以后，印度与斯里兰卡、尼泊尔、孟加拉国等邻国的关系得到明显的改善：首先，印度与周边邻国定期举行高层会晤，并且与一些国家的高层会晤已经形成机制化。其次，印度集中精力解决与周边邻国主要的双边问题上，力求建立互相信任的周边环境。最后，印度强调发展与周边邻国的经济关系，充分利用周边地区国家的潜在资源。[③]在"古杰拉尔主义"的指导下，印度先后与尼泊尔、孟加拉国签订了《综合开发马哈卡利河流域条约》和《恒河河水分享条约》。1996年，印度还分别与尼泊尔和不丹签订了非互惠的双边贸易协定，尼泊尔、不丹向印度出口商品采取零关税，印度对尼、不两国出口商品则视情况征收关税。印度也积极改善与斯里兰卡的关系，20世纪90年代之后就坚持不干涉斯里兰卡国内民族问题。[④]"古杰拉尔主

---

① 马孆：《当代印度外交》，上海：上海人民出版社2007年版，第28页；叶正佳：《印度对南亚邻国政策的调整和"古杰拉尔主义"》，《国际问题研究》1997年第4期，第20页。

② 叶正佳：《印度对南亚邻国政策的调整和"古杰拉尔主义"》，《国际问题研究》1997年第4期，第17页。

③ 马孆：《当代印度外交》，上海：上海人民出版社2007年版，第147页。

④ 陈继东主编：《当代印度对外政策研究》，成都：巴蜀书社2005年版，第315页。

义"的提出和实施有利于增进印度与南亚小国的战略互信，扫清印度与部分邻国关系中的各种障碍，也有助于改变印度过去在南亚推行"地区霸权主义"的不良形象，切实改善其与南亚邻国之间的关系。在印斯关系方面，20世纪90年代之后印度在古杰拉尔主义的指导下，开始重点关注改善印斯关系以及强调双边经济合作。

## 第二节　印度对斯里兰卡民族冲突问题的政策调整

1990年3月，印度从斯里兰卡撤回维和部队，并宣布不干涉其内政，也不允许泰米尔猛虎组织利用印度南部领土从事反对斯里兰卡政府的活动，印斯两国关系得以缓和与发展。此后，印度对斯里兰卡内战和民族问题的基本政策是支持在统一的斯里兰卡框架内，在符合民主、多元化和尊重个人权利的前提下，寻求斯里兰卡社会各阶层都能接受的谈判解决的进程，认为，必须完全通过内部政治进程找到持久的解决斯民族冲突问题办法，表示将持续关注斯里兰卡的安全，并继续致力于维护其主权和领土完整。印度赞赏斯政府恢复与猛虎组织之间的谈判。斯政府与猛虎组织之间达成的各种有关临时议程应成为最终解决方案的组成部分，当然这必须是在维护斯里兰卡统一和领土完整的框架内进行的。[①]

### 一、印度撤军后的斯里兰卡局势发展

在印度维和部队撤出以后不久，1990年6月猛虎组织重新占领了贾夫纳城和斯里兰卡北部大部分地区。此后，斯政府军又与猛虎组织爆发了武装冲突。1995年，斯国内局势发生变化，以斯里兰卡自由党为首的

①　Ministry of External Affairs, Government of India, "India-Sri Lanka, Joint Statement," October 21, 2003, https://mea.gov.in/bilateral-documents.htm?dtl/7770/India__Sri_Lanka_Joint_Statement. （访问时间：2021年1月23日）

"人民联盟"政府继续致力于民族和解。1月初，斯政府与猛虎组织达成《停止敌对行动协定》，使得僧泰民族矛盾有所缓和。但在4月18日，猛虎组织单方面撕毁协定并退出和谈，此后又向政府军发起了一系列进攻。8月3日，斯总统库马拉通加夫人向全国宣布了一项分权建议，但遭到猛虎组织的拒绝。在此情况下，斯政府军开始进行大规模军事反攻，并于12月5日攻占猛虎组织大本营贾夫纳城。[①]1996年5月，斯政府军经过苦战重新控制了贾夫纳半岛，并将猛虎组织赶入丛林。

1998年，斯里兰卡政局基本稳定，斯政府坚持政治解决民族问题。但最大在野党统一国民党不合作，致使政府于1997年10月向议会提交的包括"分权方案"在内的斯宪法草案得不到2/3多数的支持。斯政府军与猛虎组织的交战互有胜负，进展不大。猛虎组织实力虽受到削弱，但仍保存着军事力量。斯政府与猛虎组织之间的谈判难以启动。[②]1999年11月，猛虎组织发起名为"不息浪潮"的大规模反攻性军事行动，很快取得较大军事胜利。2000年4月22日，连接贾夫纳半岛和斯里兰卡本岛的战略要地"大象通道"失守，斯政府不得不向印度方面紧急求援，要求印度派出部队帮助抗击猛虎组织。[③]5月3日，斯总统库马拉通加夫人被迫宣布全国进入战争状态，以集中一切力量应对猛虎组织的攻势。

2000年4月，当"大象通道"失守且斯政府军被猛虎组织围困时，斯政府向印度紧急求援，请求印度派出军队对斯里兰卡进行援助。然而，当时的泰米尔纳德邦首席部长卡鲁纳尼迪强烈反对印度派遣军队和提供武器弹药。对此，瓦杰帕伊领导的"全国民主联盟"政府接受了这一建议，拒绝了斯政府关于派兵的请求。2002年2月，在挪威的斡旋和调停之下，斯政府与猛虎组织达成了一项停火协议。该停火协议一定程度上遏制了斯里兰卡的军事冲突，并让斯政府和猛虎组织重回谈判桌。可是经

① 徐贻聪主编：《世界知识年鉴（1996—1997）》，北京：世界知识出版社1997年版，第154—156页。
② 安国政主编：《世界知识年鉴（1999—2000）》，北京：世界知识出版社1999年版，第190—193页。
③ 文云：《斯里兰卡内战大事记》，《人民日报》2000年7月13日，第7版。

过8轮谈判，仍没有达成任何结果。2003年4月，猛虎组织退出和谈，斯里兰卡和平进程宣告中断。谈判破裂以后，双方在局部地区重新交火，而且猛虎组织开始策划实施一系列的恐怖袭击活动。

2005年8月，斯外长卡迪尔加马尔被猛虎组织暗杀。同年11月，主张对猛虎组织采取强硬立场的马欣达·拉贾帕克萨（Mahinda Rajapaksa）当选总统，斯里兰卡内战开始进入最后阶段。与此前的维克勒马辛哈政府相比，拉贾帕克萨对待泰米尔人的立场要强硬得多，甚至对地区自治方案也持强烈反对态度。2006年7月，双方冲突再起，猛虎组织实施了多起恐怖主义袭击活动，斯政府军则向猛虎组织发起全面军事打击，并逐步收复猛虎组织控制区域。2007年，斯政府军不断取得战争胜利，斯空军在3月轰炸了猛虎组织控制区并摧毁了其海军总部，7月政府军占领了猛虎组织在东方省的最后据点，9月又夺回北方省。猛虎组织又重新回归到游击战状态。

2008年1月2日，斯政府宣布单方面退出停火协议，并制定在年底之前通过武力手段彻底击溃猛虎组织的时刻表，此后斯政府军开始对猛虎组织实施最后的武力清剿。2009年1月，斯政府军先后占领猛虎组织的政治中心基利诺奇镇和军事中心穆莱蒂武镇。4月初，政府军攻占猛虎组织在北部地区的最后据点，将猛虎组织赶到北部狭小的丛林地带。5月17日，猛虎组织发言人帕特马纳坦通过网站发表声明称，"战争已经痛苦地结束，我们决定放下武器"。[①]5月18日，斯政府宣布猛虎组织首领普拉巴卡兰在北部穆莱蒂武地区被政府军打死。5月19日，斯总统马欣达·拉贾帕克萨在议会中正式宣布，斯政府军在打击猛虎组织的军事行动中取得了最后胜利，至此斯里兰卡长达26年的内战宣告结束。

---

① 张立伟：《反恐新视角》，北京：军事谊文出版社2010年版，第431—432页；任彦：《击毙猛虎组织最高领导人，攻下最后据点——斯里兰卡欢庆内战结束》，《人民日报》2009年5月19日，第3版。

## 二、印度取缔泰米尔猛虎组织

1991年5月21日，印度前总理、国大党主席拉吉夫·甘地在泰米尔纳德邦进行竞选活动时，被泰米尔猛虎组织派出的恐怖分子用人肉炸弹炸死。拉·甘地之死迅速扭转了泰米尔纳德邦舆论对猛虎组织的态度，泰米尔纳德邦民众和政客对斯里兰卡泰米尔人的好感度和同情心大为下降。他们不仅不愿继续支持斯泰米尔武装分子的武装斗争，甚至也将因战乱而逃亡到印度的斯里兰卡难民视作不速之客。拉·甘地遇刺后，拉奥领导的国大党政府对猛虎组织采取了严厉的限制政策。1991年1月31日至6月23日，拉奥领导的印度中央政府解散了泰米尔纳德邦的德拉维达进步联盟（DMK）政府，并对其实施"总统治理"，理由是其拒绝镇压泰米尔猛虎组织。[①]同年6月，J. 贾亚拉利塔（J. Jayalalithaa）成为泰邦首席部长，她主张严厉打击猛虎组织在泰邦的活动。泰邦的主要政党也开始在斯里兰卡民族问题上保持沉默，并试图与各泰米尔团体保持距离。

1992年5月14日，印度内政部根据1967年《非法活动（预防）法案》的规定，正式宣布猛虎组织为非法组织。印度在宣布公告中列出了四项重要理由：一是猛虎组织为所有泰米尔人建立家园的目标破坏了印度的主权和领土完整；二是猛虎组织创建了"泰米尔复兴部队"[②]并鼓励和协助其成员在印度从事非法活动；三是猛虎组织鼓励和帮助非法组织"阿

---

① [美]苏米特·古甘利主编：《印度外交政策分析：回顾与展望》，高尚涛等译，北京：世界知识出版社2015年版，第31页。

② 泰米尔复兴部队（Tamil National Retrieval Troops, TNRT）是1980年代末期由猛虎组织创立的边缘泰米尔分离主义团体，其成员最初只有30人。该组织主要在印度南部泰米尔地区从事分裂活动。具体参阅"Tamil National Retrieval Troops (TNRT)," South Asia Terrorism Portal (SATP), https://www.satp.org/terrorist-profile/india-islamistotherconflicts/tamil-national-retrieval-troops-tnrt. （访问时间：2020年12月19日）

萨姆联合解放阵线"①；四是各种团体从猛虎组织的非法活动中获得了激励和鼓舞。②而且，印度也不再允许猛虎组织利用其南部领土从事反斯里兰卡政府的活动，决心摧毁其在印度南部的所有据点，也对逃亡到印度的泰米尔恐怖主义分子进行打击。这一举措有助于打消斯政府的疑虑，进一步推动印斯两国关系的恢复与发展。此外，鉴于猛虎组织对印度泰米尔纳德邦的渗透，此后印度中央政府每隔两年都会延长对猛虎组织的禁令。在2009年猛虎组织主力被击溃后，由于仍有部分残余势力在印度境内活跃，因此印度政府直至2019年仍宣布继续延长对猛虎组织的禁令。③此外，1995年6月3日，印度政府正式向斯里兰卡政府请求引渡猛虎组织首领普拉巴卡兰以及与拉·甘地被杀案相关的人员。

1996年之后，印度中央政府频繁发生政府更迭，每当印度新政府上台后，斯里兰卡都希望立即得到印度对确保其统一和领土完整的保证。斯政府对印度国大党政府取缔猛虎组织的强硬态度是清楚的，但它对此后印度人民党政府的政策却存有疑虑，它担心印度新政府对猛虎组织和斯民族问题的政策会出现反复，以至于印度人民党的领导人不得不多次澄清其立场。1997年12月28日，印度人民党泰米尔纳德邦地区总书记在接受《星期日泰晤士报》（Sunday Times）访问时被问及印度人民党对猛虎组织的态度，他称："（我们）既不是亲猛虎组织，也不是反猛虎组织。这取决于斯泰米尔人是支持还是反对猛虎组织。……至于说到印

---

① 阿萨姆联合解放阵线（United Liberation Front of Assam, ULFA）是1979年在印度阿萨姆邦学生运动基础上成立的组织，其政治目标是通过武装斗争获得阿萨姆邦的独立。1990年11月，印度宣布阿萨姆归属总统治理并取缔了该组织。具体参阅吕昭义著《吕昭义学术文选》，昆明：云南大学出版社2014年版，第227—228页。

② "No.1069. Gazette Notification of the Indian Ministry of Home Affairs declaring LTTE an Unlawful Organisation, New Delhi, May 14, 1992,"in Avtar Singh Bhasin ed., *India-Sri Lanka Relations and Sri Lanka's Ethnic Conflict: Documents, 1947-2000*, Vol.5, New Delhi: India Research Press, 2001, p.2677.

③ Vijaita Singh, "Ban on LTTE extended for another five years," *The Hindu*, May 14, 2019, https://www.thehindu.com/news/national/centre-extends-ban-on-ltte/article27123648.ece.（访问时间：2020年12月11日）

度政府的角色，这就需要考虑到斯里兰卡的具体形势发展。但是无论如何，印度都不应该积极介入到斯里兰卡事务之中。"①1998年1月4日，印度人民党发言人表示，印度的对斯政策是与其保持友好关系。无论在政治或是军事上，都不干涉斯里兰卡的内政。②同年3月21日，在会见来访的斯外长拉克什曼·卡迪尔加马尔时，印总理瓦杰帕伊表示印度将永远尊重斯里兰卡的领土完整，永远不会支持任何分离主义或恐怖主义。他也指出，印度人民党的对斯政策是"支持在一个统一的斯里兰卡框架下，充分尊重泰米尔人民的合法愿望"。③1999年11月，印度最高法院对拉·甘地暗杀案中四名被告判处死刑。

在泰米尔纳德邦地方政府层面，地方主要政党和政府都开始对猛虎组采取限制和禁止措施。1996年5月，在泰米尔纳德邦议会选举中上台的是卡鲁纳尼迪领导的德拉维达进步联盟（DMK）政府。虽然，此前卡鲁纳尼迪和DMK曾公开支持猛虎组织，但自拉·甘地暗杀事件后他们的态度也发生转变。卡鲁纳尼迪在给另一个政党领导人的信中写道，虽然他支持斯里兰卡泰米尔群体的利益，但他不会再向猛虎组织提供任何支持，因为他们"已经受够了猛虎组织"。④因此，DMK政府继续与斯民

---

① "No.1181. Interview of the General Secretary of the Tamil Nadu unit of the India's Bhartiya Janata Party with the Colombo based *SUNDAY TIMES*, December 28, 1997," in Avtar Singh Bhasin ed., *India-Sri Lanka Relations and Sri Lanka's Ethnic Conflict: Documents, 1947-2000*, Vol.5, New Delhi: India Research Press, 2001, pp.2845-2846.

② "No.1182. Interview of the Spokesman of the Bhartiya Janata Party to the Colombo based *SUNDAY TIMES* on the Party's stand on the policy towards Sri Lanka, January 4, 1998," in Avtar Singh Bhasin ed., *India-Sri Lanka Relations and Sri Lanka's Ethnic Conflict: Documents, 1947-2000*, Vol.5, pp.2847-2849.

③ "No.1186. Statement of the Sri Lankan High Commission in New Delhi on the meeting of the Sri Lankan Minister of Foreign Affairs with the Indian leaders, New Delhi, March 21, 1998,"in Avtar Singh Bhasin ed., *India-Sri Lanka Relations and Sri Lanka's Ethnic Conflict: Documents, 1947-2000*, Vol.5, pp.2851-2852.

④ Avtar Singh Bhasin ed., *India-Sri Lanka Relations and Sri Lanka's Ethnic Conflict: Documents, 1947-2000*, Vol.1, New Delhi: India Research Press, 2001, pp. clxxvii-clxxx.

族问题保持距离，而且对泰邦内"亲猛虎组织"的组织都采取了严厉措施。2000年，J.贾亚拉利塔领导的全印德拉维达进步联盟（AIADMK）政府在泰邦上台以后，虽对斯里兰卡泰米尔人的处境表示担忧，但也认为必须严厉打击猛虎组织。

不过，虽然印度中央政府、泰米尔纳德邦地方政府对猛虎组织采取了严厉的禁止措施，但到20世纪90年代末泰米尔纳德邦民间又出现了一些支持猛虎组织的声音。其中也不乏来自印度人民党的同盟政党的支持声音。1998年，在一个印度泰米尔政治家的家庭婚宴上，甚至出现误将猛虎组织首领普拉巴卡兰的照片当作印度时任内政部长的情况。这引起了斯里兰卡方面的一些骚动。对此，印度中央政府官员的回应是"（这不过是）联盟政治的政策制约因素"，其言下之意是说这不能代表印度中央政府的立场。①显然，这是泰米尔纳德邦的竞争性政治在发挥作用，而猛虎组织也积极地利用这一点为自己谋取利益。此外，每当斯里兰卡局势恶化导致大量难民涌入印度时，斯里兰卡泰米尔人问题在泰米尔纳德邦又会成为邦政治的热点。例如，1998年和1999年泰米尔纳德邦议会选举时，难民涌入和斯民族问题就再次成为泰邦地方政治的重要议题。

2006年之后，随着斯里兰卡内战进入最后阶段，泰米尔纳德邦因素在印度对斯政策中的作用又重新凸显。当时斯政府重新发起对猛虎组织的武力清剿，大量平民受到战乱波及开始逃往印度。斯政府军事行动所引起的人道主义问题和难民问题，也开始受到印度泰米尔纳德邦的关注。部分泰邦政客和政党也表现得尤为激进。例如，2009年4月，在斯里兰卡内战即将结束的前夕，AIADMK最高领导人J.贾亚拉利塔公开表示，支持在斯里兰卡建立独立的"泰米尔国"，并认为这种方式是解决斯里兰卡数十年民族纷争的唯一办法。她说："独立的泰米尔国是唯一

① Seema Guha and Agencies, "Delhi will not mediate in Lanka-LTTE ethnic strife," *The Times of India*, December 27, 1998, p.1; M. Mayilvaganan, "The Re-emergence of the Tamil Nadu Factor in India's Sri Lanka Policy," *Strategic Analysis*, Vol.31, No.6, 2007, p.949.

的办法。斯里兰卡政府不会确保泰米尔人的平等地位。如果AIADMK领导的联盟能够在泰米尔纳德邦和本地治理的选举中获得所有的40个邦议会席位。那么我们将会为在斯里兰卡建立独立的泰米尔国家而奋斗。"[1]这显然是为了赢得政治选举而提出的激进口号。

### 三、印度对斯里兰卡民族问题的不干涉政策

1990年3月24日，印度从斯里兰卡撤走全部维和部队，并向斯里兰卡保证以后不会在印度领土上从事损害斯方的事情，也不会直接或间接支持猛虎组织的各种反政府活动。1991年拉·甘地遇刺以后，印度政府更加坚定了不干涉斯里兰卡民族问题的立场。而且，拉·甘地遇刺事件也使得泰米尔纳德邦因素在印度对斯政策中的作用一下跌落。泰邦的舆论转向也有助于印度对斯政策的调整：（1）印度开始禁止猛虎组织，并对其活动采取严厉打击措施；（2）在斯民族问题上采取谨慎和"不干涉"政策；（3）与斯里兰卡政府恢复并建立友好关系。[2]此后，印度先后经历了拉奥领导的国大党政府（1991—1996）、瓦杰帕伊领导的印度人民党政府和高达与古杰拉尔分别领导的印度新人民党联合阵线政府（1996—1998）、瓦杰帕伊领导的印度人民党全国民主联盟政府（1998—2004）、辛格领导的国大党团结进步联盟政府（2004—2014），这些政府基本都延续了上述对斯政策。

印度维和部队撤出后不久，猛虎组织和斯政府军再次爆发冲突。战事再起也使得12万多新的难民涌入泰米尔纳德邦。[3]印度虽不愿再直接介入其中，但仍对斯国内局势保持关切，并反复劝导斯政府与泰米尔群体进行对话。1991年1月，印度外长夏里·苏克拉（Shri V. C. Shukla）

---

[1] "Tamil Eelam the only solution to SL strife: Jaya," *Times of India*, April 26, 2009, p.18.

[2] M. Mayilvaganan, "The Re-emergence of the Tamil Nadu Factor in India's Sri Lanka Policy," *Strategic Analysis*, Vol.31, No.6, 2007, p.947.

[3] Ministry of External Affairs, Government of India, *Annual Report 1990-91*, https://mealib.nic.in/?2519?000.（访问时间：2020年3月22日）

访斯，访问中再次强调印度对斯民族问题与难民问题的关切。1994年5月29日，印度总理纳拉辛哈·拉奥在接受《斯里兰卡卫报》（*Lanka Guardian*）采访时表示："我们希望在一个统一的斯里兰卡的框架内，通过所有各方都参与的谈判，避免走暴力途径，实现（斯里兰卡）种族问题的政治解决。"[①]在《印度外交部年度报告》等重要文件中，印度也多次阐述了对斯里兰卡民族问题的基本立场和政策建议：斯政府与猛虎组织应该停止敌对行动并恢复对话，只有考虑泰米尔人的合法要求和愿望的谈判政治方案才能给斯里兰卡带来持久和平，这种政治解决方案最终必须在斯政府和斯泰米尔群体之间达成。印度对斯政策的主要目标是：争取斯泰米尔人的安全和保障，促进斯里兰卡和平与正常化，早日遣返滞留在印度的斯方难民；在《印斯和平协议》的基础上通过对话促进政治解决进程，这也是解决民族问题的唯一基础；将印斯关系恢复到传统的友好水平。[②]

1995年，当斯政府军对猛虎组织的进攻取得重大胜利时，大量贾夫纳地区的泰米尔人逃到印度，这使得印度泰米尔纳德邦再次出现要求支援斯泰米尔人的声音。在野党DMK领袖卡鲁纳尼迪发起了一场"黑衫"示威游行活动，其后该邦所有政党都支持发起一场12小时的罢工行动。[③]来自泰邦的议员也在国会中敦促印度中央政府帮助无辜的斯里兰卡泰米尔难民。1995年5月，泰邦首席部长J·贾亚拉利塔给总理拉奥写信，要求他寻求国际援助以化解斯里兰卡的危机。当然，此时泰邦因素对印度中央政府的影响已不像20世纪80年代那样强烈。而且，泰邦虽然重新出现了关注斯里兰卡泰米尔人的声音，但这并不意味着他们转变对猛虎组

① "No. 1089. Press interview of the Indian Prime Minister P. V. Narasimha Rao to the LANKA GUARDIAN of Sri Lanka, May 29, 1994," in Avtar Singh Bhasin ed., *India-Sri Lanka Relations and Sri Lanka's Ethnic Conflict: Documents, 1947-2000*, Vol.5, New Delhi: India Research Press, 2001, pp.2700-2701.
② Ministry of External Affairs, Government of India, *Annual Report 1990-91*, https://mealib.nic.in/?2519?000.（访问时间：2020年3月22日）
③ 胡仕胜：《斯里兰卡民族冲突的渊源及现状》，《国际资料信息》2000年第8期，第13页。

织的态度。实际上除了部分从DMK中分裂出来的极端分子外，泰邦其他政党都避免谈及泰米尔猛虎组织。这也与此前20世纪80年代AIADMK政府及DMK政府对猛虎组织的实质帮助形成了鲜明对照。面对斯政府对猛虎组织发起的攻势，印度中央政府的态度仍然是坚持"不干涉"政策。[①]

1998年，印度人民党政府的两个重要政党联盟成员PMK和MDMK[②]强烈敦促政府重新审查并调整自20世纪90年代初以来对斯里兰卡的不干涉政策。但印度人民党中央政府仍然一再坚定地表示其对斯民族问题的"不干涉"与"不介入"政策。印度希望由斯政府与猛虎组织直接进行对话，而不愿意在其间充当调停者角色。[③]印度也表示不反对代表国际和平力量的第三方对斯里兰卡进行调停，印度媒体甚至报道了南非总统曼德拉对斯政府和猛虎组织进行调停斡旋的可能性。[④]印度人民党政府的这种政策也借着1998年12月斯总统库马拉通加夫人访印的机会转达给了斯政府。21世纪初期之后，印度政府仍然延续了不干涉的政策，但也开始接受国际和平力量对斯民族问题的调停。

不过，印度这种不干涉政策并没有让斯里兰卡政府感到高兴。虽然20世纪80年代斯政府和民众强烈反对印度插手其民族问题，但90年代之后斯政府反而希望印度不要"袖手旁观"。因为斯里兰卡政府意识到，除非从军事上彻底打败猛虎组织，否则没有政治对话与和解的可能性。斯政府清楚仅凭自己的力量难以完成这一任务。1997年1月，当印度外长古杰拉尔说印度不干涉斯国内事务时，斯里兰卡官方媒体纷纷发文回

---

① Prakash Nanda, "Centre won't change policy on Sri Lanka," *The Times of India*, December 2, 1995, p.7.

② Paattali Makkal Katchi（PMK），即劳动人民党，是1989年创立的印度泰米尔纳德邦地方政党；Marumalarchi Dravida Munnetra Kazhagam （MDMK），即复兴德拉维达进步联盟党，是1994年创立的地方政党，活跃在泰米尔纳德邦和本地治理。

③ "India refuses to meddle in Lankan crisis," *The Times of India*, November 3, 1998, p.7.

④ Seema Guha and Agencies, "Delhi will not mediate in Lanka-LTTE ethnic strife," *The Times of India*, December 27, 1998, p.1.

应。斯政府官方刊物《每日新闻》（*Daily News*）发表评论文章说："古杰拉尔先生公开地说，印度不想干预斯里兰卡的内政。这当然是一项国际原则。为了更好地处理国际关系，必须尊重这项原则。但这种正式的原则不应阻止友好邻国履行责任。没有印度的援助，斯里兰卡的主权和领土完整就无法得到保障。"另一份官方报刊《星期日时报》（*Sunday Times*）也发表社论表示，仅仅说"印度不干涉斯里兰卡内政"是不够的，印度"必须消除它对南部邻国造成的损害"。[①]可以看出，斯政府认为印度要为制造出猛虎组织这一"猛兽"而负责，也希望印度在帮助其打击猛虎组织方面发挥更加积极的作用，而不能对斯里兰卡局势置身事外。

## 四、挪威调停与印度的默许态度

由于印度不愿意重新在斯政府和猛虎组织之间充当调停者角色，因此斯政府被迫向其他国家寻求帮助。当然，这个调停方需要同时被斯政府、猛虎组织和僧泰两族民众所接受，而且不能是印度眼中的"潜在敌国"或者"对印度洋和南亚有战略图谋的国家"。在当时的国际社会中，挪威正好是可以满足这些条件的国家。挪威此前一直在国际社会中积极扮演着调停的第三方角色，具有丰富的国际调停和斡旋经验，在作为第三方调停者方面受到了国际社会的广泛肯定。自20世纪90年代初以来，挪威参与了20多个不同国家和地区的和平与和解倡议。例如，1990年至1997年挪威曾介入危地马拉内战后的和平进程、1990年前后又介入波斯尼亚的国内冲突，而且它也曾促成了以色列和巴勒斯坦之间的"奥斯陆协议"。

不仅如此，挪威也有足够的主观调停意愿。对于挪威而言，它正好可以借此机会发挥其在国际社会中常扮演的和平力量角色。印度作为新兴的经济大国，是挪威重要的贸易伙伴。对于印度有重要关切但不愿意

---

① Avtar Singh Bhasin ed., *India-Sri Lanka Relations and Sri Lanka's Ethnic Conflict: Documents, 1947-2000*, Vol.1, New Delhi: India Research Press, 2001, pp. clxxvii-clxxx.

插手的斯里兰卡民族问题，挪威政府愿意在其中充当调停者角色以争取印挪双边关系发展。[①]印度对于挪威所扮演的调停角色也是予以支持和肯定的。这主要是因为印度虽不愿亲自介入斯里兰卡局势，但是仍希望斯政府和猛虎组织能够展开政治谈判，挪威作为第三方调停者正好可以解决印度的两难。而且，让印度尤为满意的是，挪威也清楚地意识到印度是斯民族问题的重要利益攸关方，斯民族冲突的任何解决办法要想获得完全成功，都必须得到印度的认可。因此，挪威在斯政府与猛虎组织之间斡旋的同时，也频繁地与印度政府高层进行磋商。除了印度的支持以外，挪威对斯民族问题的调停努力也获得了美国和欧盟的支持。

1999年5月，斯总统库马拉通加夫人向挪威发出邀请，请求挪威对斯里兰卡局势进行调停。2000年5月，挪威接受斯政府的邀请并派特使埃里克·索尔海姆（Erik Solheim）到斯里兰卡进行斡旋。在此之前，索尔海姆已经赴新德里与印度领导人进行磋商，他向印度保证会承认印度在斯里兰卡的合法利益，不会对印度的任何倡议设置障碍。2002年2月，在挪威的斡旋下，斯政府与猛虎组织在斯德哥尔摩签署了一项停火协议。协议规定双方应停止攻击性军事行动并承认双方对实际控制区的有效管理。3月，为帮助斯民族冲突找到有效解决方案，又成立了由北欧五国担任成员的"斯里兰卡监督团"。[②]但是，2003年4月，猛虎组织突然宣布暂停与斯里兰卡政府的和谈，这使得和平进程再次中断。2004年，对于给予泰米尔人高度自治权的问题，以斯总统库马拉通加和总理维克勒马辛哈为代表的两大政党分歧严重。尽管斯政府和猛虎组织仍继续保持谈判，但双方未能就和谈议程等关键问题达成一致，整个和平进程处于停滞状态。双方总共有过8轮谈判，但最终谈判都陷入失败。2005年之后，

① Kristine Höglund and Isak Svensson, "Mediating between tigers and lions: Norwegian peace diplomacy in Sri Lanka's civil war," *Contemporary South Asia*, Vol.17, No.2, 2009, pp.181,187.

② 林鑫佑："冲突解决机制：回顾与比较印度与挪威介入斯里兰卡族群冲突，"南亚观察网，http://old.southasiawatch.tw/detail/682/1.（访问时间：2021年1月22日）

猛虎组织策划实施了一系列恐怖袭击活动，斯政府与猛虎组织又重新交火。这也标志着挪威对斯里兰卡内战的调停以失败告终。

## 第三节　印度对斯里兰卡的全方位合作

1991年之后，印度的对斯政策开始不再重点关注斯里兰卡民族冲突问题，转而将经济关系放在印斯双边关系中的主导地位。印度希望通过强调印斯经济关系、淡化民族冲突等政治问题，修复因印度维和行动而陷入困境的印斯关系。在经济方面，印度为斯里兰卡提供许多优惠的贸易条件，双边贸易和投资的增长也为改善印斯关系提供了动力。印度的这一策略不仅推动了印斯经贸关系的发展，也带来了一些政治和战略方面的收益。例如，更加公平的贸易关系有助于减少斯里兰卡对印度作为地区霸权的看法。①除此之外，印度也致力于在多领域全方位地推进印斯双边合作，这涉及政治、安全、商业、经济、工业、科技和文化等各个领域。

### 一、以频繁高层互访与军事交流为特点的政治安全合作

#### （一）高层互访与政治合作

20世纪90年代，印斯两国之间进行着频繁的高层互访，这对缓和印斯紧张关系起到一定作用。1991年7月底，斯外长哈罗德·赫拉特访问印度，他是印度拉奥政府上台以后首个到访的他国外长。会谈中双方签署协议，决定在两国外交部下成立"印斯联合委员会"②，以便为印斯关系的发展提供制度性框架。而且，双方也决定在联合委员会下再设立三个

---

① Brian Orland, *India's Sri Lanka Policy Towards Economic Engagement*, New Delhi: Institute of Peace and Conflict Studies, 2008, pp.1-2.

② 即印度—斯里兰卡联合委员会（Indo-Sri Lanka Joint Commission）。

"分委会"，分别负责经济往来（贸易、投资和金融）、文化交流（社会、文化和教育）与科技合作方面的事宜。此外，在政治方面，斯外长通报了斯国内政治对话与和解的进程，而印度则重申支持斯里兰卡的独立、主权和领土完整，并且承诺印度的领土不会被用于从事损害斯里兰卡利益的活动。这一保证对斯里兰卡而言尤为重要。在双边经济关系方面，印度将通过取消关税和对斯部分产品限制等方式，来刺激印斯之间更大的、更平衡的贸易增长。而且，两国也同意在南亚区域合作联盟框架内，加快推进《南盟制止恐怖主义公约》的立法。双方谈话也涉及难民遣返、南盟运作办法改革、不结盟运动的未来、印度洋和平区等具体议题。①

1991年底，印度总理拉奥在科伦坡与斯总统普雷马达萨举行会谈。1992年1月初，斯代表团赴印度参加为期两天的第一届印斯联合委员会会议。在政治方面，印斯双方达成的共识是要在斯里兰卡统一和完整的框架下通过政治协商途径解决斯民族问题。10月1日至3日，斯总统普雷马达萨以第六届南盟首脑会议主席的身份来到印度，这次访问也是他作为斯总统对印度的首次国事访问。印度总理与斯总统在会谈期间确认了南盟作为加强该区域各国之间互动的论坛的有效性。双方还讨论了南盟国家共同关心的减贫、南盟优惠贸易安排、合作打击恐怖主义等问题。此外，双方还就斯里兰卡难民遣返、两国渔民面临的实际问题和经济合作等双边问题进行了磋商。②

1993年1月、4月，斯总统普雷马达萨两次对印度进行个人访问。5月，普雷马达萨被恐怖主义分子暗杀。为了致以敬意，印度政府宣布举

---

① "No. 1059. Press release of the Sri Lanka Ministry of Foreign Affairs on the visit of the Foreign Minister Harold Herat ton New Delhi, Colombo, August 1, 1991," in Avtar Singh Bhasin ed., *India-Sri Lanka Relations and Sri Lanka's Ethnic Conflict: Documents, 1947-2000*, Vol.5, New Delhi: India Research Press, 2001, pp.2659-2660.

② Ministry of External Affairs, Government of India, *Annual Report 1992-93*, https://mealib.nic.in/?2521?000.（访问时间：2020年3月22日）

行为期三天的哀悼。此外，印度派出由副总统和外交国务部部长带队的代表团赴斯参加普雷马达萨的葬礼。同年6月21日至23日，新任总理拉尼尔·维克勒马辛哈（Ranil Wickremesinghe）在就职后不久访问了印度，延续了印斯双方高级别领导人交流互动的传统。斯总理向印度领导人表示，斯政府希望进一步扩大双边合作，在各个领域实现互利互惠。印度则表示，印度完全赞成加强印斯两国之间的经济和商业合作。双方同意，不久将举行由两国外长共同主持的印斯联合委员会第二次会议，以确定进一步合作的可能性。[①]

1994年8月，钱德里卡·库马拉通加[②]就任斯里兰卡总理。在她就任斯总理后不久，印度就派出其首席秘书作为总理特使访问了科伦坡，转达了印度总理关于加强印斯友好关系的愿望。同年11月，库马拉通加夫人又出任斯里兰卡总统。从此，斯里兰卡政治进入"库马拉通加时代"（1994—2005），这也拉开了印斯关系全面正常化的序幕。库马拉通加主张实行睦邻友好政策，继续改善与印度的关系。在库马拉通加夫人任期内，她与印度领导人之间保持着友好关系，其亲密搭档、斯外长拉克什曼·卡迪尔加马尔（Lakshman Kadirgamar）也积极开展"灵巧外交"，这确保了库马拉通加在任11年里印斯关系的总体和平稳定。

1994年10月6日至10日，斯外长拉克什曼·卡迪尔加马尔访问印度，开启了斯里兰卡新政府与印度之间的政治对话。在此期间，他拜访了印度总统、总理、议长、商务部部长和反对党领袖，并与印度外交国务部长夏里·巴蒂亚举行了正式会谈。斯外长卡迪尔加马尔向印度领导人介绍了斯里兰卡政府的议程，包括和平进程、宪法改革和经济政策。印度重申其一贯主张和平政治解决民族问题，并密切关注事态发展。卡迪尔加马尔强调，斯里兰卡热切希望与印度建立友好的关系。印度方面完全

---

① Ministry of External Affairs, Government of India, *Annual Report 1993-94*, https://mealib.nic.in/?2522?000.（访问时间：2020年3月22日）

② 即钱德里卡·班达拉奈克·库马拉通加（也称库马拉通加夫人），她是斯前总理所罗门·班达拉奈克与西丽玛沃·班达拉奈克之女，也是斯里兰卡首位女性总统。

响应这一愿望。印斯双方的讨论中，特别强调了加强双边经济合作并使之多样化的必要性。①

1995年3月，斯总统库马拉通加夫人访问印度，这是她执政以来首次出访，为印斯关系的恢复与发展奠定了良好的基础。5月，库马拉通加夫人又赴印度参加第八届南盟首脑峰会。同年9月29日，她在班达拉奈克国际研究中心的演讲中对出访印度的评价是："我作为总统对我们最大的近邻印度进行正式国事访问并非偶然，而是经过深思熟虑的选择。……这次访问成功地一举消除了（印斯两国之间）过去遗留下来的相互猜疑和不信任，恢复了双方的友好关系。"②

1996年6月19日至21日，斯外长拉克什曼·卡迪尔加马尔对印度进行了访问，他会见了印度总理、财政部部长、工业部部长和反对党领袖，并与印度外长就共同关心的问题进行了广泛讨论。他向印度领导人介绍了斯里兰卡的安全局势，以及正在进行的关于拟向省议会移交权力的辩论。印度重申其一贯主张是通过和平与政治途径解决斯里兰卡民族问题。同年12月，斯总统库马拉通加夫人对印度进行了私人访问，期间她拜访了印度总统并与印度总理就双边问题详细交换了意见。1998年7月，印度总理瓦杰帕伊访问斯里兰卡，提出了签署一项双边自由贸易协定的建议。同年12月，斯总统库马拉通加夫人访问印度，期间两国签署了《印斯自由贸易协定》。

进入21世纪以后，印斯两国高层之间的互访变得更加频繁。2000年1月，斯外长访问印度，双方就两国民航事务交流与印斯基金会管理委员会的具体活动达成了一致意见。同年4月斯里兰卡内战局势加剧，印度方面表态谨慎，但印度在5月宣布延长对猛虎组织的禁令时间。6月11日，印度外长贾斯万特·辛哈应邀访斯，就实现贾夫纳地区的稳定问题与斯

---

① Ministry of External Affairs, Government of India, *Annual Report 1994-95*, https://mealib.nic.in/?2523?000. （访问时间：2020年3月22日）

② Hemlata Sharma, *India-Sri Lanka Relations: An analytical study of differences and cooperation 1950-2000*, Rohtak, India: Maharshi Dayanand University, Doctoral Dissertation, 2005, pp.230-231.

各派组织进行会谈，印斯两国也就通过政治方式解决斯内战问题发表联合声明，印度在声明中重申其支持斯里兰卡的主权和领土完整，呼吁以政治方式解决斯民族问题，主张要充分尊重泰米尔人的利益，以寻求解决斯民族问题的长久方案。7月5日，斯总统特使访问印度，向印度通报了斯里兰卡国内现状，并转交了库马拉通加夫人对印度支持斯政府的感谢信。

2001年2月，斯总统库马拉通加访问印度，就恢复南亚区域合作事宜与印度进行商谈。同年12月，斯总理维克勒马辛哈访印，这是他于9月就任总理以来的首次出访，访问期间双方就斯民族问题的政治解决进行了讨论。2002年4月，斯总统库马拉通加再次访问印度，双方讨论了双边关系发展与斯国内和平进程状况。印度表示不会软化对猛虎组织的立场。不久，斯总理维克拉马辛哈也访印，他向印度通报了斯政府为结束民族冲突而与猛虎组织进行和平谈判的近况，印度重申其对斯和平进程的支持。两国也签署了经济合作备忘录，印度同意延长向其提供1亿美元信贷的偿还期限。7月，印度外长辛格访斯，他重申了印度支持斯政府与猛虎组织对话，同时表示印度并未放弃引渡猛虎组织首领普拉巴卡兰的要求。12月，印度外交秘书希巴访问斯里兰卡，进一步促进了印斯关系发展。

2003年4月，斯总统库马拉通加访问印度，希望印度参与斯里兰卡和平进程，印度同意参加当月在美国华盛顿举行的斯里兰卡问题国际会议。10月，斯总理维克勒马辛哈访问印度，继续寻求印度对斯里兰卡和平进程的支持。此次访问中，双方就进一步展开国防和经济领域的合作作出了相关决定。尤为突出的成果是印度同意斯方提出的关于国防合作协定的建议，这对于推动印斯军事合作具有重要意义。[1]2005年6月，库马拉通加夫人再度访印，再次就斯里兰卡国内和平进程与印斯两国双边合作等问题与印度领导人进行会谈。

---

① Ministry of External Affairs, Government of India, *Annual Report 2003-2004*, pp.32-34.

2005年11月，马欣达·拉贾帕克萨就任斯里兰卡总统。此时印度处在国大党的曼莫汉·辛格政府时期，印度仍然延续了对斯友好政策。2006年1月底至2月初，印度空军司令塔吉对斯里兰卡进行友好访问，期间拜会了斯里兰卡总统、总理、国防部常务秘书以及三军司令等政要。5月，斯外长萨马拉维拉访问印度，会见印度外长与国防部部长，通报了斯里兰卡和平进程的进展情况，并表示国际社会必须向猛虎组织施压，迫使其重回谈判桌。7月，印度总理特别代表、外交秘书萨仁山访问斯里兰卡，与斯总统就斯里兰卡国内局势举行磋商，斯外长、外交秘书、三军参谋总长等官员参加。8月，斯里兰卡外长萨马拉维拉再次访印。11月，印度新任外交秘书梅农访问斯里兰卡，分别会见了斯里兰卡总统、总理、外长和国防部常务秘书等政府高层。

2008年6月，印度国家安全顾问纳拉亚南、外长慕克吉、外交秘书梅农等政府高官访问斯里兰卡。8月，印度总理曼莫汉·辛哈与斯总统拉贾帕克萨在南盟峰会期间举行了双边会晤。10月，在第63届联大期间，印度外长慕克吉与斯外长波格拉加马进行了双边会晤。同月斯总统特别顾问巴希尔访问印度。11月，印度总理辛格与斯总统拉贾帕克萨在"环孟加拉湾多领域经济技术合作倡议"第二届峰会期间进行了双边会晤。2009年1月，印度外长慕克吉访问斯里兰卡。5月，斯里兰卡内战结束之后，印度立即派出由国家安全顾问纳拉亚南、外交秘书梅农带队的外交使团访斯，就斯里兰卡战后安排问题进行双边磋商。

### （二）军事与安全合作

20世纪90年代，斯里兰卡主张在全球范围内进行核裁军，但它并不反对印度成为核大国。对于1998年印度的核试验，斯里兰卡虽然并不认同，但却事实上接受了印度的核大国地位。斯里兰卡的这种政策让印度感到满意。此外，1990年之后，印斯两国在军事、安全与防务等领域方面展开了广泛的合作。印斯两国军事与安全合作内容主要包括：印度军事学院和国防学院一直在为斯方人员提供训练；印斯两国在军事人员培训、情报共享和救生装备等方面也签署了双边协议；印度不仅邀请斯陆军总司令参观印巴边界工事，还打破了此前对斯里兰卡出口进攻型武器的限制，也加强了对斯里兰卡的支持及军事援助。[①]当然，由于国内泰米尔纳德邦因素的制约，印度在为斯方提供武器装备方面仍然有所克制，这也让斯里兰卡方面感到不满。斯方希望进一步拓宽两国之间的防务合作领域，尤其是希望印度能够为其提供直升机、运输机和军用船舶等武器装备，以增强斯政府军打击猛虎组织的力量。此外，斯政府也希望印度能够帮助其重建斯里兰卡北部和东部地区的主要机场。

进入21世纪以后，印斯双方仍继续保持军事合作。2003年2月，印度空军参谋长访问斯里兰卡。此次访问有助于双方回顾两国战略和安全环境中共同关心的领域。双方还讨论了国防合作的新举措。[②]5月，印度国防军应斯里兰卡的请求向斯洪灾地区提供援助，印度的援助和救灾物资因其及时性和高效性而受到斯里兰卡的高度赞赏。9月，印度派出综合防务小组访问斯里兰卡，以评估斯里兰卡的需求。而且，双方也致力于进行《防务合作协定》的谈判。10月，斯总理拉尼尔·维克勒马辛哈在访印期间，与印度总理曼莫汉·辛格就印度为斯政府军提供训练和军事装备等问题进行了会谈，双方也决定进一步加强双边防务关系。

2002年2月，在斯政府与猛虎组织签署停火协定以后，印斯双边防务关系也很快得到加强。2002年至2005年期间，印斯两国在国防培训领域的防务合作得到极大地扩展，斯里兰卡武装部队是印度军事培训机构中人数最多的外国受训人员。2003年，印斯两国军事和政治高级官员互访频繁，双方对彼此在政治和军事层面安全关切的相互理解显著增强。2003年2月，印度空军参谋长S.克里希纳·斯瓦米中将访问斯里兰卡。10月，印度南部军区司令访问斯里兰卡。12月，斯武装部队指挥官巴拉加

---

① "一带一路"数据库，"印度与南亚国家的关系（新版）"，2016年8月，http://iras.lib.whu.edu.cn:8080/rwt/112/http/GIZDELSSGE4C6NSWFZZUAMS4HAZDRMA/ydyl/databasedetail?SiteID=1&contentId=7144830&contentType=literature&type=&subLibID=.（访问时间：2020年5月22日）

② Ministry of Defence, Government of India, *Annual Report 2002-2003*, p.121.

勒中将访问印度。在2003年全年，印度为297名斯里兰卡人员提供各种职业和技术培训，其中包括为斯里兰卡的军官和飞行员提供各种培训。[①]

2004年1月，斯国防部部长赫拉斯出访印度，就增强印斯防务关系的途径和方式进行探讨，期间也重点谈及签署双边防务协议的可能性。[②]在这些政治与军事高级官员的访问交流中，两国代表重点讨论了斯里兰卡安全局势、发展印斯防务关系等方面的内容。另外，双方也定期开展"行动审查会谈"（Operational Review Talks）等制度化的协商，就双方共同关心的事项展开合作。6月，在斯外长访印期间，印度表示愿意加强印斯军事关系。7月和11月，斯总理和总统分别对印度进行国事访问，访问期间也积极探讨增进双边防务合作关系。此外，在2004年12月印度洋海啸之后，印度不仅协助斯里兰卡武装部队进行了海上训练，而且双方也在加强海上安全合作、应对斯里兰卡灾后救援与恢复重建等方面进行相关合作。

2005年6月，斯里兰卡国防参谋长兼海军司令达亚·桑达吉里中将访问印度。9月，斯前陆军司令什斯·科特戈达中将访印，讨论两军共同关心的领域和合作，其中包括灾害管理、联合国维和行动、援助互利活动等领域。9月，印度和斯里兰卡海军特种部队在斯里兰卡坦加利附近水域举行了首次印斯海军特种部队演习。12月，印斯两国又举行了首次印度—斯里兰卡海军双边演习（SLINEX）。[③]2007年，印斯两国的国防关系继续发展，尤其是在训练和补给领域的合作不断增强。2007年5月和9月，斯国防部长戈塔巴雅·拉贾帕克萨两度访问印度。2009年，印斯两国海军在斯西部海域举行了联合海军军事演习。2010年5月，斯总统拉贾帕克萨访印期间，双方决定恢复印斯防务关系，两国防务合作的重点是军事培训。10月，印度陆军参谋长V. K.辛格访问斯里兰卡，以进一步增强双边防务合作。除此之外，印度国防部部长普拉迪普·库马尔及外

① Ministry of Defence, Government of India, *Annual Report 2003-2004*, pp.46, 57.
② Ibid., p.191.
③ Ministry of Defence, Government of India, *Annual Report 2005-2006*, p.199.

长克里希纳也对印度进行了访问。12月，印斯两国决定扩大双边防务对话。[1]2013年11月4日至7日，两国在孟加拉湾举行了新一轮的印斯海军双边演习（SLINEX-13）。印度配备综合直升机的海军舰艇"塔瓦尔"号（Talwar）和斯里兰卡海军舰艇"萨格尔"号（Sagara）参加了这次演习。[2]

## 二、以《印斯自由贸易协定》为代表的经济贸易合作

### （一）20世纪90年代印斯经济关系状况

在20世纪90年代以前，经济因素在印度对斯政策中的重要性并不明显，印斯经济关系发展也非常滞后，以至于斯里兰卡不得不探索与巴基斯坦、中国及其他亚非国家之间的经贸合作。[3]但90年代以后，由于印度推行经济开放政策与对邻国的友好政策（古杰拉尔主义），加之印度有意淡化印斯关系中敏感的泰米尔人问题，重点关注经济问题，所以印斯经济关系开始获得飞速发展，经济因素在印斯关系中的重要性也逐步凸显。而且，印度也希望通过双边经济合作带动南亚地区的经济合作。20世纪90年代之后，印斯两国高层频繁互访，也为增进两国之间的经济合作创造了有利条件。

1991年7月，在斯外交部部长哈罗德·赫拉特访问印度期间，印斯两国代表签署了一项建立"印斯联合委员会"的协议。印斯联合委员会下设了"贸易、投资和金融小组委员会"与"文化、教育和社会事务小组委员会"两个分委会，分委会于1991年10月在科伦坡举行会议，讨论了加强印斯两国在各领域合作的具体措施。印斯联合委员会第一届会议于1992年1月6日至7日在印度德里举行，联合委员会为此后的印斯双边合作

---

[1]　胡志勇：《21世纪初期南亚关系研究》，上海：上海社会科学院出版社2013年版，第126—127页。

[2]　Ministry of Defence, Government of India, *Annual Report 2013-2014*, p.33.

[3]　S. Gopalakrishnan, "Indo-Sri Lanka Trade," *India Quarterly: A Journal of International Affairs*, Vol.33, No.4, 1977, p.467; S. D. Muni, *Pangs of Proximity: India and Sri Lanka's Ethnic Crisis*, New Delhi: Sage Publications, 1993, pp.31-32.

指明了方向，并且同意增设一个"科学和技术小组委员会"。[①]

1992年之后，印斯两国间的贸易数额大幅度增长，两国商界之间的接触也不断增多。1992年3月，在德里召开了印斯联合商业理事会会议。同月，斯里兰卡工业、科学和技术部部长对印度进行了访问，增进了两国在经贸和科技方面的交流。9月，贸易、金融和投资小组委员会第二次会议在印度举行。随后也召开了另外两个小组委员会（社会、文化和教育事务委员会；科学和技术委员会）。10月，斯总统普雷马达萨访印，印度支持斯方提出的《南亚特惠贸易协定》动议，并表示愿意在教育、培训和经济领域对斯进行帮助；斯方同意解决印度渔民在保克海峡面临的困难，重申斯政府准备为滞留在印度的泰米尔难民返回家园提供条件。此外，双方对印斯联合委员会主持下的各项提议进展表示满意。11月，100多名印度商业代表参加在科伦坡举行的出口博览会。[②]1993年6月，斯总理维杰通加访问印度，重申与印度建立正常关系的愿望。他也特别强调发展双边经济关系的重要性，希望印度扩大在斯里兰卡的投资。此后，印斯两国关系得到明显改善。双方重视经济合作与发展，也主张通过双边经济合作带动南亚地区合作。

1994年4月，印斯联合委员会在新德里举行了第二届会议。联合委员会决定了若干措施，以巩固、丰富和加强广泛领域的双边关系。联合委员会会议作出的一些决定包括：恢复斯里兰卡丁香的优惠关税差额；降低对斯里兰卡部分有出口利益项目的关税，如瓷砖、甘油、石墨和橡胶；扩大新的美元计价信贷额度；允许锡兰银行在马德拉斯开设分行；在1994年7月民航会谈后增加航空公司的座位容量。[③]为了减少两国之间的贸易不平衡，斯政府寻求印度的关税减让与更多投资。1995年，印度在已经向斯

① Ministry of External Affairs, Government of India, *Annual Report 1991-92*, https://mealib.nic.in/?2520?000.（访问时间：2020年3月22日）
② Ministry of External Affairs, Government of India, *Annual Report 1992-93*, https://mealib.nic.in/?2521?000.（访问时间：2020年3月22日）
③ Ministry of External Affairs, Government of India, *Annual Report 1994-95*, https://mealib.nic.in/?2523?000.（访问时间：2020年3月22日）

提供了3000万美元信贷额度的情况下，又在斯总统访印期间宣布减免斯里兰卡对印出口18项商品的关税。1995年6月，在马德拉斯举行的印斯联合商业理事会会议，会议审查了吸引更多的印度对斯投资和扩大贸易的可能性。此外，印度也继续向斯里兰卡提供技术培训和援助。[1]

1995年，印度取代日本成为斯里兰卡最大的进口来源国。而且，从1990年至1996年，印对斯出口增加了5.66倍。[2]1996年，印斯双边贸易继续大幅增长。两国也同意在双边和南亚地区范围内进一步扩大贸易和投资。1996年9月，印斯联合委员会下设的"科学和技术小组委员会"与"社会、文化和教育事务小组委员会"在科伦坡举行了会议。1996年12月13日至21日，斯里兰卡外交部部长访问印度，出席南盟部长级会议。1997年1月19日至22日，印度外交部部长访问了斯里兰卡，两国外长共同主持了印斯联合委员会第三届会议。1997年，印度成为斯第一大进口国，从印度进口的数额占斯进口总额的10%。1998年，印度也成为斯里兰卡进口食品的最大供应国。[3]

### （二）《印斯自由贸易协定》及21世纪初印斯经济关系发展

尽管20世纪90年代印斯经济关系发展迅速，但两国之间的贸易呈现出较大的不平衡状况，斯里兰卡在印斯贸易中一直处于贸易逆差。其主要原因是印斯两国都从事茶叶、椰子和橡胶的出口，两国在世界市场上成为贸易竞争对手。此外，印度作为经济更发达的国家，其制造业较斯里兰卡发达、技术先进、生产规模大、劳动成本低、产品种类齐全，能够以更低的价格进入斯方市场；而斯里兰卡工业基础薄弱、出口商品结构单一，出口产品在价格方面相较于印度缺乏竞争力。到1998年时，

---

① Ministry of External Affairs, Government of India, *Annual Report 1995-96*, https://mealib.nic.in/?2524?000.（访问时间：2020年3月22日）
② 陈继东主编：《当代印度对外关系研究》，成都：巴蜀书社，2005年版，第82页。
③ 安国政主编：《世界知识年鉴（1999—2000）》，北京：世界知识出版社1999年版，第190—193页。

斯里兰卡从印度进口数额为5.6亿美元，但对印出口仅4400万美元。[1]因此，印斯双边贸易中的不平衡状况尤为明显。

为解决贸易逆差问题，印斯两国开始寻求签署自贸协定。1998年12月27日至29日，斯总统库马拉通加夫人对印度进行了为期三天的国事访问。在访问期间，印斯两国领导人就加强双边经贸关系进行了深入磋商，也签署了成立印斯基金会的谅解备忘录。12月28日，两国领导人签署了《印斯自由贸易协定》。协定旨在逐渐消除两国贸易壁垒、减免双边贸易税收、改善双边经贸关系、促进外国直接投资和推动双边贸易多元化。其主要内容是：（1）印度在3年内完全免除对斯里兰卡商品的进口税，斯里兰卡在8年内完成这一过程；（2）印度将免除1000种斯里兰卡商品的进口税，并对除纺织品外的其他商品免除50%的关税；（3）斯里兰卡也将确定900种免税商品，并对另外600种印度商品免除关税，这种减免分三个阶段进行（第一阶段减免50%，第二阶段减免70%，第三阶段完全减免）；（4）印度将其禁止进口的商品种类减少至400种以内，主要包括服务、石化产品、酒精、椰子和椰子油等。[2]《印斯自贸协定》是印斯经济关系中的重要里程碑，而且它也是南亚地区第一个自由贸易协定，对于增强南亚地区经济整合与贸易自由化具有重要意义。此外，该协定也有助于缓解印斯之间的贸易不平衡，增强印斯之间的经济整合。该协定于2000年3月1日正式生效。

21世纪初期，印斯双边经济关系快速发展，双边贸易和投资都增长迅猛。2000年《印斯自贸协定》生效之后，不仅促进了印斯双方贸易总额的增长，而且还有助于增加斯里兰卡对印出口，一定程度上缓解了印

---

[1] 张宏喜主编：《世界知识年鉴（2006—2007）》，北京：世界知识出版社2007年版，第169页；安国政主编：《世界知识年鉴（1999—2000）》，北京：世界知识出版社1999年版，第190—193页；世界经济年鉴编辑委员会编：《世界经济年鉴（1999/2000卷）》，北京：经济科学出版社2001年版，第101页。

[2] 协定原文参阅"Indo-Sri Lanka Free Trade Agreement (ISFTA)," Department of Commerce, Sri Lanka, http://www.doc.gov.lk/index.php?option=com_content&view=article&id=43&Itemid=154&lang=en.（访问时间：2021年1月20日）

斯之间的贸易不平衡。1999年，两国贸易额达到5.57亿美元；2000年，两国贸易额创历史新高达到6.58亿美元；2001年，两国贸易额为5.58亿美元；2003年，印斯两国贸易额更是突破了15亿美元；2004年，两国双边贸易额已增至约17.32亿美元；2005年，印斯双边贸易额达到21.86亿美元；2006年，印斯贸易总额达到26亿美元，已经是1996年时的5倍。[①]此外，自贸协定生效后斯里兰卡对印出口逐年上升。1998年斯里兰卡对印出口额为3800万美元，1999年增加至4900万美元，2000年增加至5800万美元，2001年增加至7100万美元，2002年增长到1.68亿美元，2003年又增加到2.45亿美元，2005年则达到5.66亿美元。2008年，印度已经成为斯里兰卡的第五大出口目的地，到2012年印度就成为仅次于欧盟和美国的第三大出口目的地。[②]印度方面的对斯出口也有较大增长，从2001年的6.04亿美元增长到2002年的8.31亿美元，2003年达到10.93亿美元。[③]此外，20世纪90年代末印度对斯投资总额仅有400万美元，到2006年时达到1.5亿美元。2005年，印度对斯里兰卡的投资占其在南盟国家总投资的50%，印度也成为斯里兰卡的第四大投资来源国。[④]总体而言，在自贸协定签订之后，印斯经济关系获得飞速发展。在协定签署后的10年左右，

---

① S.M. Aliff, "Indo-Sri Lanka Relations after the LTTE: Problems & Prospects," *Journal of Emerging Trends in Educational Research and Policy Studies*, Vol.6, No.4, 2015, p.325.

② 20世纪90年代，印度在斯出口地排名中位列20位左右。具体参阅M. S. S. Perera, "Impact of the Indo-Sri Lanka Free Trade Agreement on the Sri Lankan Economy: A Computable General Equilibrium Analysis," *South Asia Economic Journal*, Vol.9, No.1, 2008, pp.4-5, 9, 11.

③ 孙士海、江亦丽主编：《第二次世界大战后南亚国家对外关系研究》，北京：方志出版社2007年版，第212—213页；马嬿：《当代印度外交》，上海：上海人民出版社2007年版，第147页；陈继东、晏世经等著：《南亚区域合作发展前景研究》，成都：巴蜀书社，2018年，第42页；S.M. Aliff, "Indo-Sri Lanka Relations after the LTTE: Problems & Prospects," *Journal of Emerging Trends in Educational Research and Policy Studies*, Vol.6, No.4, 2015, p.326.

④ S.M. Aliff, "Indo-Sri Lanka Relations after the LTTE: Problems & Prospects," *Journal of Emerging Trends in Educational Research and Policy Studies*, Vol.6, No.4, 2015, p.325.

斯里兰卡对印度的出口从1998年的4000多万美元增长至2011年的5亿多美元，进口也从5.6亿美元增长至约44亿美元。印斯双边贸易总额从1997-1998年度的5.19亿美元，上升到2010-2011年度的40.09亿美元，到2013-2014年度已经上升为52.01亿美元。[①]可以说，印度已经成为斯里兰卡最重要的贸易伙伴之一。

**表 3.1 印斯自贸协定下的印斯进出口数据表**

| 年份 | 斯里兰卡出口（美元／百万） | | | 斯里兰卡进口（美元／百万） | | |
| --- | --- | --- | --- | --- | --- | --- |
| | 向印度出口 | 由自贸协定对印出口 | 自贸协定出口比例 | 从印度进口 | 由自贸协定从印进口 | 自贸协定进口比例 |
| 2000（3月至12月） | 55.65 | 8.6 | 16% | 600 | 53.9 | 9% |
| 2001 | 70.12 | 15.9 | 23% | 601 | 113.1 | 19% |
| 2002 | 168.81 | 114.2 | 68% | 834 | 81.7 | 10% |
| 2003 | 241.14 | 238.8 | 99% | 1076 | 150.4 | 14% |
| 2004 | 385.49 | 339.9 | 88% | 1342 | 394.7 | 29% |
| 2005 | 559.21 | 543.0 | 97% | 1399.43 | 246.2 | 18% |
| 2006 | 494.06 | 431.1 | 87% | 1822.07 | 459.3 | 25% |
| 2007 | 516.4 | 398.2 | 77% | 2785.04 | 385.3 | 14% |
| 2008 | 418.08 | 309.3 | 74% | 3006.93 | 541.4 | 18% |
| 2009 | 324.87 | 218.5 | 67% | 1709.93 | 371.7 | 22% |
| 2010 | 466.60 | 358.4 | 77% | 2546.23 | 573.7 | 23% |
| 2011 | 521.59 | 391.5 | 75% | 4349.43 | 579.6 | 13% |
| 2012 | 566.37 | 379.5 | 67% | 3517.23 | 156.4 | 4% |

① 佟加蒙：《殖民统治时期的斯里兰卡》，北京：社会科学文献出版社2015年版，第190页；"一带一路"数据库，"印度与南亚国家的关系（新版）"，2016年8月，http://iras.lib.whu.edu.cn:8080/rwt/112/http/GIZDELSSGE4C6NSWFZZUAMS4HAZDRMA/ydyl/databasedetail?SiteID=1&contentId=7144830&contentType=literature&type=&subLibID=.（访问时间：2020年5月22日）

续表

| 年份 | 斯里兰卡出口 (美元/百万) | | | 斯里兰卡进口 (美元/百万) | | |
|------|------|------|------|------|------|------|
| | 向印度出口 | 由自贸协定对印出口 | 自贸协定出口比例 | 从印度进口 | 由自贸协定从印进口 | 自贸协定进口比例 |
| 2013 | 543.37 | 368.8 | 65% | 3092.67 | 393.4 | 13% |
| 2014 | 624.81 | 375.8 | 60% | 3977.76 | 540.1 | 14% |
| 2015 | 643.03 | 407.28 | 63% | 4273.30 | 253.3 | 6% |
| 2016 | 551.20 | 375.25 | 68% | 3827.50 | 186.7 | 5% |
| 2017 | 689.48 | 442.29 | 64% | 4495.99 | 257.04 | 6% |
| 2018 | 768.71 | 483.48 | 63% | 4158.18 | 246.87 | 6% |
| 2019 | 759.37 | 489.89 | 64% | 3830.82 | 198.74 | 5% |

数据来源：斯里兰卡商务部[①]

在《印斯自贸协定》的经济合作基础上，印斯双方也不断推进《印斯全面经济伙伴关系协定》（CEPA）的谈判。2002年6月，斯里兰卡总理访印期间，提出了要在自贸协定的基础上进一步深化印斯经济合作，要努力达成《印斯全面经济伙伴关系协定》（CEPA）。CEPA将使两国从更自由的货物与服务贸易以及加强投资和经济合作中获益。此外，双方还决定成立印斯联合研究小组，为制定CEPA提出建议。该小组于2003年10月20日向两国总理提出了建议，两位总理对联合研究小组的报告表示满意并提出了相关完善建议。此后印斯双方也立即展开谈判，它们最初的目标是在2004年3月底前缔结《印斯全面经济伙伴关系协定》。[②]不过，印斯经济关系中的贸易不平衡问题并没有消除，印度长期处于贸易

① Department of Commerce, Sri Lanka, "Sri Lanka's Trade with India vs Exports and Imports under ISFTA," http://www.doc.gov.lk/index.php?option=com_content&view=article&id=185&catid=13&Itemid=154&lang=en.（访问时间：2021年2月12日）

② Ministry of External Affairs, Government of India, "India-Sri Lanka, Joint Statement," October 21, 2003, https://mea.gov.in/bilateral-documents.htm?dtl/7770/India__Sri_Lanka_Joint_Statement.（访问时间：2021年1月23日）

顺差，这也阻碍了CEPA的谈判进程。当然，造成《印斯全面经济伙伴关系协定》进度缓慢的原因有二：一方面，由于印斯双边贸易的不平衡，斯里兰卡的比较优势并不突出，因此斯方推动CEPA的主观意愿没有印度那么强烈；另一方面，也是因为斯里兰卡不断加强与其他国家的经贸合作，对印斯两国的全面经济合作在一定程度上采取拖延策略。①

除发展双边经贸关系之外，印度也积极为斯政府提供经济援助和贷款。1996年，印度向斯里兰卡提供了1750吨大米援助，以帮助贾夫纳地区的恢复与重建。②2000年6月，印度为斯方提供了1亿美元的信贷额度，以补偿贸易的方式向斯方提供了大米、糖等物资。2001年10月，印度又为斯里兰卡提供了2000万美元的贷款。2002年，印斯两国签署经济援助协议，印度向斯方提供3100万美元的小麦供应优惠条件，另外也提供2000万美元的贷款项目以促进斯里兰卡的经济稳定。同年6月，印度财政部部长在新德里向斯里兰卡总理表示，印度接受进一步放宽已向斯方提供的1亿美元信贷额度的条件，具体优惠条件是15年的还款期，另有5年的宽限期。③2003年10月15日，在科伦坡举行由两国外长共同主持的印斯联合委员会第五次会议。会议期间，印度同意向斯里兰卡发放1亿美元信贷额度中的3000万美元。印度还为斯里兰卡提供2000万美元用于对斯南部的救济和重建援助。④2004年6月，印度政府决定向斯方提供1.5亿美元的贷款，并表示愿意提供1亿美元帮助斯里兰卡加强岛内的基础设施建

① 中国开发性金融促进会、北京大学国际经营管理研究所编：《丝路经济文化前沿（2016年第1辑）》，北京：中国金融出版社2017年版，第119—120页。

② Ministry of External Affairs, Government of India, *Annual Report 1996-97*, https://mealib.nic.in/?pdf2525?000.（访问时间：2020年3月22日）

③ Ministry of External Affairs, Government of India, "India-Sri Lanka, Joint Statement," July 12, 2002, https://mea.gov.in/bilateral-documents.htm?dtl/7667/India__Sri_Lanka_Joint_Statement.（访问时间：2021年1月19日）

④ Ministry of External Affairs, Government of India, "India-Sri Lanka Joint Commission, Fifth Session, Colombo," October 15, 2003, https://mea.gov.in/bilateral-documents.htm?dtl/7769/India__Sri_Lanka_Joint_Commission_Fifth_Session_Colombo.（访问时间：2021年1月19日）

设。①2004年12月发生印度洋海啸之后，印度也是首个向斯方提供援助的国家。2005年6月，印度还提出暂停斯里兰卡三年的债务归还。②

## 三、以社会文化交流与人道主义援助为特色的人文合作

### （一）社会文化领域合作

除双边贸易外，印度还通过贷款和援助等方式积极投入斯里兰卡的社会经济建设，领域涉及医疗卫生、基础设施、公务员培训和旅游等方面。③印斯两国在经济、商业和技术领域也积极展开互动。1993年1月，"科学和技术小组委员会"与"社会、教育和文化小组委员会"会议在印度举行；印斯两国也签订了科技合作协定，印度为斯里兰卡培训气象科技人员并提供相关设备。而且，斯里兰卡大约有50家科研单位与印度方面建立起合作关系。④同年3月，印斯联合商业理事会在科伦坡举行会议。此外，两国在1993年也进行了各种商业交流。例如，印度国家奶制品发展委员会主席及相关官员访问斯里兰卡，以促进印斯奶制品发展部门的合作；两国进行了关于民航事务和茶叶部门合作的官方讨论；印度专家小组访斯，为斯国拟议设立一个技术和管理研究所编写蓝图；印度向斯里兰卡赠送无线电探空仪设备；印度在斯建立了一家生产汽车轮胎的合资企业。⑤

1998年12月28日，在斯总统库马拉通加夫人访印期间，印斯两国签

---

① 胡志勇：《21世纪初期南亚关系研究》，上海：上海社会科学院出版社2013年版，第127—128页。

② Sandra Destradi, "India and Sri Lanka's Civil War: The Failure of Regional Conflict Management in South Asia," *Asian Survey*, Vol.52, No.3, 2012, pp.611-612.

③ 佟加蒙：《殖民统治时期的斯里兰卡》，北京：社会科学文献出版社2015年版，第190页。

④ 陈继东主编：《当代印度对外关系研究》，成都：巴蜀书社，2005年，第82、164页。

⑤ Ministry of External Affairs, Government of India, *Annual Report 1993-94*, https://mealib.nic.in/?2522?000.（访问时间：2020年5月22日）

署了建立印度—斯里兰卡基金会（以下简称"印斯基金会"）①的谅解备忘录。1999年11月19日，斯里兰卡外长拉克什曼·卡迪尔加马尔在科伦坡为印斯基金会揭幕。②此后，印斯基金会为促进两国之间的教育、科学和技术领域交流作出了重大贡献。除此之外，印斯两国在医疗方面也有合作事项。2002年，印度方面承诺向斯政府捐款750万美元，用于在科伦坡建立一所印度癌症中心。2003年，印度政府分别向贾夫纳教学医院和贾夫纳大学赠送了计算机断层扫描仪和公共汽车。印度也提出在斯内陆地区建立一所设备完善的医院，并实施一项旨在根除该地区产业工人白内障的方案。③在旅游业方面，印度长期以来都是斯里兰卡的最大游客来源国。1998年至2015年，印度赴斯的游客数量累计达217万人次左右，而同期英国和德国赴斯里兰卡的累计游客数量分别为177万人次和112万人次。④即使在斯里兰卡内战期间，抵达斯里兰卡的外国游客中，来自印度的游客人数也是最多的，如2008年时印度游客占斯里兰卡总游客人数的21.4%。⑤这增加了印斯两国民众的接触，也产生了巨大的经济和社会利益。在教育与培训合作方面，印度也一直为斯里兰卡人员提供了各种职业与技术培训。这其中包括统计、工厂管理、人事管理、工程维护、包

① 印度—斯里兰卡基金会（India–Sri Lanka Foundation）是印斯两国政府设立的信托基金，旨在为印斯两国在经济、科学、教育、技术和文化合作等领域的合作项目提供资金。

② Ministry of External Affairs, Government of India, *Annual Report 1999-2000*, https://mealib.nic.in/?pdf2528?000.（访问时间：2020年5月22日）

③ Ministry of External Affairs, Government of India, "India-Sri Lanka, Joint Statement,"July 12, 2002, https://mea.gov.in/bilateral-documents.htm?dtl/7667/India__Sri_Lanka_Joint_Statement.（访问时间：2021年1月19日）

④ 中国开发性金融促进会、北京大学国际经营管理研究所编：《丝路经济文化前沿（2016年第1辑）》，北京：中国金融出版社2017年版，第119页。

⑤ N. Manoharan, "Brothers, Not Friends: India–Sri Lanka Relations," *South Asian Survey*, Vol.18, No.2, 2011, pp.229-230; "Indian Tourists Keep Lankan Tourism Afloat," 29 January, 2008, *Hindustan Times*, http://www.hindustantimes.com/world-news/SriLanka/Indian-tourists-keep-Lankan-tourism-afloat/Article1-272511.aspx.（访问时间：2020年12月23日）

装技术、软件系统、银行与外交等各领域内容。[①]2011年9月，印斯两国教育部门签署了合作谅解备忘录，印度向斯里兰卡提供英语教育培训，帮助斯方培养英语教师并在斯开设多个英语培训中心。[②]

### （二）难民问题与人道主义援助领域合作

难民问题也是印斯关系中的重要问题。印度没有承认难民的国际法律地位，它既没有批准关于难民问题的1951年《日内瓦公约》和1967年议定书，也没有通过国家立法对难民地位问题进行相关说明。因此，印度对于难民问题的处理主要是以难民的民族出身为基础，并根据政治考量而加以对待。印度对于斯里兰卡泰米尔难民的处理主要受到人道主义与泰米尔纳德邦两方面因素的影响。由于斯里兰卡北部马纳尔岛到印度泰米尔纳德邦拉梅斯沃勒姆的直线距离只有不到16千米。这种地理位置的接近以及民族的相同，让泰米尔纳德邦成为斯泰米尔人在内战时期逃亡的最佳目的地。1983年七月民族骚乱事件爆发以后，印斯两国之间出现了第一次大规模难民潮。1987年7月《印斯和平协议》签署以后，印度开始进行难民遣返。根据印度内政部部长的说法，在1987年12月24日至1989年3月31日期间，印度分50批将25585名难民遣返回斯。此外，在1983年至1987年10月期间，也有19581名难民自愿返回斯里兰卡。但由于印度维和部队进驻之后又引得战事再起，从1989年8月26日至1990年2月28日期间，又有3206名斯里兰卡难民逃到印度。截至1990年3月15日，印度仍有93481名斯里兰卡难民，其中5262人住在救济营地。[③]当然以上是印度官方有统计的数据，实际上逃到印度的难民人数更多。

① Ministry of External Affairs, Government of India, *Annual Report 1994-95,* https://mealib.nic.in/?2523?000.（访问时间：2020年5月22日）

② 陈利君主编：《南亚报告（2011—2012）》，昆明：云南大学出版社2012年版，第113—114页。

③ "Question in the Rajya Sabha: 'Return of Tamil refugees to Sri Lanka,'" New Delhi, March 14, 1990; "Question in the Lok Sabha: 'Refugees from Sri Lanka,' New Delhi, March 15, 1990," in Avtar Singh Bhasin ed., *India-Sri Lanka Relations and Sri Lanka's Ethnic Conflict: Documents, 1947-2000,* Vol.5, New Delhi: India Research Press, 2001, pp.2616-2617.

表 3.2.1 斯里兰卡泰米尔难民逃往印度的人数表（1983—2019）

| 阶段 | 时间 | 难民人数 |
|---|---|---|
| 第一次伊拉姆战争 | 1983—1987 | 134053 |
| 第二次伊拉姆战争 | 1990—1995 | 122078 |
| 第三次伊拉姆战争 | 1995—2002 | 23356 |
| 第四次伊拉姆战争 | 2006—2009 | 24527 |
| 总数 | | 303076 |

数据来源：Department of rehabilitation, Chennai, June 2012[1]

表 3.2.2 难民遣返回斯里兰卡的状况表（1987—2005）

| 时间段 | 遣返难民人数 |
|---|---|
| 1987—1989 | 25885 |
| 1992—1995 | 54188 |
| 2003—2005 | 65000 |

数据来源：UNHCR, Besant Nagar, Chennai, June 22, 2012[2]

表 3.2.3 难民遣返回斯里兰卡的状况表（2002—2012）

| 年份 | 遣返难民数 | 年份 | 遣返难民数 | 年份 | 遣返难民数 |
|---|---|---|---|---|---|
| 2002 | 71 | 2006 | 27 | 2010 | 2040 |
| 2003 | 1092 | 2007 | — | 2011 | 1670 |
| 2004 | 3078 | 2008 | 106 | 2012 | 630 |
| 2005 | 1173 | 2009 | 818 | | |
| 遣返总数 | | | | 10705 | |

数据来源：UNHCR, Besant Nagar, Chennai, June 22, 2012[3]

---

[1] 转引自 Anthony Goreau Ponceaud, "Has remained in exile? Being a Sri Lankan Tamil refugee in Tamil Nadu," *Carnets de géographes*, No.7, 2014, p.9.

[2] 同上。

[3] 同上。

此后随着斯里兰卡国内局势的变化，在1990年、1996年、2006年又陆续发生了几次大规模的难民潮（具体数据见文表3.2.1）。印斯两国又根据实际情况进行谈判协商，分批次将滞留在印度的斯里兰卡泰米尔难民遣返回国。从1987年12月至1989年8月期间，有25585名泰米尔难民乘坐印度政府或联合国难民署（UNHCR）的船只返回斯里兰卡，其余难民选择自行返回或继续留在印度泰米尔纳德邦。1991年6月，印斯两国达成一项协议，旨在规劝和动员大批流亡到印度的斯里兰卡泰米尔难民尽快返回斯里兰卡。从1992年1月20日到1995年3月20日，有54188名难民自愿被遣返回斯里兰卡。[①]而且，从1996年开始，为了阻止因斯里兰卡内战而大量涌入印度的难民，以及印斯两国沿海地区走私非法物资的活动，印度海军开始发起"纳卡班迪行动"（Operation Nakabandi）。这项行动一直持续到21世纪初期。[②]2002年至2006年斯内战停火时期，又有许多难民在联合国难民署的帮助下返回斯里兰卡。截至2007年12月，泰米尔纳德邦仍然存在117个难民营、8万名难民。[③]不过，2009年斯里兰卡内战结束之后，仍有大量斯里兰卡泰米尔人不愿被遣返，他们要么是继续留在印度，要么是选择移民澳大利亚或加拿大。

在应对自然灾害的人道主义援助方面，印度参与对斯援助的两个重要事件就是2003年抗洪救灾与2004年印度洋海啸救灾。2003年5月，斯里兰卡中部和南部地区的拉特纳普拉、卡鲁塔拉、马塔拉和汉班托塔地区

① 其中1992年遣返29000多人、1993年遣返近7000人、1994年遣返8000人。具体参阅Anthony Goreau Ponceaud, "Has remained in exile? Being a Sri Lankan Tamil refugee in Tamil Nadu," *Carnets de géographes*, No.7, 2014, p.10; Ministry of External Affairs, Government of India, *Annual Report 1992-93*, https://mealib.nic. in/?2521?000; Ministry of External Affairs, Government of India, *Annual Report 1993-94*, https://mealib.nic.in/?2522?000; Ministry of External Affairs, Government of India, *Annual Report 1994-95*, https://mealib.nic.in/?2523?000. （访问时间：2020年5月22日）

② Ministry of Defence, Government of India, *Annual Report 2002-2003*, p.37.

③ Pushpa Iyengar (2007), "Felines and Felonies," *Outlook*, 17 December, p.22, 转引自[美]苏米特·甘古利主编：《印度外交政策分析：回顾与展望》，高尚涛等译，北京：世界知识出版社2015年版，第37页。

遭受了前所未有的洪灾，斯政府于5月18日向印度请求为大约1.5万名洪灾受害者提供医疗和人道主义援助。5月20日至26日，印度向斯派出海军救援团队协助抗洪救灾，对斯中部和南部受洪水影响的地区提供救济，印度救援团为斯方提供了5000多个食品包、2500条毯子，并向1000多名患者提供了医疗救助。印度还派出了两架伊尔76飞机用于向斯里兰卡提供抗洪援助，飞机专门运载工程设备和陆军人员。此外，印度也还向斯空运了4.5吨毛毯。[①]2004年12月26日，印度洋地震引起强烈海啸，斯里兰卡沿海地区受灾严重。海啸造成近3.1万人死亡、5600多人失踪、80多万人无家可归。[②]印度在积极处理国内南部地区救灾事宜的同时，还向斯里兰卡等周边国家作出了相应的救灾援助。收到斯里兰卡方面的请求后，印度空军直升机在几个小时内就抵斯，载有救援物资的印度海军船只也在4个小时内驶往斯里兰卡。12月31日，印度派出一个由9名医生和130名急救人员组成的野战救护车团队，向斯里兰卡南部的汉班托塔和马塔拉地区提供援助。印度向大约7846名斯里兰卡伤员提供了援助，也提供了66吨口粮、4.5千升煤油、7吨药品和3万双袜子的救援物资。此外，印度的两个综合工作组也赴斯执行救济和重建任务，帮助分发救济物资、恢复供电、电话通信、供水、建造临时生活设施等。[③]

在斯里兰卡内战期间的人道主义援助方面，2009年印度主动向斯里兰卡境内流离失所的泰米尔人提供医疗援助。2009年3月，印度向斯里兰卡派出了包括外科医生和麻醉师在内的医疗团队。印度医疗团队抵斯后建立起临时的印度野战医院，为斯东北部地区受战乱影响的普通平民及流离失所者提供人道主义的紧急医疗救治。[④]具体而言，2009年3月9日，

---

① Ministry of Defence, Government of India, *Annual Report 2003-2004*, pp.45, 166-167, 171.

② 《世界知识年鉴》编辑部：《世界知识年鉴（2005—2006）》，北京：世界知识出版社2006年版，第186页。

③ Ministry of Defence, Government of India, *Annual Report 2004-2005*, p.202; Ministry of Defence, Government of India, *Annual Report 2004-2005*, p.179.

④ Ministry of Defence, Government of India, *Annual Report 2008-2009*, pp.109, 153.

印度向斯里兰卡派出由52名成员组成的医疗救援队，该救援队赴斯后形成了设有临时野战医院的紧急医疗单位。最初的医疗援助时间为期一个月。3月31日，印度方面又成立了包括外科医生、麻醉师在内的增援小组。医疗小组治疗了3466名患者。此后该小组又迁移至斯北部城市瓦武尼亚（Vavuniya）附近救治当地的流民。印度医疗队在瓦武尼亚进行了456次重大外科手术，救治了41729名患者。最后该团队于同年9月10日返回印度。此外，印度空军还为前往斯里兰卡的医疗救援队提供了空运服务。2009年5月22日和9月9日，印度空军空运了91吨药品、相关医疗设备和118名成员的医疗队。[①]

# 本章小结

20世纪90年代之后，在"古杰拉尔主义"的睦邻式南亚政策指导下，印度与斯里兰卡等南亚小国关系得以恢复和发展。而且，自1990年印度维和部队撤出以后，印度对斯民族问题基本采取不干涉的政策，印斯关系开始逐步正常化。印度主张通过谈判和政治途径来解决斯民族问题。此后，印斯关系的重点开始转向经济合作。印度对斯政策开始以不干涉斯里兰卡内政、全方位修复印斯关系、重点关注印斯经济关系为主要特征。

总体而言，从20世纪90年代至21世纪初期的历史阶段里，印度处理印斯关系的基本准则主要有：（1）尊重斯里兰卡的统一与领土完整，但继续支持斯泰米尔人合法的政治、社会和文化方面的愿望，不过反对通过暴力和恐怖主义的手段来实现这些愿望；（2）印度支持通过政治对话来解决斯里兰卡民族问题；（3）由于此前过度介入斯里兰卡民族问题引起了军事与外交上的受挫，因此印度不愿再直接介入斯民族问题；（4）

---

① Ministry of Defence, Government of India, *Annual Report 2009-2010*, pp.107-108, 157.

除了民族问题之外，印度也希望在政治、经济、文化等领域增强与斯里兰卡的双边合作；（5）印度反对任何在其领土上的针对南亚邻国的分离主义和恐怖主义团体，印度中央政府和泰米尔纳德邦政府都同意清除猛虎组织在印度的势力。[①]不过，在不直接干涉和介入斯里兰卡内战的情况下，印度仍积极关注斯里兰卡国内政治的发展状况，同时密切关注斯里兰卡与中国等域外大国的合作动向。中国因素也逐渐成为21世纪初期印度对斯政策中重点关注的内容。

---

[①]  Hemlata Sharma, *India-Sri Lanka Relations: An analytical study of differences and cooperation 1950 to 2000*, Rohtak, India: Maharshi Dayanand University, Doctoral Dissertation, 2005, p.223, https://shodhganga.inflibnet.ac.in/handle/10603/51314.（访问时间：2021年1月28日）

## 第四章

# 拉拢与制华：2009年斯里兰卡内战结束以来印度对斯政策新发展

2009年斯里兰卡内战结束之后，长期困扰印斯关系的斯里兰卡民族冲突问题基本得到解决，印斯两国的关系开始进入一个新的发展阶段。在新的历史时期，印度对斯政策的主要内容是推进斯里兰卡战后和解、关注斯内战中的人权问题、增进印斯双边合作、制衡中国对斯不断增长的影响力。印度对斯里兰卡的战略关切主要包括：（1）斯里兰卡的统一、和平与稳定是印度的首要关注点；（2）印度洋以及印斯之间的海上安全也成为印度决策者的重要关注点；（3）中国和巴基斯坦在斯里兰卡的影响力增长也让印度在安全方面感到担忧。①而且，印斯关系中也出现了人权问题、斯里兰卡战后民族和解与和平进程、印斯两国渔业争端等一些新问题。当然，21世纪初期以来，印斯关系中最值得引起关注和研究的还有中国因素对印斯关系的影响，这主要表现为印度对中斯合作的猜忌及战略制衡政策。

---

① S. M. Aliff, "Indo-Sri Lanka Relations after the LTTE: Problems & Prospects," *Journal of Emerging Trends in Educational Research and Policy Studies*, Vol.6, No.4, 2015, p.322.

## 第一节　21世纪初期以来印度的印度洋政策与南亚政策发展

21世纪以来，印度的周边外交政策主要体现为印度洋政策与南亚政策两个方面。在印度洋政策方面，印度自20世纪90年代之后开始加强海军实力建设、发布多项重要的海洋战略文件。在南亚政策方面，印度积极改善与南亚小国的关系。2014年，莫迪政府上台以后提出了"邻国优先"政策，这是印度首次将邻国关系放到印度外交布局中的最关键位置。对于中国在印度洋和南亚地区日益增长的影响力，印度认为，这是中国正在通过政治、经济、军事和外交等手段对印度进行战略包围。因此，印度也积极地对中国与南亚小国的合作进行各种战略反制。

### 一、21世纪初期以来印度对印度洋的高度重视

从20世纪七八十年代开始，印度逐渐关注印度洋方向的安全事务，印度国家安全战略重心也逐步由"重陆轻海"转向"海陆并重"。印度的海上利益主要包括维护国家军事安全和领土完整、保障印度洋海上通道畅通、确保印度洋地区稳定等内容。然而，印度作为中等强国，它无疑面临着资源有限、实力不足与海洋利益广泛之间的矛盾，这种矛盾严重阻碍了印度海洋实力的发展。[1]由于印度国家实力限制以及缺乏明确的海洋发展战略，因此21世纪以前印度在印度洋上的战略能力长期都较为落后。有学者认为："如果印度海军认真考虑在印度洋执行力量投送任务，（当时的印度海军舰队）是不够的……它既没有预算余额，也不具备必要的攻击能力来维持势力范围。"[2]

不过，这种状况也在逐渐发生变化。20世纪90年代末至21世纪初

---

① [英]约翰·理查德·希尔：《中等强国的海上战略》，吕贤臣等译，上海：上海交通大学出版社2015年版，第172、238页。

② Harsh V. Pant, "Sino-Indian Maritime Ambitions Collide in the Indian Ocean," *Journal of Asian Security and International Affairs*, Vol.1, No.2, 2014, pp.190-191.

期，印度开始加大对印度洋方向的战略投入，其在印度洋上的军事实力
也在不断增长。这是由多种因素共同推动的：首先，20世纪90年代印度
的经济改革带来了经济高速增长，这使其能够将更多的资源投入到海军
建设之中；其次，印度洋上的恐怖主义组织、海盗等非国家行为体的威
胁日益增加，这迫使印度更加积极主动地发展海上军事力量；再次，印
度意识到中国正在迅速扩大在印度洋地区的影响力，印度战略界认为这对
印度的长期利益不利，印度必须采取相应地制衡措施。[1]在具体海洋战略
实践方面，印度宣称从阿拉伯海到南海，都是印度的利益范围。印度海军
也提出"东进、西出、南下"战略：向东将活动范围延伸至南海，乃至西
太平洋；向西穿过红海与苏伊士运河，影响扩大到地中海；向南扩展至印
度洋最南端，甚至绕过好望角到达大西洋。为了实现这一战略，印度也加
紧建设蓝水海军。[2]1998年，印度在安达曼—尼科巴群岛组建了海军司令
部。1999年，印度又在此基础上筹建了首个三军联合司令部。

在海洋发展战略方面，2004年印度海军发布了《海洋学说》报告。
该报告明确提出印度的海洋使命，寻求印度在印度洋的绝对利益。报告
指出，印度海军为实现国家战略目标，维护包括能源安全在内的国家安
全和国家经济利益，积极发展蓝水海军，建立前进基地，目的在于向外
延伸防御纵深、提高远洋作战能力范围，以实现海洋控制与海洋拒止。
此外，也可借此提高威慑域外海上强国与大国的能力，进而向西控制好
望角，向东控制马六甲海峡，并将印度的利益推进到南海地区。[3]2007
年印度颁布了《海军军事战略》，2009年又修订发布新版的《海洋学
说》。[4]2015年10月，印度发布最新的海洋战略文件《确保海上安全：

---

[1]　Harsh V. Pant, "Sino-Indian Maritime Ambitions Collide in the Indian Ocean,"
pp.190-191.
[2]　何松奇：《印度蓝水海军建设及其对印、中、美海上关系的影响》，收录于
倪乐雄主编：《周边国家海权战略态势研究》，上海：上海交通大学出版社2015
年版，第145页。
[3]　何松奇：《印度蓝水海军建设及其对印、中、美海上关系的影响》，第145页。
[4]　刘庆：《"珍珠链战略"：印度的认知与应对》，《南亚研究季刊》2010年
第2期，第26页。

印度的海洋安全战略》，该报告体现出鲜明的"印太"特征，极大拓展印度海洋利益区范围，从原来的"聚焦印度洋"转向"立足印度洋、关注印太两洋、面向全球海域"，强调印度应该扮演海洋安全环境"塑造者"、海洋安全利益区"净安全提供者"和印度洋安全事务"主导者"。报告将印度海洋利益区域划分为"首要利益区域"和"次要利益区域"，前者主要包括印度沿海区域、阿拉伯海、孟加拉湾、安达曼海、波斯湾、阿曼湾、印度洋西南部及霍尔木兹海峡等印度洋咽喉通道，后者主要包括印度洋东南部、南海、东海、西太平洋及沿岸区域、印度洋南部及南极洲、地中海及非洲西海岸。[①]其中，"次要利益区域"已经延伸至西太平洋地区，这在实质上是对"印太"概念的认可和确认。这反映了印度政府对其地缘政治环境变化和海洋利益的重新认知，也标志着印度从国家战略性文件层面对"印太"概念予以实质性确认。这些都为印度的蓝水海军建设提供了理论支撑与思想指导，印度蓝水海军建设步伐也开始大幅度加快。

## 二、印度对中国在印度洋影响力增长的认知与应对

近年来，随着中国经济快速发展与对外合作不断增多，中国的影响力也开始走出亚太并逐渐深入印度洋沿岸的南亚、西亚和非洲国家。其中尤为让印度感到担忧和恐惧的是中国与其南亚邻国的密切合作。到2018年，中国已经成为印度、巴基斯坦、孟加拉国、缅甸和马尔代夫等国的最大贸易伙伴，是尼泊尔和斯里兰卡的第二大贸易伙伴国。中国也成为南亚地区最重要的对外投资来源国，同时也是巴基斯坦、孟加拉国、斯里兰卡和缅甸等国的重要武器供应国。[②]在中国越来越多参与南亚与印度洋地区事务的背景下，印度对华的安全担忧与战略警惕也不断增强。目前，学界有不

---

① Ministry of Defence (Navy), *Ensuring Secure Sea: Indian Maritime Security Strategy*, Naval Strategic Publication, October, 2015, pp.8, 31-32.
② 林民旺：《中印战略合作基础的弱化与重构》，《外交评论》2019年第1期，第34页。

少观点认为，中印两国在印度洋上正处于战略竞争甚至存在战略碰撞的危险。[①]印度著名战略学者拉贾·莫汉也认为，中印之间的安全困境已经从陆上延伸到了海上方向。而且，由于中国在印度洋和南亚地区影响力的不断增长，而斯里兰卡和马尔代夫处在印度洋重要的海上交通线上，因此斯里兰卡与马尔代夫已经成为中印之间争夺印度洋制海权的焦点。中印之间围绕上述两个印度洋关键岛国的竞争态势也不可避免。[②]

目前，全球超过2/3的原油、超过1/2的集装箱贸易和1/3的散装货物都需要通过印度洋海上交通线。据估计，中国70%—90%的石油进口来自中东和非洲，而印度大部分的贸易运输以及从中东进口能源中的70%要通过印度洋。[③]因此，印度洋重要交通要道的安全是中印两国都异常关注的战略问题。为维持经济快速增长、保障印度洋海上交通线、保证能

① David Scott, "Sino-Indian Security Predicaments for the Twenty-First Century," *Asian Security*, Vol.43, No.3, 2008, pp.244-270; Surinder Mohan & Josukutty C. Abraham, "Shaping the regional and maritime battlefield? The Sino-Indian strategic competition in South Asia and adjoining waters," *Maritime Affairs: Journal of the National Maritime Foundation of India*, Vol.16, No.8, 2020, pp.82-92; Smruti S. Pattanaik, "Indian Ocean in the emerging geo-strategic context: examining India s relations with its maritime South Asian neighbors," *Journal of the Indian Ocean Region*, Vol.12, No.2, 2016, pp.126-142; Colonel Sanjive Sokinda, SM, *India's Strategy for Countering China's Increased Influence in the Indian Ocean*, Australian Defence College, 2015, http://www.defence.gov.au/ADC/Publications/IndoPac/Sokinda_IPS_Paper.pdf.（访问时间：2020年12月29日）

② Harsh V. Pant, "Sino-Indian Maritime Ambitions Collide in the Indian Ocean," *Journal of Asian Security and International Affairs*, Vol.1, No.2, 2014, p.187；[印度]雷嘉·莫汉：《中印海洋大战略》，朱宪超、张玉梅译，北京：中国民主法制出版社2014年版，第111—112、122页。

③ Jan Hornat, "The power triangle in the Indian Ocean: China, India and the United States," *Cambridge Review of International Affairs*, Vol. 29, No. 2, 2016, pp.425-443; Richard W. Hu, "China's 'One Belt One Road' Strategy: Opportunity or challenge for India?" *China Report*, Vol. 53, No. 2, 2017, p.116; Eryan Ramadhani, "China in the Indian Ocean region: The Confined 'Far-seas Operations'," *India Quarterly*, Vol. 71, No. 2, 2015, p.159; Ministry of Defence, Government of India, *Annual Report 2017-2018*, p.2; 杨思灵、徐理群：《印度地区安全知觉中的中国意象——基于2002—2003年度至2018—2019年度印度国防报告的分析》，《南亚研究》2020年第1期，第40—41页。

源运输安全，中国在印度洋地区的政治和军事存在都在不断增长。印度认为，虽然中国与印度洋沿岸国家的合作主要是为了保护印度洋海上通道，以满足能源需求和经济需要，但同时中国也在缓慢而稳步地对印度形成战略包围。[①]实际上，中国为保护本国在印度洋地区的利益而采取了发展远洋海军、与印度洋沿岸国家增强合作等各种措施，不可避免地引起了印度的担忧，中印两国在印度洋方向上也渐渐陷入某种安全困境。而且，印度对中国在印度洋地区影响力日益增强的担忧和认知，进一步刺激和推动了印度海军实力的发展。

许多印度战略分析家认为，中国正在实施所谓的"珍珠链战略"（String of Pearls），要在印度洋地区建立一系列港口或潜在的海军基地。"珍珠链"一词最早出于2004年美国一家咨询公司为美国国防部部长提供的报告《亚洲能源未来》一文。报告认为，中国正在努力建设一支远洋海军和海上打击能力以"保护海上通道"，并"正在从中东到南海的海上通道沿线建立战略关系，从而显示出保卫其能源利益和实现广泛安全目标的一种防御和进攻性态势"，而巴基斯坦的瓜达尔港、孟加拉国的吉大港、投资克拉地峡运河的可能性、对柬埔寨提供的帮助以及在南海的军力强化行为，共同构成了这项战略的若干"珍珠"。[②]随后，这一概念很快被西方战略界和印度分析人士所接受。他们宣称中国在印度洋沿岸国家投资建设港口设施是别有用心。实施"珍珠链战略"将提高中国在印度洋地区的活动能力，极大扩展其在印度后院的战略纵深，遏制印度在南亚及印度洋地区的影响力，并使印度陷入中国的战略包围之中。换言之，印度认为这些港口是中国试图对印度实施"战略包围"

---

① Rajat Pandit, "India suspicious as Chinese submarine docks in Sri Lanka," *The Times of India*, Nov 8, 2014, https://timesofindia.indiatimes.com/india/India-suspicious-as-Chinese-submarine-docks-in-Sri-Lanka/articleshow/43672064.cms.（访问时间：2021年1月3日）

② 刘庆：《"珍珠链战略"：印度的认知与应对》，《南亚研究季刊》2010年第2期，第21页。

的具体组成部分。[①]此外，自从2008年中国海军开展亚丁湾护航以来，中国海军在印度洋上的活动日益频繁。2013年12月13日至2014年2月12日，中国海军093型攻击型核潜艇在印度洋进行了为期两个月的远洋巡航。2014年，中国海军潜艇因参与索马里海域护航而技术性停靠科伦坡港。这些都被印度视作中国增强在印度洋地区军事存在的证据，更加引起了印度的不安与关注。

2012年，印度主流战略研究界起草了一份重量级的战略报告《不结盟2.0》。其中，印度战略界再次确认了中国在印度亚太战略中的"竞争者"角色，并认为"在可以预见的未来，中国仍将是印度外交政策和国家安全的巨大挑战。作为一个主要大国，中国直接冲撞了印度的地缘政治空间。随着中国经济和军事实力的增强，中印实力差距将会扩大"。[②]这也表明印度方面接受了中国将在印度洋对印度构成安全挑战的观点。此外，对中国在印度洋上不断增长的利益和影响力，印度也给予了充分关注。这在印度国防部年度报告中也有所体现：（1）2004-2005年印度国防报告指出，不能忽视中国快速发展和现代化（尤其是军事现代化）所带来的强大挑战，要继续监视中国在海上方向和中印边境地区的军事基础设施建设；（2）2006-2007年印度国防报告表示，石油是影响地缘政治的关键因素，任何对石油供应的干扰都可能产生严重的安全后果。由于印度、中国和日本等国家的经济发展高度依赖石油，因此这些国家必然会对印度洋海上通道的安全保持高度敏感。印度对确保印度洋交通要道的安全负有首要责任，为此印度需要发展强大的蓝水海军；（3）2009-2010年印度国防报告指出，中国继续推进军队现代化和军事投送能力建设，西藏和新疆等地区的基础设施也得到快速发展，中国军队的战略投送能力

① [澳]大卫·布鲁斯特：《印度的印度洋战略思维：致力于获取战略领导地位》，《印度洋经济体研究》2016年第1期，第13—14页；刘庆：《"珍珠链战略"：印度的认知与应对》，《南亚研究季刊》2010年第2期，第25页。
② Sunil Khilnani, Rajiv Kumar, et al. *Nonalignment 2.0: A Foreign and Strategic Policy for Indian in the Twenty First Century*, Center for Policy Research, 2012, pp.13-14.

和作战灵活性都得到较大提升。印度对中国的军事现代化及其对南亚地区和印度国家安全态势的影响保持着关注和警惕；（4）2013-2014年、2014-2015年的印度国防报告都指出，印度意识到并警惕中国在其"直接邻国"（即印度的南亚邻国）和"延伸邻国"（即非洲和印度洋沿岸地区）日益增强的军事存在，也关注中国在中印边境地区进行战略性基础设施建设的影响。为应对这种安全压力，印度正在采取必要措施并发展相关军事能力。此外，2014-2015年国防报告也特别强调，中国正通过缅甸与巴基斯坦来拓宽其通往印度洋的通道。通过政治、军事和经济等方面的积极外交活动，中国在印度邻近地区的足迹也在不断扩大。[1]

2013年9月和10月，中国国家主席习近平在出访中亚和东南亚国家时先后提出了建设"丝绸之路经济带"和"21世纪海上丝绸之路"（即"一带一路"）的倡议。对于"21世纪海上丝绸之路"倡议以及中国参与印度洋沿岸国家港口建设的举措，印度倾向于从地缘战略的角度来分析解读。印度认为，这是中国以经济为先导，在印度洋关键通道上进行的战略布局，此后也会将经济影响力转化为军事影响力，将各种商业港口转化为海外军事基地，最终形成对印度的海上战略包围。控制印度洋是印度一贯的地缘战略目标，印度开始将中国视为其在印度洋上的竞争对手，尤其担心"一带一路"倡议挑战其在南亚次大陆的主导地位、削弱其在印度洋的影响力。[2]实际上，印度是以排他性的地缘安全战略视角来看待中国在印度洋的活动，认为中国与印度洋周边国家的合作会对印度海上安全与其在印度洋上的主导权构成威胁。[3]近年来，印度也有意炒

---

[1] Ministry of Defence, Government of India, *Annual Report 2004-2005*, pp.8,13-14; Ministry of Defence, Government of India, *Annual Report 2006-2007*, p.3; Ministry of Defence, Government of India, *Annual Report 2009-2010*, pp.7, 26; Ministry of Defence, Government of India, *Annual Report 2013-2014*, pp.7-8; Ministry of Defence, Government of India, *Annual Report 2014-2015*, pp.6, 21.

[2] 朱翠萍：《印度的地缘政治想象对中印关系的影响》，《印度洋经济体研究》2016年第4期，第8页。

[3] 杨思灵、徐理群：《印度地区安全知觉中的中国意象——基于2002—2003年度至2018—2019年度印度国防报告的分析》，《南亚研究》2020年第1期，第40页。

作"一带一路"倡议是"债务陷阱"，并且主动强化与南亚及印度洋周边小国的经济、政治与安全合作，以此"对冲"中国在南亚及印度洋地区不断增长的影响力。

### 三、印度的"邻国优先"政策与印度洋外交实践

为了与中国展开竞争，印度开始从南亚与印度洋两个方向作出外交反应。在南亚方面，印度与南亚邻国的关系一直是其外交的薄弱环节，也是印度冲出南亚走向世界大国地位的重要制约因素。印巴之间的克什米尔问题至今仍未解决，这也意味着印巴两国冲突的根源没有消除。另外，印度与孟加拉国、尼泊尔、斯里兰卡等南亚小国之间也存在各种问题。印度与邻国关系不睦也是南亚区域合作进展缓慢的重要原因。20世纪90年代"古杰拉尔主义"提出之后，印度与周边邻国的关系得到一定改善。但20世纪90年代至21世纪初的很长一段时间里，印度外交的重点仍然是大国外交，重点关注对象是美国、日本、欧盟、俄罗斯和中国，对南亚邻国仍存在一定忽视。不过，随着中国在印度洋及南亚地区影响力的逐渐增强，印度感到其在南亚与印度洋地区的主导地位受到挑战和威胁。为了与中国争夺在这一地区的影响力，印度开始重新重视其邻国外交政策。2014年5月，印度莫迪政府上台以后，为了巩固印度在南亚地区的传统影响力，恢复印度与周边邻国的关系，很快就提出了指导印度邻国外交实践的"邻国优先"（Neighborhood First）政策。这也是印度首次把邻国关系放在印度外交战略总体布局的优先位置。在"邻国优先"政策的指导下，莫迪政府积极改善与南亚小国的关系。

在印度洋方向，莫迪政府上台以后，在印度洋外交实践方面也积极作为。这主要包括如下几个方面：（1）提出各种印度洋地区合作倡议，积极构建印度洋安全共同体。印度通过海上安全对话、签署相关协议等方式，大力推进印度洋安全机制建设。2015 年，印度总理莫迪在访问印度洋沿岸小国（塞舌尔、毛里求斯和斯里兰卡）期间提出了"萨迦"倡

议①，系统阐述了其印度洋政策的目标与路径，这主要包括深化与印度洋地区的海洋邻国、岛国之间的经济与安全合作，主张开展集体行动、地区合作以促进印度洋地区的和平与安全。（2）重视"印度洋海军论坛"（IONS）和"环印度洋联盟"（IORA）等印度洋安全机制。IONS是涵盖最多印度洋地区国家的海上安全机制，也是印度参与印度洋安全事务的重要多边平台。印度也是IORA的重要创始国。2017年3月，印度积极参与IORA"加强海洋合作，打造和平、稳定、繁荣的印度洋"首次主题峰会，支持并参与《雅加达协定》《防止和打击恐怖主义和暴力极端主义宣言》。同时，莫迪政府也积极推动由印度发挥主导性作用的地区安全机制，对"环孟加拉湾多领域经济技术合作倡议"（BIMSTEC）注入更多安全元素，牵头该机制的反恐打击和跨国犯罪合作小组。该机制近年来显得尤为活跃，2017年3月举行首次成员国国家安全首脑会议，2018年3月举行第二次会议。印度通过各种印度洋地区安全会议与安全对话机制，加强与印度洋沿岸国家之间的信息共享与海洋安全合作，以应对共同的安全威胁。印度与斯里兰卡、马尔代夫之间也设有相关海上安全合作机制。②（3）从印度洋岛国方向推动双边海上合作。印度通过军事援助、联合巡逻、修建军事设施、成立防务安全合作机制等方式，进一步强化对斯里兰卡、马尔代夫、毛里求斯、塞舌尔等印度洋岛国的安全影响力。2015年，莫迪访问塞舌尔期间，印度正式启动了援建项目"沿海监视雷达系统"，提高对印度洋的海域感知能力。2016年3月，印度与马尔代夫举行首次海军参谋对话，不久后两国又建立国防秘书级别的防务合作对话机制。2012年，印斯两国启动首次双边国防对话。莫迪上台后开始

---

① "萨迦"倡议全称"地区同安共荣"倡议（Security and Growth for All in the Region），缩写后SAGAR印地语意为"海"或"湖"，参阅Ministry of Defence, Government of India, Annual Report 2018-2019, p.5.

② 楼春豪：《印度的"印太构想"：演进、实践与前瞻》，《印度洋经济体研究》2019年第1期，第37页。

将印斯国防对话常态化，变成每年都举行的年度国防对话活动。[①]

## 第二节　斯里兰卡内战后印斯关系的发展

斯里兰卡内战期间，印斯关系发展的主要障碍是泰米尔猛虎组织以及印度对斯民族问题的干预。2009年斯内战结束后，泰米尔人问题在印斯关系中的重要性开始呈现下降趋势。此后，印度向斯政府提供了大量人道主义援助，并为斯东北部的基础设施恢复建设和发展项目提供重要贷款，在这种情况下印斯双边关系得以较快恢复和发展。

### 一、斯内战后印度对斯政策的主要目标及影响因素

2009年斯里兰卡内战结束以后，印度认为斯内战的结束为其民族和解创造了历史性机遇，也开始采取积极的对斯政策。基于自身的经济和安全利益，印度非常强调恢复斯里兰卡国内的和平与稳定，印度希望斯里兰卡北部地区实现非军事化，尽快恢复斯北部和东部地区的民政管理并结束全国紧急状态。而且，印度也希望斯政府尽快出台相关政策，帮助泰米尔人融入斯里兰卡主流社会。在对斯战后援助方面，印度积极为斯里兰卡各项基础设施恢复与重建提供援助，帮助安置救济斯北部和东部地区受战乱影响的数十万泰米尔人。这一政策受到了斯里兰卡政府的肯定。[②]在具体政策目标方面，2009年之后，印度在处理印斯关系时重点关注的几个问题分别是：（1）向斯北部和东部地区流离失所的泰米尔难民提供人道主义援助；（2）以优惠贷款的形式支持斯北部地区的恢

---

① 楼春豪：《印太视域下的中印海上安全关系》，《边界与海洋研究》2018年第5期，第64页；高刚：《"印太"概念与莫迪政府的印太外交实践》，《印度洋经济体研究》2020年第3期，第41—42页。

② 杨晓萍：《斯里兰卡对华、对印关系中的"动态平衡"》，《南亚研究季刊》2013年第2期，第95页；"India seeks active role in Lanka: Foreign Secy, NSA to Meet Rajapakse Today," *The Times of India*, May 20, 2009, p.20.

复和建设项目；（3）推动斯政府与主要泰米尔政治力量"泰米尔全国联盟"①之间的政治谈判，以求尽快向北部和东部泰米尔地区下放权力以实现民族和解。印度在必要时会向斯政府施加压力；（4）促进印斯两国之间双边经济发展与经济一体化；②（5）制衡中国在斯里兰卡日益增长的影响力；（6）关注斯里兰卡内战中的人道主义问题。

在影响印度对斯政策的主要因素方面，2009年之后印度对斯政策主要受到两方面因素的影响：一是印度国内政治因素，这与泰米尔纳德邦密切相关。如本书第三章指出的，20世纪90年代以后印度国内政治面临着地方化的趋势，主要政党在不能单独胜选的情况下不得不与地方政党结盟。这也意味着地方政党对中央政府事务的影响力不断增长。泰米尔纳德邦作为重要的地方邦，对于印度中央政府的稳定和国大党等主要政党的胜选都具有重要意义。这在2011年泰邦议会选举中又一次得到体现，当时国大党与全印德拉维达进步联盟（AIADMK）结盟，在邦议会中赢得了203个席位的压倒性胜利，反对党德拉维达进步联盟（DMK）仅拿下31个席位。这也是自1967年以来泰米尔纳德邦的重大政治变化。国大党与AIADMK联手会更加有助于其政治稳定。在这种情况下，印度中央政府不得不照顾泰米尔纳德邦的政治诉求。泰邦的政客和民众对于斯里兰卡泰米尔人的境况保持着密切关注，而且他们常常是采取反斯里兰卡政府的立场，这是印度在制定对斯政策时不得不考虑的问题。泰邦因素影响印斯关系的一个具体体现就是它对印斯防务合作造成的巨大阻力。2012年7月，当印度决定为斯军事人员提供训练时，立即遭到了泰邦

---

① 泰米尔全国联盟（The Tamil National Alliance，TNA）成立于2001年10月，由泰米尔联合解放阵线、伊拉姆人民革命解放阵线、泰米尔伊拉姆解放组织和全锡兰泰米尔大会党四个泰米尔政党组成，总部位于斯北部泰米尔人聚居的贾夫纳。它主张泰米尔人具有民族自决权，呼吁政府保护泰米尔人权利。2011年以来该党与斯政府就民族问题政治解决方案展开多轮对话。

② 李捷、曹伟：《斯里兰卡内战结束以来印度对斯政策分析》，《南亚研究》2013年第4期，第119—120页；"India and Sri Lanka after the LTTE," International Crisis Group, Report 206, 23 June 2011, https://www.crisisgroup.org/asia/south-asia/india-non-kashmir/india-and-sri-lanka-after-ltte.（访问时间：2021年2月13日）

首席部长贾亚拉利塔、反对党DMK主席卡鲁纳尼迪等人的反对。他们认为，斯政府军不仅公然袭击印度渔民，[①]而且还应对内战期间大量泰米尔平民伤亡负责。此外泰邦也发起了相关抗议活动。[②]最后，印度中央政府不得不将训练地点由泰邦转到卡纳塔克邦。同年8月，印度国防国务部部长帕拉姆·兰詹在发言中称，"斯里兰卡是一个友好国家，印度会继续保持对斯里兰卡防务人员的培训"。[③]这立即受到了泰邦主要政党的强烈批评，他们指责中央政府罔顾内战期间斯泰米尔人受到的人权迫害。可以说，从1989年至2014年的历届印度政府，都努力在泰米尔纳德邦与斯里兰卡政府之间寻求平衡。当然，2014年莫迪领导的印度人民党在大选中获得绝对多数之后，情况发生一定变化。2014年5月，莫迪无视泰邦政客的反对，邀请斯总统马欣达·拉贾帕克萨出席其就职仪式。此后，强势的印度中央政府在处理对斯政策方面逐渐有了更多的自主性，一定程度上减少了泰邦因素的影响和束缚。

二是中国因素的影响。中国因素可以说是2009年斯里兰卡内战结束以后印度对斯政策的最大外部因素。中国在斯内战的最后阶段开始增强与斯政府之间的政治、经济与军事联系，并且一定程度上削弱了印度对斯的影响力。印度的一贯政策就是排斥域外大国与南亚小国发展过于密切的关系。印度认为，中国在斯内战期间一直为斯政府提供军事支持，中国向斯提供武器，巴基斯坦参与训练斯政府军。战争结束后，斯总统马欣达·拉贾帕克萨多次访华，中斯关系得到进一步加强。而且，为发展印度洋贸易、确保海上通道安全，中国开始参与投资建设斯里兰卡的汉班托塔港等重要项目。此外，中国还为斯政府提供外交与政治支持，

① 印斯渔业争端与斯里兰卡政府军打伤、扣押印度渔民的具体情况见本章第三节。

② J. Balaji, "Sri Lankas will continue to train in India, says Centre," *the Hindu*, August 28, 2012, https://www.thehindu.com/news/national/sri-lankans-will-continue-to-train-in-india-says-centre/article3828808.ece. （访问时间：2021年2月3日）

③ 杨晓萍：《斯里兰卡与中国、印度关系发展的新维度及其战略考虑》，收录于汪戎、万广华主编《印度洋地区研究（2012/4）》，北京：社会科学文献出版社2013年版，第88页。

中国在2012年和2013年联合国人权理事会针对斯政府的决议中都投了反对票。斯里兰卡也以对话伙伴身份出席上海合作组织理事会会议。[①]这些都引起了印度的担忧与忌惮。从地缘战略的角度来看，斯里兰卡处于印度南亚战略和印度洋战略的核心地位。在2007年印度发布的《海洋军事战略》中，斯里兰卡处于其认定的"首要利益区"，事关印度的地缘经济利益与能源安全。同时斯里兰卡也位于印度洋国际航运通道的重要节点，容易出现"非传统安全威胁"和"敌对国家海上力量威胁"。因此，印度将斯里兰卡视作关系自身海洋安全利益的核心地区，并且极力排斥其他国家的进入。[②]在这种情况下，印度尤其关注中斯合作对印度造成的安全威胁。具体而言，印度认为中国的影响力已经深入到印度洋地区，这严重影响了印度的国家安全，中斯密切合作也是印度所不能容忍的。而且21世纪初期以来，中国逐渐取代美国而成为印度对斯政策中尤为关注的"域外敌对国家"。当然，由于中国对斯影响力日益增长，印度在处理印斯关系时不得不找到战略平衡点：敦促斯政府尽快进行权力下放的同时，尽量不对斯政府过多施压，以避免让斯里兰卡完全倒向中国一边。

## 二、曼莫汉·辛格政府对斯里兰卡的援助与合作政策

2004年至2014年，印度处于曼莫汉·辛格领导的国大党（团结进步联盟）政府时期。在制定对斯政策时，作为联合政府的辛格政府不得不照顾泰米尔纳德邦的各种诉求（如对斯政府施压、要求保护斯泰米尔人群体）。与此同时，鉴于中国对斯里兰卡影响力的增加，辛格政府也不得不对斯政府作出一些拉拢举动，如为斯政府提供防御性武器装备和军事情报等。2009年斯里兰卡内战结束以后，辛格政府可以在新的基础上处理印斯关系，这一时期印度的主要目标是促进斯里兰卡战后重建与

---

① Osantha N. Thalpawila, "India-Sri Lanka Relations: In Post-Civil War Era in Sri Lanka," *Research Forum: International Journal of Social Sciences*, February 2014, p.13.

② 李捷、曹伟：《斯里兰卡内战结束以来印度对斯政策分析》，《南亚研究》2013年第4期，第118页。

秩序恢复、推动斯里兰卡的权力下放与和平进程、制衡中国对斯的影响力。在这些政策目标的指引下，印度开始实行对斯里兰卡的援助与合作政策，印斯关系也得到进一步的恢复和发展。

在政治合作方面，印斯两国之间的政府高层频繁进行外交互访。2009年5月，斯里兰卡内战结束以后，印度第一时间向斯政府表示祝贺。5月23日，印度派出了由国家安全顾问纳拉亚南和外交秘书梅农率领的高级代表团访问科伦坡。访问期间，印度代表团表示了印度对尽快通过政治途径解决斯里兰卡民族问题的关注。此外，他们还劝说斯政府为解决泰米尔分离主义根源而寻求长期的解决方案。[①]6月，斯总统马欣达·拉贾帕克萨访问印度。2010年8月，印度外长S. M. 克里希纳对斯访问，期间印度方面也宣布将在斯里兰卡增设两个领事馆，选址分别位于斯北部省会城市贾夫纳和南部港口城市汉班托塔。2012年6月，印度国家安全顾问梅农访斯，双方讨论了各种共同关心的问题，以进一步深化双边合作。12月，印度陆军司令比克拉姆·辛格访斯。2013年1月，斯外长佩里斯访问印度。这些频繁的高层互访对于增进印斯双边关系具有重要意义。

在经济合作方面，印度已经成为斯里兰卡最大的进口来源国以及斯国在南亚的最大贸易伙伴。印斯两国贸易自1998年《印斯自由贸易协定》签署以来就不断发展，双边贸易额从1997—1998年度的5.19亿美元，上升到2010—2011年度的40.09亿美元，到2013—2014年度已经上升为52.01亿美元。在投资领域，2010年印度成为斯里兰卡最大的投资国，投资总额达到1.1亿美元。[②]2011年2月16日，斯里兰卡正式启动与印度的《全

① *Daily News*, 26 May 2009. 转引自Osantha N. Thalpawila, "India-Sri Lanka Relations: In Post-Civil War Era in Sri Lanka," *Research Forum: International Journal of Social Sciences*, February 2014, p.10.

② 陈利君主编：《南亚报告（2011—2012）》，昆明：云南大学出版社2012年版，第113—114页；陈利君主编：《印度投资环境》，昆明：云南人民出版社2015年版，第323—327页；"一带一路"数据库，"印度与南亚国家的关系（新版）"，2016年8月，http://iras.lib.whu.edu.cn:8080/rwt/112/http/GIZDELSSGE4C6NSWFZZUAMS4HAZDRMA/ydyl/databasedetail?SiteID=1&contentId=7144830&contentType=literature&type=&subLibID=.（访问时间：2020年5月22日）

面经济伙伴协定》谈判。斯政府为此专门成立了一个专业委员会，其中包括贸易、工业、财政和外交等部门官员和商业代表，以重新研究协定内容，起草新协定草案，并争取早日启动与印度的谈判。2013年1月22日，第八次印斯联合委员会上，双方不仅把未来三年的双边贸易目标定为100亿美元，而且还签署了《打击国际恐怖主义和非法贩毒协定》和《避免双重征税协定》。[①]

在防务合作方面，印度也开始加强对斯合作与援助，并尽量满足斯政府长期以来要求的各种防务合作诉求。印度重视对斯防务合作的重要原因是为了平衡中国在斯日益增长的影响力。2009年，印斯两国海军举行了两国历史上首次联合海军演习。2010年12月，印度国防部部长普拉迪普·库马尔访斯，期间双方就建立双边防务对话、进行联合海军演习、加强海岸警卫队服务、扩大军事训练和协助军事基础设施建设等议题进行探讨。[②]2011年9月，印斯两国再次进行大规模海军作战演习。两国也在军售方面签署了一份价值6780万美元的协定，斯方将从印度购买80艘快艇以装备其海上卫队。[③]2013年6月，印度海岸警卫队局局长率领的高级别代表团访斯，就双方共同关心的海洋问题、渔业问题、非法移民和走私等问题进行了讨论。2013年，印度与斯里兰卡、马尔代夫就海事安全签署了一份《印度洋安全条约》，它旨在保护印度洋区域的海上航线安全。印度国家安全顾问梅农表示，印斯马三国将以该条约为依据，在印度洋地区建立合作平台以进行信息共享与相互支援，在打击海

---

[①] 陈利君主编：《南亚报告（2013—2014）》，昆明：云南大学出版社2014年版，第105—106页。

[②] Hemantha Dayaratne, "A New Phase in India-Sri Lanka Relations," *Manohar Parrikar Institution for Defence Studies and Analyses*, January 3, 2011, https://idsa.in/idsacomments/ANewPhaseinIndiaSriLankaRelations_hdayaratne_030111.（访问时间：2021年1月20日）

[③] 陈利君主编：《南亚报告（2011—2012）》，昆明：云南大学出版社2012年版，第113—114页。

盗、恐怖主义以及军火走私等方面加强海上安全合作。[1]2013年9月，印斯两国先后在新德里和科伦坡举行印斯陆军长参谋会谈、海军参谋长会谈。11月，印斯两国海军也在印度果阿沿海水域举行联合演习。12月，印斯两国在新德里举行空军参谋长会谈。[2]2014年6月，印斯两国海岸警卫队在新德里举行了高级别代表团会议。

在对斯战后重建援助方面，印度加大了对重建项目的投资，双方合作领域包括建筑、铁路、通信等多方面。印度援助的重点地区是斯里兰卡东部和北部泰米尔人聚集区域。此外，印度为斯里兰卡难民安置提供了人道主义援助，这既包括扫雷排险和生活物资等人道主义援助，也包括为难民提供住房等基础设施。印度对斯投资建设的基础设施项目主要包括恢复连接科伦坡和贾夫纳的南北铁路走廊、5万套难民安置房、修复重建斯北部的坎凯桑图赖港（Kankesanturai）和帕拉利（Palaly）空军基地。其中，坎克桑图瑞港的重建不仅有利于促进斯里兰卡北部地区的发展，而且也有利于增强印斯交流的便利性。此外，印度也积极援建医院、学校、职业培训中心等设施。具体而言，2009年6月，印度宣布为斯里兰卡提供1.12亿美元的援助，以支持其人道主义和早期的重建项目。同时，印度也为斯提供了800万美元的发展项目贷款，其中大部分用于北部的重建。[3]2010年6月8日，斯总统马欣达·拉贾帕克萨访问印度，双方签署了有关能源、安全、铁路及文化交流等方面开展合作的7项协议。两国还就完善双方电力传输网、铺设深海电缆等事项签署了电力合作谅解

---

① 刘思伟：《印度洋参与印度洋安全治理：角色定位、理念与实践》，《南亚研究季刊》2017年第3期，第7页。

② Ministry of Defence, Government of India, *Annual Report 2013-2014*, p.186.

③ Osantha N. Thalpawila, "India-Sri Lanka Relations: In Post-Civil War Era in Sri Lanka," *Research Forum: International Journal of Social Sciences*, February 2014, p.10; "一带一路"数据库，"印度与南亚国家的关系（新版）"，2016年8月，http://iras.lib.whu.edu.cn:8080/rwt/112/http/GIZDELS SGE4C6NSWFZZUAMS4HAZDRMA/ydyl/databasedetail?SiteID=1&contentId=7144830&contentType=literature&type=&subLibID=.（访问时间：2020年5月22日）

备忘录。印度也决定向斯方提供2亿美元的贷款额度以在斯里兰卡东部亭可马里区域建立一座发电厂。[1]同年8月26日，双方举行印斯联合委员会第七次会议，共同商讨贸易、投资、科技和文化教育等领域的交流合作事宜。2010年11月，印度外长克里希纳再次访问斯里兰卡。在此次访问中，印斯双方签署了多项贸易和金融合作协议。印度提供的一揽子援助计划还包括为斯战后建设、电力项目、南北铁路发展及恢复印斯之间的轮渡服务提供4.16亿美元的贷款。[2]2012年1月，印度与斯里兰卡签订谅解备忘录，印度承诺将向斯里兰卡提供2.6亿美元援助，帮助修缮或重建斯里兰卡北部和东部约5万间住房，这是迄今为止印度向国外提供的最大发展援助项目。[3]

### 三、纳伦德拉·莫迪政府对斯里兰卡的增强防务合作政策

2014年5月，印度莫迪政府上台以后，提出了旨在恢复印度与周边邻国关系的"邻国优先"政策。在这一政策指导下，印度继续改善印斯关系。莫迪政府也不断加强印斯双边交流，着力消除两国政府与民众之间的误解与疑虑。2014年5月，莫迪不顾泰米尔纳德邦的反对，邀请斯总统拉贾帕克萨出席其就职仪式。2015年2月，斯里兰卡新任总统西里塞纳访问印度，期间两国签署了4份合作协议。协议主要内容包括民用核能合作、农业领域合作、强化国防与海上安全合作，以及与马尔代夫建立海上安全三方合作机制的协议。其中民用核合作协议使印度成为斯里兰卡

---

[1]  Sandra Destradi, "India and Sri Lanka's Civil War: The Failure of Regional Conflict Management in South Asia," *Asian Survey*, Vol.52, No.3, 2012, pp.614-615.

[2]  宋志辉、马春燕：《斯里兰卡的经济发展与中印在斯的竞争》，《南亚研究季刊》2011年第4期，第38页；Hemantha Dayaratne, "A New Phase in India-Sri Lanka Relations," *Manohar Parrikar Institution for Defence Studies and Analyses*, January 3, 2011, https://idsa.in/idsacomments/ANewPhaseinIndiaSriLankaRelations_hdayaratne_030111.（访问时间：2021年1月25日）

[3]  杨晓萍：《斯里兰卡与中国、印度关系发展的新维度及其战略考虑》，收录于汪戎、万广华主编《印度洋地区研究（2012/4）》，北京：社会科学文献出版社2013年版，第87页。

的首个核能合作伙伴，这标志着印斯之间的战略关系更加紧密。

2015年3月，印度总理莫迪出访斯里兰卡，这也是28年来印度总理首次访斯。这次访问也很大程度上消除了斯政府及民众对印度总理在外交访问上长期忽视该国的不满。访问期间，双方达成了包括外交人员护照免签、海关互助合作、青年发展计划和泰戈尔博物馆建设等4项协议。印度也向斯里兰卡铁路部门提供了3.8亿美元的信贷额度，并承诺将亭可马里建成石油中心。此外，莫迪访斯期间不仅参观了印度维和部队纪念馆，还访问了斯里兰卡北部的贾夫纳地区。[①]2017年5月，莫迪时隔两年再次访问斯里兰卡。相较于2015年访问时聚焦于政治、经济等议题，2017年莫迪的第二次访问则主要是关注历史文化和民间交流等议题。在访问中，莫迪参加了斯里兰卡佛教节日卫塞节，而且为一家印度援建的医院进行揭幕，并探访了斯里兰卡的印度泰米尔人社区。

在莫迪政府时期，印斯两国的实质性国防与安全合作更加突出。两国防务合作内容主要包括高层互访、培训交流、联合演习和军事装备支持等。在军事高层互访方面，2014年7月，印度陆军参谋长访问斯里兰卡。2015年7月，斯里兰卡空军司令访问印度；9月，印斯两国在科伦坡分别举行第五次海军参谋会谈与第六届空军参谋会谈，同月双方又在新德里进行了第三次年度国防对话会；11月，印度海军参谋长参加了在斯里兰卡举行的国际海事会议"加勒对话"（Galle Dialogue）。2016年1月，印斯第五次陆军参谋会谈在新德里举行；11月，印斯两国在科伦坡举行第四次年度国防对话，而且印度海军参谋长在访斯期间也参加了2016年国际海事会议"加勒对话"。2017年1月，印斯两国海岸警卫队在新德里举行高级别会议；3月，双方举行年度印斯陆军参谋会；9月，双方又开展海军参谋会谈；12月，印度空军参谋长访问斯里兰卡，印度海军参谋长也赴斯参加国际海事会议"加勒对话"。2018年1月，两国在新

① Harsh V. Pant, *Indian Foreign Policy: An overview*, Manchester: Manchester University Press, 2016, p.113.

德里举行印斯国防部长级年度防务对话；3月，斯里兰卡陆军司令和海军司令分别访问印度。[①]可以看出，印斯双方的军事合作涵盖陆军、空军和海军各个方面，这些交流与合作对于强化印斯双边战略关系意义重大。

在军事人员培训方面，印度也一直向斯里兰卡提供各种培训援助。2015年7月至8月，印度步兵学校为100名斯里兰卡军官举办了为期6周的培训课程。2017年，印度又为1750多名斯里兰卡人员提供了军事培训名额。[②]在军事装备援助方面，2015年8月，印度将98米近海巡逻船"瓦拉哈"号（Varaha）赠与斯里兰卡。2017年7月，印度果阿造船厂有限公司为斯里兰卡海军建造的第一艘舰艇正式移交给斯里兰卡，8月该舰艇正式服役。2018年3月，印度为斯里兰卡建造的第二艘舰船也交付并于4月投入使用。

在联合演习方面，印度与斯里兰卡也频繁开展各种联合军事演习。2014年10月，印度海岸警卫队、斯里兰卡海岸警卫队和马尔代夫国防军举行了三方联合海上演习（DOSTI-XII）。此次演习内容包括海上搜救、医疗合作、反海盗、污染控制等，进一步提高了各国海岸警卫队应对海上突发紧急情况的能力。[③]2015年9月，印斯两国举行第三次印斯联合培训和演习活动（Mitra Shakti-III）。同年10月底至11月初，两国也在斯里兰卡外海举行海上军事演习（SLINEX-15）。[④]2017年9月，印度东部海军司令部主办了印斯海军演习（SLINEX-17），印度海军"加里尔"号和"科拉"号、斯里兰卡海军舰艇"萨乌拉"号和"萨加拉"号参加了此次演习活动。同年10月，两国在印度浦那举行第五次印斯联合培训和演习（Mitra Shakti-V）。2018年11月25日至29日期间，印度、马尔代

---

① Ministry of Defence, Government of India, *Annual Report 2017-2018*, p.171.
② Ministry of Defence, Government of India, *Annual Report 2015-2016*, p.175; Ministry of Defence, Government of India, *Annual Report 2017-2018*, p.171.
③ Ministry of Defence, Government of India, *Annual Report 2014-2015*, p.49.
④ 2005年印斯两国进行了首次印斯海上军事联合演习（SLINEX），2010年两国决定每隔一年举行一次。

夫、斯里兰卡在马尔代夫附近水域进行三边演习（DOSTI–XIV）。[①]

## 第三节 斯里兰卡内战后印斯关系中的新问题

2009年内战的结束让斯里兰卡国内局势得以基本稳定下来。此后，印度对斯政策开始不再聚焦于此前长期关注的斯民族冲突问题。但印斯关系中又出现了一些新的问题，这包括内战后斯里兰卡的和平进程问题、斯内战中的人权问题与印斯渔业争端。而且，泰米尔纳德邦因素也开始重新影响印度对斯政策。印度中央政府受到来自泰米尔纳德邦的压力，不得不在战后和解、权力下放与人权问题等方面向斯政府施压。

### 一、斯里兰卡和平进程

2009年之后，斯里兰卡的和平进程成为印度对斯政策重点关注的一个问题。印度认为，对民族冲突的政治解决方案是斯里兰卡战后重建与和解进程的重要途径。一直以来，印度都希望斯政府通过"权力下放"的政治途径解决民族问题，保障斯里兰卡泰米尔人的基本权利与合理诉求。在与斯里兰卡交往的各种双边场合，印度都反复重申这一主张。而且，印度也一直向斯政府施压以使其按照宪法第13条修正案来进行权力下放。

在斯里兰卡战后的和平进程问题上，印斯两国的巨大分歧在于"权力下放"与宪法第13修正案的实施。1987年《印斯和平协议》确立了"权力下放"原则基础上的一整套政治解决方案。同年11月，斯里兰卡议会通过宪法第13条修正案，其主要内容就是建立省议会制度，向省一级政府下放权力以实现民族问题的政治解决。[②]但此修正案没有获得民众支持。僧伽罗人认为该修正案是印度强加的，而且向泰米尔人让步过多，因此对修正

---

① Ministry of Defence, Government of India, *Annual Report 2017-2018*, p.31.

② 第13条修正案原文参阅Ministry of Justice, Sri Lanka, *Thirteenth Amendment to the Constitution*, November 14, 1987, https://www.lawnet.gov.lk/1947/12/31/thirteenth-amendment-to-the-constitution-2/.（访问时间：2020年5月30日）

案极为抵制；温和派泰米尔人也因没有获得更多自主权而心存不满；猛虎组织则直接拒绝了这一修正案，称其是对泰米尔人权利的背叛。此后，斯里兰卡历届政府也都缺乏执行宪法第13修正案的政治意愿，不愿向省议会下放权力，甚至还在事实上剥夺了该修正案赋予省议会的宪法权。因此，斯里兰卡内战时期，宪法第13条修正案都没得到很好的执行。

斯里兰卡内战结束以后，解决民族问题的政治方案因各方意见分歧而迟迟未能出台。2006年成立的"多党代表会议"曾以制订全体政党都能接受的解决方案为目标。但实际谈判进展并不顺利，至2009年已经举行了29次会议仍没有任何结果，部分反对党甚至退出了"多党代表会议"。"多党代表会议"至今提出的解决民族问题方案依旧是基于宪法第13修正案中向省一级进行权力下放的规定。[①]斯国内各政党对此仍然各怀立场而僵持不下，因此具体的权力下放仍然没有得到实质性地推进。

对和平进程与权力下放问题，斯里兰卡总统马欣达·拉贾帕克萨保持了强硬的姿态。拉贾帕克萨本人因内战的军事胜利而获得了国内民众空前的支持，他也在2010年的总统连任选举中获得了压倒性的胜利。在这种情况下，带有强烈民族主义的拉贾帕克萨政府更加排斥印度的施压，而且斯政府也渐渐不再公开谈论第13条修正案。例如，在2010年6月的《印斯联合声明》中没有任何关于第13条修正案的表述，声明中只是指出："斯总统向印度领导人介绍了他对和平进程的态度，以实现最大限度的权力下放，从而维护斯里兰卡的统一和领土完整。双方一致认为，只有通过促进共识与和解的内部政治进程，才能找到持久的解决办法。"[②]2012年2月4日，拉贾帕克萨在独立日演讲中继续将第13条修正案

---

① 郭穗彦主编：《南亚报告（2009—2010）》，昆明：云南大学出版社2010年版，第95页。

② High Commission of Sri Lanka in India, "Joint Declaration issued on State Visit of H. E. the President of Sri Lanka to India from 8 to 11 June 2010," June 9, 2010, https://www.slhcindia.org/index.php?option=com_content&view=article&id=598:joint-declaration-issued-on-state-visit-of-he-the-president-of-sri-lanka-to-india-from-8-to-11-june-2010&catid=60:joint-statements&Itemid=152.（访问时间：2021年2月5日）

放到一边，他强调"国内所有党派都有责任通过参加这个议会特别委员会，根据人民的意愿解决问题，而不是依赖外来的解决方案和利用外国的影响"。①这里的"外国影响"与"外来方案"明显针对的就是印度与宪法第13条修正案。

由于斯政府态度消极，因此印度仍不断向斯政府劝说与施压，以敦促其在第13条修正案的基础上形成新的权力下放方案。2011年6月，由印度国家安全顾问、外交秘书和国防秘书组成的高层代表团访问斯里兰卡，旨在督促斯政府切实履行宪法第13条修正案的内容，尽快向斯北部和东部地区下放更多的权力。2014年5月，印度莫迪政府上台以后，仍然继续试图推动斯政府进行权力下放。莫迪在与拉贾帕克萨的第一次会晤中就提出，强烈希望斯政府早日全面实施宪法第13条修正案，在现有权力分享制度安排的基础上制定权力下放方案。不过，斯政府对此的强硬立场并没有太多改变。以至于到2016年2月，斯里兰卡北方省首席部长甚至寻求印度直接干预，以迫使斯里兰卡政府全面实施宪法修正案。②

不过，2015年斯里兰卡新任的西里塞纳政府上台以后，新政府一定程度上不再抵制和平进程与权力下放，也在积极探索合适的政治解决方案。与此同时，莫迪政府在斯里兰卡和平进程问题上的政策也发生调整，开始不再过多强调权力下放形式问题。2017年莫迪第二次访问斯里兰卡时，他没有再提及宪法第13条修正案的问题。而且，对于权力下放的方式，莫迪虽然指出印度支持斯里兰卡采取联邦制，但并没有对此作

---

① R. K. Radhakrishnan, "No imported solutions for ethnic issue, says Rajapaksa," *The Hindu*, February 4, 2012, https://www.thehindu.com/news/international/no-imported-solutions-for-ethnic-issues-says-rajapaksa/article2860146.ece. （访问时间：2021年2月2日）

② Wikipedia, "Thirteenth Amendment to the Constitution of Sri Lanka," https://en.wikipedia.org/wiki/Thirteenth_Amendment_to_the_Constitution_of_Sri_Lanka. （访问时间：2020年5月30日）

出强制要求。[①]不过，印度政府仍然继续支持斯里兰卡东北部地区的人道主义需求和战后恢复重建，帮助斯国进行基础设施的恢复与建设，并且继续劝说与推动斯政府方面的权力下放。

总的说来，自从2009年斯内战结束的十多年以来，印度虽然一直强调要通过合理的政治解决方案推进斯里兰卡的战后和解进程，但除了表示强烈的愿望之外，印度并没有像20世纪80年代那样采取强势干预手段。当然，印度的这种克制态度一定程度上是因为中国的影响。实际上，在中国与斯里兰卡的政治、经济关系不断密切的情况下，斯里兰卡政府（尤其是马欣达·拉贾帕克萨政府）常常会借助中国的影响力来对抗印度的压力。而印度则出于遏制中国在印度洋地区影响力增长的地缘政治需要，转而寻求积极拉拢斯里兰卡，尽量减少对斯压力以避免斯里兰卡过多地倒向中国一边。在这种地缘战略考量的牵制之下，印度在斯里兰卡战后和解问题上的政策也就显得不那么强势。

## 二、斯里兰卡内战中的人权问题

在斯里兰卡内战最后阶段出现的另一突出问题就是大规模杀害平民和侵犯人权的责任问题。根据国际危机组织（ICG）的报告，斯政府军与猛虎组织在内战中均存在违反国际人道主义的情况。该组织详细列出了斯政府军和猛虎组织故意炮击平民、攻击医院及人道主义救援区域的证据，并认为斯政府与猛虎组织的领导人都应对战争罪负责。ICG的报告也建议：由于斯政府缺乏进行国内调查的政治意愿，为避免后续其他国家在处理国内冲突时效法斯里兰卡的做法，因此，国际社会应该对斯政府与猛虎组织所犯下的战争罪进行国际调查。[②]据联合国估计，在斯里

---

① Gulbin Sultana, "India-Sri Lanka Relations in the Context of India's 'Neighbourhood First' Policy," *Indian Foreign Affairs Journal*, Vol.12, No.3, 2017, pp.228-229.

② International Crisis Group (ICG), *War Crimes in Sri Lanka*, Asia Report, No.191, Brussel: ICG, 17 May 2010, https://www.crisisgroup.org/asia/south-asia/sri-lanka/war-crimes-sri-lanka. （访问时间：2021年3月2日）

兰卡内战后期，约有4万泰米尔人遭到杀害，而斯里兰卡政府否认军队曾屠杀平民。[①]西方国家较早提出了这一问题，并试图通过联合国人权理事会进行干预。2009年斯里兰卡内战结束之后，以美英为代表的西方国家开始就斯内战后期的人权问题提出对斯展开人权调查的要求。

实际上，印度对斯里兰卡人权问题的立场主要受到国内政治与外交政策两方面的影响。在国内政治方面，印度的对斯政策受到联盟政治的影响。在泰米尔纳德等地方政治势力强烈要求下，印度中央政府不得不在人权问题、斯里兰卡泰米尔人处境问题上对斯政府进行施压；在外交政策方面，印度对马欣达·拉贾帕克萨政府的"亲华政策"及其在推动权力下放问题上的消极态度甚为不满，因此印度希望借着人权问题对斯政府进行敲打。不过，印度也担心对斯政府施压过大，而导致它进一步倒向中国一边。在斯里兰卡人权问题上，印度希望实现三个主要目标：（1）为斯泰米尔人伸张正义，迎合国内泰米尔纳德邦民众和地方政党；（2）促进印斯双边关系，排斥斯里兰卡过于倒向中国；（3）继续维持其不对"针对特定国家的决议"投票的政策传统。因此，虽然印度传统上对于联合国人权理事会针对具体国家的决议基本都是投弃权票，但印度在斯人权问题上的立场却并不固定。2009年至2019年期间，联合国人权理事会通过了7项涉及斯里兰卡人权问题的决议，但印度的投票记录并不完全相同（具体见下表4.1）。

2009年5月26日至27日，在斯内战结束后不久，联合国人权理事会就召开了专门研讨斯里兰卡人权问题的第11届特别会议。会上提交了一份《援助斯里兰卡增进和保护人权》（第S-11/1号）的决议。最终，该决议以29票赞成获得通过，法国、英国等西方国家投了反对票，印度和孟加拉国等多个发展中国家投了赞成票。由于这一决议更多的是强调对斯里兰卡战后的恢复与重建提供支持，对猛虎组织在战争期间的暴行进行调查，没

---

① 廖政军、吕鹏飞、王磊：《联合国通过涉斯里兰卡人权决议》，《人民日报》2013年3月22日，第21版。

有特别强调对斯里兰卡政府军的审查，因此斯里兰卡政府方面没有特别反对这一决议。印度的赞成票也没有让斯里兰卡政府产生不满。

但2012年以后，印度在几次涉斯人权决议的投票中却有所不同。这种转变与印度国内的压力是密不可分的，来自国内泰米尔纳德邦的压力迫使印度政府呼吁对斯政府和猛虎组织侵犯人权和战争罪进行调查。2011年6月，泰米尔纳德邦政府在邦议会中通过了一项决议，谴责斯里兰卡政府军在内战中所犯下的战争罪，并要求印度政府停止将斯里兰卡视为友好国家。而且，德拉维达进步联盟（DMK）多次以退出国大党领导的团结进步联盟为要挟，要求印度中央政府在斯人权问题上采取更加强硬的立场。当时DMK在人民院中拥有18个席位，如果它退出联盟会立即使得中央政府陷入在人民院席位不够半数的危机局面。

表 4.1 印度在联合国人权理事会对斯里兰卡人权问题决议的
投票状况一览表（2009—2019）

| 年份 | 决议 | 印度的投票 |
|------|------|-----------|
| 2009 | 第 S-11/1 号 | 同意 |
| 2012 | 第 19/2 号 | 同意 |
| 2013 | 第 22/1 号 | 同意 |
| 2014 | 第 25/1 号 | 弃权 |
| 2015 | 第 30/1 号 | 未经表决获得通过 |
| 2017 | 第 34/1 号 | 未经表决获得通过 |
| 2019 | 第 40/1 号 | 未经表决获得通过 |

资料来源：笔者根据联合国人权理事会网站记录绘制 [①]

2012年3月22日，当美国对斯里兰卡人权问题提出了一项实质性决议《促进斯里兰卡国内的和解与问责》（第19/2号）时，印度投票赞成

---

① 参考联合国人权理事会网站相关信息，https://www.ohchr.org/CH/HRBodies/HRC/Pages/Home.aspx.（访问时间：2021年2月23日）

该决议。最终，该决议以24票赞成、15票反对、8票弃权而获得通过。[①]
印度总理曼莫汉·辛格在投票后解释说："我们所做的符合我们对斯里
兰卡的立场。我们不想侵犯斯里兰卡的主权，但我们应该表达我们的关
切，以便泰米尔人民能够获得正义并过上有尊严的生活。"[②]其实，印度
此举背后的原因是它对斯政府在人权问题、权力下放与国内和解方面的
拖沓态度感到不满，希望斯政府能够尽快对泰米尔人的处境进行改善。
不过，印度代表也在发言中补充说："虽然我们赞同该决议……和它所
促进的目标，但我们也强调，人权事务高级专员办事处的任何援助或联
合国特别程序的访问都应与斯里兰卡政府协商并征得其同意。"[③]而且，
印度在投赞成票的同时，也提出了削弱决议约束力的两项修正案。但这
种保留政策并没有让斯政府感到满意，印度的投票仍然引起了拉贾帕克
萨政府的强烈不满，对印斯关系也造成了极为恶劣的影响。

2013年3月21日，印度再次投票赞成关于斯里兰卡人权状况的另一
项决议《促进斯里兰卡国内的和解与问责》（第22/1号）。该决议称，
斯里兰卡军队在内战期间犯有滥杀平民等战争罪行，应对此进行国际调
查。最终，该决议以25票赞成、13票反对、8票弃权而获得通过。印度
代表称，斯政府应有效、及时执行决议中所有建设性的建议，同时对侵
犯人权和杀害平民的指控进行独立的、可信的调查。[④]如果说，2012年
时印度还曾试图修改人权决议以便使其少一些对斯主权的干涉行为。那
么，2013年时印度则采取了完全相反、更加强硬的政策，印度推动对该

---

① "India votes against Sri Lanka, UN Human Rights Council resolution adopted," NDTV, March 22, 2012, https://www.ndtv.com/world-news/india-votes-against-sri-lanka-un-human-rights-council-resolution-adopted-472872.（访问时间：2021年3月4日）

② S.M. Aliff, "Indo-Sri Lanka Relations after the LTTE: Problems & Prospects," *Journal of Emerging Trends in Educational Research and Policy Studies*, Vol.6, No.4, 2015, p.326.

③ Ashok K. Behuria, Gulbin Sultana, "Mahinda Rajapaksa's India Policy: Engage and Countervail," *Strategic Analysis*, Vol.37, No.1, 2013, p.94.

④ 廖政军、吕鹏飞、王磊：《联合国通过涉斯里兰卡人权决议》，《人民日报》2013年3月22日，第21版。

决议的6个段落进行了7项书面修正，以便使决议措辞显得更加强硬。有学者认为，这一变化的主要原因是泰米尔纳德邦地方政党对印度中央政府施加了更强的压力。[①]实际上，在印度对决议进行投票之前，印度泰米尔纳德邦爆发了针对斯人权问题的大规模抗议。印度正是在这种巨大的国内政治压力下，才对联合国人权理事会的决议投了赞成票。此外，鉴于国内强大的压力，曼莫汉·辛格政府也抵制了原定2013年11月在科伦坡举行的第23届英联邦首脑会议。当时斯政府原本希望利用此次机会对其人权问题作出相关澄清，以重新赢得国际支持。最终，印度总理曼莫汉·辛格表示不出席会议，降格让外交部部长代为出席。

2014年3月，联合国人权理事会再次通过《促进斯里兰卡国内的和解、问责与人权》（第25/1号）决议，决议提出要斯政府对违反国际人权法与国际人道主义法的指控进行独立和可信的调查，追究此类侵犯人权行为者的责任，公布斯里兰卡安全部队侵犯人权的指控等内容。在投票表决过程中，印度以该决议无视斯政府在和解方面的努力为由投了弃权票。当时印度对外的说辞是2013年斯里兰卡北方省议会选举已经在促进和解任务中迈出了重要一步。[②]实际上，印度的选择是与当时的内外形势密切相关的。从国内政治角度来看，2014年泰米尔纳德邦政党DMK对大选的放弃，导致国大党在泰邦地方选举中未能有任何收获，因此国大党主导的印度中央政府也不必像此前一样刻意照顾泰邦的舆论和诉求。虽然印度中央政府仍受到来自泰邦各政党的批评，但这对于大选没有利害关系，因此国大党政府也并没有顾及泰邦的声音。从外交层面来看，此前印度的几次投票已经让印斯两国关系趋向紧张，斯里兰卡也不断向中国靠

---

① Harsh V. Pant, *Indian Foreign Policy: An overview*, Manchester: Manchester University Press, 2016, pp.115-116.
② 2013年斯里兰卡北方省举行了25年来的首次选举，泰米尔全国联盟取得了胜利。

拢，这引起了印度的地缘战略担忧。[①]因此，印度希望通过投弃权票来缓和印斯紧张关系，尤其是希望借此减少中国对斯不断增长的影响力。

在强势的马欣达·拉贾帕克萨总统领导下，斯政府对2012年至2014年联合国人权理事会的三项决议坚决表示反对，也不允许国际调查人员赴斯开展调查。而印度接连几次的投票也增强了拉贾帕克萨对印度的反感。不过，2015年斯里兰卡新总统西里塞纳上台以后，开始改变前任拉贾帕克萨政府的对印强势、对华友好的外交政策，转而奉行多元化外交政策，积极修复与印度及西方国家的关系。在人权问题上，斯政府也开始展现出积极配合的姿态，以求缓和与印度及西方国家的关系。在这种情况下，斯里兰卡在2015年加入联合国人权理事会核心小组，参与起草了一份新的决议《促进斯里兰卡国内的和解、问责与人权》（第30/1号）。最后，这项决议未经表决就获得通过。此后，联合国人权理事会在2017年与2019年又以协商一致的方式通过了两项另外的决议，斯里兰卡方面也都表示接受。

### 三、印斯渔业争端

自2009年斯里兰卡内战结束以来，渔业争端日渐成为印斯关系中的重要问题，而卡恰提武岛问题（下文也简称"卡岛问题"）则是影响印斯渔业争端的重要因素。渔业问题与卡岛问题也日渐成为印斯关系中的敏感问题，严重影响了两国国内政治和双边关系。尽管印斯双方也就渔业问题进行了一些谈判协商，但至今仍未找到妥善的解决办法。

#### （一）印斯渔业争端的由来

保克海峡是印度与斯里兰卡之间的狭长海峡，其东北与孟加拉湾相连，西南与马纳尔湾相通。它全长137千米，宽度为64—137千米，深

---

① G. Pramod Kumar, "Why India abstained from voting against Sri Lanka in UNHRC," *First Post*, March 27, 2014, https://www.firstpost.com/world/understanding-why-india-abstained-from-voting-against-sri-lanka-in-unhrc-1453803.html.（访问时间：2021年3月4日）

度较浅（平均深度2—3米），为印斯两国提供了丰富的渔场。但近十几年来，该地区日渐成为争议激烈的区域。由于印度近海渔业资源日益枯竭，深海捕捞甚至越界捕捞已成为南印度渔民维持生计的基本方式。随着大批印度渔民进入斯里兰卡海域非法捕捞，斯方加强了海上安全管制并时常逮捕印度渔民，有时斯方海军会开枪误杀印度渔民。

20世纪60年代，印度为刺激国内经济增长开始重点发展海产品出口业，政府向渔民提供巨额补贴购买新船以提高捕鱼量，因此印度沿海省份渔民数量不断增加。当时，印斯之间没有明确划定的海上边界，印度南部和斯里兰卡北部沿海地区的渔民传统上都在保克海峡捕鱼。到了70年代，印斯两国缔结了1974年和1976年海洋划界协定，分别划定了保克海峡、马纳尔湾和孟加拉湾的海上边界。但印度渔民仍将卡岛周边海域视作传统渔场，越界捕鱼的情况仍继续存在。而且，印度渔民为了提高捕鱼量多采用大型钢式拖网渔船。这种拖网渔船捕鱼距离远、时间长且捕捞量大，但对海底渔业资源和海床的破坏性极大。印度渔民这种拖网捕捞方式很快导致印度南部近海的渔业资源枯竭，他们不得不寻找新的捕鱼区。而斯里兰卡渔民一般采取传统捕鱼作业方式，出海距离近且多为小船操作，所以保克海峡斯方一侧的渔业资源仍非常丰富。因此，印度渔民时常扩大捕鱼范围、进入斯里兰卡水域非法捕鱼。

1983年，斯里兰卡内战爆发，泰米尔猛虎组织开始利用渔船将战略物资从印度南部运到斯里兰卡。作为战争期间的安全防范措施，斯里兰卡政府开始在沿海地区设立安全区，海军也在沿海地区实施安全封锁，禁止岛内北部和东部地区渔民出海捕鱼。内战期间，斯里兰卡西北部的渔业活动减少，保克海峡斯方一侧的渔业资源也变得更加丰富。与此同时，斯里兰卡内战和捕鱼禁令，为印度渔民越界捕捞提供了便利条件。印度的拖网渔船几乎可以完全自由地在斯里兰卡一侧非法捕鱼，有时甚至深入到斯里兰卡沿岸2—3海里的近海地区。[1]2004年印度洋海啸之后，印度渔民将海啸救济和重建资金用于购买拖网渔船，这导致了印度渔船队规模进一步扩大。

2009年，斯里兰卡内战结束以后，斯政府解除海上安全区，渔民也开始恢复自由捕鱼活动。但当斯里兰卡渔民重新出海捕鱼时，他们面临的是印度渔民大规模使用拖网渔船掠夺斯方渔业资源的局面。在经过二20多年内战和捕鱼禁令管制之后，斯里兰卡渔民的小渔船根本无力与印度的拖网渔船相竞争。据估计，每年印度拖网渔船在斯里兰卡水域非法捕捞给斯方造成23亿至82亿卢比（约3230万至1.154亿美元）的直接损失。[2]印度捕鱼技术较为先进且多采用拖网渔船，这不仅损害了斯里兰卡的渔业资源，而且严重影响了斯里兰卡渔民的生计。此外，印度渔民越界捕捞也给斯里兰卡沿岸地区带来安全隐患。因为猛虎组织头目虽然在2009年被击毙，但该组织并没有完全消亡，散落在外的泰米尔人曾多次试图在斯里兰卡恢复敌对活动。在这种背景下，如果猛虎组织残部利用印度渔船进行秘密行动，会对斯里兰卡沿岸地区带来巨大安全威胁。而且，部分印度渔船也在南印度和斯里兰卡之间从事走私活动。[3]

① Bernard Goonetilleke, "Indo-Sri Lanka Fishery Conflict: An impediment to development and human security", Centre for International Maritime Security (CIMSEC), January 6, 2017, https://cimsec.org/indo-sri-lanka-fishery-conflict-impediment-development-human-security/.（访问时间：2020年5月5日）

② Natasha Fernando, "India's Reach in Maritime Domain Awareness: A Hit or Miss for Sri Lanka?",*The Diplomat*, September 12, 2019, https://thediplomat.com/2019/09/indias-reach-in-maritime-domain-awareness-a-hit-or-miss-for-sri-lanka/.（访问时间：2020年5月5日）

③ Bernard Goonetilleke, "Indo-Sri Lanka Fishery Conflict: An impediment to development and human security", Centre for International Maritime Security (CIMSEC), January 6, 2017.

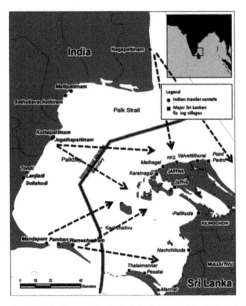

**图 4.1 印度渔民向斯里兰卡水域跨界捕捞方向示意图**

资料来源：Svein Jentoft, Ratana Chuenpagdee, eds, Interactive Governance for Small-Scale Fisheries：Global Reflections, Springer, 2015, p.519.

为应对印度渔民非法越界捕捞，斯里兰卡海军开始采取强硬政策并逮捕扣押印度渔民和渔船，有时也会造成印度渔民的伤亡。此时，印度泰米尔纳德邦经常爆发大规模抗议并给中央政府施压要求其出面干预。为了维持印斯友好关系，斯里兰卡方面最初一般都会释放印度渔民，并将其船只移交给海上边界线附近的印度海岸警卫队。但这一做法难以对印度渔民形成有效威慑，他们一被释放就继续从事非法捕捞。为应对越界捕捞对斯里兰卡渔业资源的危害，斯方态度也逐渐强硬起来，有时会拒绝释放扣押的印度渔船。另外，渔业冲突让印斯两国的泰米尔群体从内战时的"合作者"发展为内战后的"对立者"。斯里兰卡政府也有意利用渔业冲突来疏远其北方省与印度泰米尔纳德邦的关系，以减缓北部泰米尔人的分离主义倾向。一位斯里兰卡前外交官指出，在海洋边界和打击印度渔民非法行动的问题上，"真正的共识和国家意识"在斯里兰卡岛内占据了上风。[①]因此，斯里兰卡在渔业问题上也变得难以妥协，印斯双方矛盾和冲突不断凸显。

### （二）印斯两国关于渔业问题的谈判与协商

在卡岛和渔业问题上，印度中央政府、泰米尔纳德邦和斯里兰卡三方存在着巨大张力：印度中央政府认为卡岛问题是已经通过印斯海洋划界协定解决的问题，对于泰邦渔民跨界捕鱼行为并不支持，也一直努力改善修复因印度介入斯内战而受影响的印斯关系；斯里兰卡虽重视印斯关系发展，但也积极维护其渔业资源并依法打击越界捕捞行为，印斯双方也在就渔业问题探索有效的解决方案；泰米尔纳德邦则将卡岛问题与渔业争端挂钩，认为"割让"卡岛是造成印斯渔业问题的根源。为了赢得渔民的支持，泰邦在渔业问题上不断向中央政府施压并主张收回卡岛。因而，印度中央政府在维持印斯关系稳定与应对泰邦的要求中做着艰难的平衡。由于各方立场不同，因此他们对于卡岛问题、渔业争端有着不同的阐释。

渔业争端主要利益攸关方包括印度中央政府、泰米尔纳德邦和斯里兰卡，它们有不同的利益诉求和主张：（1）印度中央政府寻求与斯里兰卡建立更加密切的关系，不希望因渔业问题而导致印斯关系恶化，同时它主张通过双边谈判来寻求解决问题的长久办法；（2）泰米尔纳德邦认为中央政府牺牲渔民利益来换取与斯里兰卡的外交利益，因而对中央政府心存不满。泰邦主张废除印斯海洋划界协定以收回卡岛，并鼓动印度渔民继续在斯里兰卡水域捕鱼；（3）斯里兰卡希望禁止泰邦渔民利用拖网渔船进行越界捕捞，同时维持与印度的友好关系。其中，印斯两国政府之间的立场较为接近，存在较大的合作空间，但印斯合作却受到泰邦因素的影响，泰邦因素导致印斯两国之间难以就渔业问题达成共识。

---

① N. Manoharan, Madhumati Deshpande, "Fishing in the Troubled Waters: Fishermen Issue in India-Sri Lanka Relations", *India Quarterly*, Vol.74, No.1, 2018, p.78.

　　在过去十几年里，两国进行了多方谈判和讨论，但各种外交倡议、联合工作组和渔民代表谈判都未取得实质性进展。2004年、2010年和2013年，在泰邦前任首席部长卡鲁纳尼迪和贾亚拉利塔主政期间，印斯两国渔民代表曾举行过三轮谈判协商，但都没能最终解决渔业问题。这主要是因为印度渔民不认可、不遵守双边协定。此后，双方渔业团体也没有再进行有效谈判。为寻求解决渔业问题的最终方案，2014年1月，印斯两国同意成立部长级联合调查委员会，并于同年6月召开首次会议。2016年，斯里兰卡外长兼水产资源开发部部长会见了印度外长兼农业和农民福利部部长，讨论了寻找渔业冲突解决方案的可能措施。这是两国外长首次积极参与渔业谈判。会议决定设立渔业联合工作组，每3个月举行一次会议，每6个月举行一次包括海岸警卫队和海军代表参与的渔业部长会议。①截至目前，印斯官方层面的印斯渔业联合工作组总共召开了4次会议（2014年、2016年、2017年、2020年），但未能就双边渔业问题形成有效协定。②总体而言，目前印斯两国政府及渔民代表之间的多轮会谈都没能达成实质性解决方案。

　　近年来，随着印斯关系总体改善，斯里兰卡也开始在渔业问题上释放友善信号。例如，2014年3月，印度在联合国人权理事会上就斯里兰卡人权问题决议投弃权票后，斯总统马欣达·拉贾帕克萨立即下令释放约200名被扣押的印度渔民。2019年11月，斯里兰卡新总统戈塔巴雅·拉贾帕克萨（Gotabaya Rajapaksa）上任不久就访印，期间他宣布释放扣押的57艘印度船只。2020年2月，斯总理马欣达·拉贾帕克萨和渔业部部长道格拉斯·德瓦南达提议，由印斯两国政府牵头建立包括两国专家、官员

---

① Bernard Goonetilleke, "Indo-Sri Lanka Fishery Conflict: An impediment to development and human security", Centre for International Maritime Security (CIMSEC), January 6, 2017, https://cimsec.org/indo-sri-lanka-fishery-conflict-impediment-development-human-security/. （访问时间：2020年5月5日）

② 第一次会议于2016年12月31日在新德里举行，第二次会议于2017年4月7日在科伦坡举行，第三次会议于2017年10月13日在新德里举行，第四次会议受到疫情影响于2020年12月30日以视频会议形式召开。

和渔民代表的联合海洋资源管理局。德瓦南达也向印度总理莫迪提出了合作捕鱼的倡议，他之前强烈反对印度渔民进入斯方海域的立场也有所减弱。但斯国内反对党泰米尔全国联盟（TNA）在此问题上仍然坚持强硬政策，敦促科伦坡方面禁止外国渔船进入该国水域。[1]因此，印斯合作捕鱼倡议能否实施落地有待观察，渔业问题也仍会是印斯两国关系中的不确定因素。

### （三）渔业争端与卡恰提武岛问题的关系

卡岛问题和印斯渔业争端既相互区别又彼此联系，而且卡岛问题增加了渔业问题的复杂性。具体而言，"卡岛问题"实际上是泰米尔纳德邦对卡岛主权归属、印度渔民在卡岛的传统权利、印斯海洋划界协定合法性等问题提出质疑，并借此向印度中央政府和斯里兰卡发起挑战而引起的问题；"印斯渔业争端"则是印度渔民采取拖网渔船等破坏性捕捞方式，越界到斯方水域捕鱼而引起的印斯双边冲突。当斯里兰卡扣押印度渔民和渔船时，又会引起泰邦等地方政府强烈反应，他们常常向印度中央政府施压并要求其对斯里兰卡采取强硬政策。在实践中，印度国内媒体、泰邦地方政府和部分学者常常将两个问题混淆，他们也会在涉及渔业问题时故意炒作卡岛问题。

泰邦在卡岛和渔业问题上的激进态度有其政治和经济方面的原因。从政治层面来看，由于地缘和民族的关系，任何涉及斯里兰卡的问题在泰邦都会成为重要的政治问题。卡岛问题和渔业争端在泰邦选举政治中极具重要性。有学者认为泰邦14个沿海地区政党的成败，很大程度上取决于竞选者在这个问题上的立场和行动。[2]泰邦地方政党为迎合民意，基

---

[1]　Meera Srinivasan, "Some Respite in the Indo-Lankan Fisheries Conflict," *The Hindu*, February 29, 2020; N. Sathiya Moorthy, "Kachchativu: TN wanting to have the cake and eat it too?", Observer Research Foundation, April 11, 2020, https://www.orfonline.org/expert-speak/kachchativu-tn-wanting-to-have-the-cake-and-eat-it-too-64438/.（访问时间：2020年5月5日）

[2]　N. Manoharan, Madhumati Deshpande, "Fishing in the Troubled Waters: Fishermen Issue in India-Sri Lanka Relations", p.81.

本都在卡岛与渔业问题上采取强硬政策。从经济层面来看，泰邦对跨界捕捞的支持是源于巨大渔业经济利益驱使。事实上，印度渔民不仅在卡岛周围捕鱼，他们的捕鱼区域甚至到了斯里兰卡代尔夫特岛西南和马纳尔岛沿海城市佩萨莱近海2—3海里处。[①]上述位置距离印斯海上边界线和卡岛都非常远，而且位于斯里兰卡近海。由此也可以看出，卡岛问题只是印度地方政府维护其庞大渔业收益的借口。

## 第四节　中国因素与印度对斯政策

在斯里兰卡内战的最后阶段，中国为斯政府提供的帮助对其战胜猛虎组织发挥了重要作用。2009年，斯里兰卡内战结束以后，中国也是斯里兰卡各种大型基建和发展项目的主要出资国。但中国因素也引起印度的担忧与忌惮，中斯合作也被印度视作一种潜在的安全威胁。在印度的干预与影响下，斯里兰卡政局也发生动荡，此后斯政府开始在中印之间寻求战略平衡。

### 一、中斯关系发展的历史与现状

中国与斯里兰卡在古代的历史交往源远流长，可以上溯至公元1世纪初的汉代。20世纪40年代末，中斯两国都摆脱了西方国家的殖民与侵略并建起了独立自主的新政权。在此基础上，双方开始发展经济与政治联系。1952年，在中斯两国尚未正式建交的情况下，斯里兰卡就不顾西

---

① 马纳尔岛和代尔夫特岛是斯里兰卡领土，两岛到印斯海上边界线的距离分别为17.5海里、11.5海里。两岛具体位置参阅本书第一章图1.1卡恰提武岛位置图。

方国家对中国的封锁而与中国签订了《中斯米胶协定》。[①]根据这一协定，斯方出口橡胶到中国，中方则将大米出口到斯国。此协定对于双方的经济建设发挥了重要作用。这对斯国而言，在解决了橡胶销售困难的同时，也缓解了粮食紧缺问题；而对中国来说，此举让中国获得了橡胶供应来源，保障了重要产业部门的发展。一直到20世纪80年代初中斯贸易转为"现汇贸易"时，《中斯米胶协定》才被终止。从此，"米胶协定"成为中斯关系史上的一段佳话，两国政府也将"米胶协定"当作中斯传统友谊的象征，在各种双边官方交流场合经常提及该协定，而且中国驻斯外交官员也会在协定签署若干周年时发表纪念文章。

1957年，中斯两国正式建立外交关系。此后，两国在政治上互相支持、经济上互利合作，两国高层互访从未中断，双边关系也不断发展。斯方坚持一个中国原则，在台湾与西藏等问题上支持中国的立场，并在联合国人权会议上多次支持中国并挫败西方的反华提案。中国也一贯支持斯方建设印度洋和平区的主张，对斯政府解决国内民族冲突的政策表示理解和支持。1962年，中印发生边界武装冲突之后，斯里兰卡也积极斡旋调停。1962年12月，在斯总理班达拉奈克夫人的倡议下，亚非六国在科伦坡召开了专门会议，会议建议中印双方接受第三方的仲裁而解决中印边界领土争端。[②]中国虽然没有接受科伦坡会议的建议，但仍对斯里兰卡等亚非国家的和平努力表示赞赏。1975年之后，中国也开始向斯里兰卡提供经济技术援助，用于援建斯里兰卡的班达拉奈克国际会议大厦和国家表演艺术剧院等项目。1983年，两国贸易又开始转换为现汇结算，双边贸易额不断增长，各种互利经济合作也不断深化。2004年印度洋海啸发生后，中国很快向斯里兰卡提供海啸专项援助，免除斯里兰卡

① 该协定全称《中华人民共和国中央人民政府与锡兰政府关于橡胶和大米的五年贸易协定》（1952年12月18日在北京签字），原文参阅中国外交部亚洲司编：《中华人民共和国与斯里兰卡民主社会主义共和国双边关系重要文献汇编》，北京：世界知识出版社2007年版，第1—5页。
② 朱杰勤、黄邦和主编：《中外关系史辞典》，"科伦坡会议关于中印边界问题的建议"词条，武汉：湖北人民出版社1992年版，第391页。

一批到期债务，并派医疗队赴斯开展救援工作。

2005年，马欣达·拉贾帕克萨上台以后，斯政府因在内战中采取武力手段造成的人权问题而受到西方国家的批评指责。美国对斯进行了经济制裁并停止了对斯援助，欧盟也取消了对斯相关优惠待遇。此时，中国在政治、经济与军事上都对斯政府给予了大力支持。在斯里兰卡内战的最后阶段，中国为斯政府打击猛虎组织提供了一定支持和帮助。有报道指出，中国继美国之后成为斯里兰卡的最大军事援助国，2008年中国向斯里兰卡出售了大量武器并提供高达10亿美元的军事援助。在武器装备方面，中国提供的歼7战斗机、高射炮和JY-11 3D空中监视雷达，为斯政府军取得内战最终胜利发挥了关键作用。[1]此外，中国也积极加强中斯经济合作。2006年之后，中国对斯的经济发展援助不断增长，2007年中国超过日本而成为对斯发展援助的最大来源国。2007年，中斯两国也签署了意义重大的汉班托塔港[2]项目协议，协议主要内容是由中国提供3.6亿美元贷款，帮助斯里兰卡建设汉班托塔深水海运港。2010年，中国超越印度、日本，成为斯里兰卡最大的金融合作伙伴。2012年，中国成为斯里兰卡第三大贸易伙伴。[3]2013年，拉贾帕克萨访华，期间两国决定将中斯关系提升为战略合作伙伴关系。[4]

---

[1] "China helping Lanka crush LTTE: Fuels India's Fears on Dragon Influence in Indian Ocean," *Times of India*, April 26, 2009, p.18.

[2] 汉班托塔位于斯里兰卡最南端，距离印度洋上的国际主航运线仅10海里，具有重要的地缘战略与经济地位。汉班托塔港于2010年11月建成，2012年6月正式投入使用，此港目前也是南亚地区最大港口。

[3] Christian Wagner, "The Role of India and China in South Asia," *Strategic Analysis*, Vol.40, No.4, 2016, pp.311-312; Harsh V. Pant, *Indian Foreign Policy: An overview*, Manchester: Manchester University Press, 2016, p.114.

[4] 中国政府网："习近平28日同斯里兰卡总统拉贾帕克萨举行会谈"，2013年5月28日，http://www.gov.cn/ldhd/2013-05/28/content_2413561.htm。（访问时间：2020年6月1日）

**表 4.2 中印两国向斯里兰卡出口武器数据表（2000—2010）**

（单位：百万美元）

| 年份 | 2000 | 2001 | 2002 | 2003 | 2004 | 2005 | 2006 | 2007 | 2008 | 2009 | 2010 | 总计 |
|---|---|---|---|---|---|---|---|---|---|---|---|---|
| 印度 | 16 | 0 | 0 | 0 | 0 | 0 | 10 | 21 | 11 | — | — | 58 |
| 中国 | 29 | 21 | 3 | 8 | 18 | 28 | 49 | 48 | 66 | — | 4 | 273 |

数据来源：斯德哥尔摩国际和平研究所（SIPRI）[1]

2013年，中国提出了共建"丝绸之路经济带"和"21世纪海上丝绸之路"（即"一带一路"）的倡议。周边国家对"一带一路"高度关注，其中斯里兰卡是首个以政府声明形式支持中方倡议的国家。另外，斯里兰卡也是亚投行倡议的积极参与者和创始会员国，积极回应了中国"一带一路"的构想。2014年9月，中国国家主席习近平访斯并发表题为《做同舟共济的逐梦伙伴》的署名文章，文中提道："我们要对接发展战略，做同舟共济的逐梦伙伴。'马欣达愿景'展现了斯里兰卡的强国富民梦，同中国人民追求中华民族伟大复兴的'中国梦'息息相通。斯里兰卡要求建设海事、航空、商业、能源、知识五大中心，同中国提出的建设'21世纪海上丝绸之路'倡议不谋而合。"[2]访问期间，双方也签订《中斯行动计划》，其中提到"双方同意进一步加强对马加普拉—汉班托塔港项目的投资。双方同意进一步加强海洋领域合作，推进科伦坡港口城的建设"。[3]此外，双方也宣布进行中斯自贸区谈判，并签署了

① Stockholm International Peace Research Institute (SIPRI), SIPRI Arms Transfers Database, http://armstrade.sipri.org/armstrade/page/values.php.（访问时间：2021年1月23日）

② 人民网：习近平在斯里兰卡媒体发表署名文章"做同舟共济的逐梦伙伴"，2014年9月17日，http://politics.people.com.cn/n/2014/0917/c1024-25674241.html。（访问时间：2020年11月27日）

③ 中国外交部网站：《中华人民共和国和斯里兰卡民主社会主义共和国关于深化战略合作伙伴关系的行动计划》，2014年9月17日，https://www.fmprc.gov.cn/web/wjb_673085/zzjg_673183/xybfs_673327/dqzzhzjz_673331/zgalb_673389/xgxw_673395/t1191913.shtml。（访问时间：2020年11月27日）

100亿元人民币货币互换协议。

总体而言，中斯关系在马欣达·拉贾帕克萨政府时期（2005—2015）呈现全面而快速发展的态势。两国关系的密切从马欣达任总统期间7次访华也可见一斑。21世纪初以来，中斯关系的升温有着各种现实的原因。从中国的角度来看，中国重视中斯关系的重要原因是由于中国的崛起与对外经济的发展，印度洋海上通道成为中国经济发展与能源供应的"生命线"。在中国海军实力相对不足、海军投射能力有限的情况下，中国需要在印度洋上找到战略支点。斯里兰卡处在印度洋关键海域的通道上，它对于中国保障海上能源运输通道安全、积极参与印度洋地区事务的地缘战略价值不断凸显。因此，全面发展中斯关系对于中国具有重大的地缘经济与地缘战略意义。对于斯里兰卡而言，中国的政治支持、军事援助与经济合作同样非常重要。在外交方面，斯政府希望中国能够在联合国人权理事会等国际舞台为其提供支持；在军事方面，斯政府在失去美国等国家援助的情况下，非常依赖中国提供的军事装备与军事援助；在经济方面，斯里兰卡战后恢复与重建需要大量的资金支持，处于经济高速发展且有对外发展战略需求的中国是斯里兰卡的最佳合作伙伴。

可是2015年斯里兰卡大选之后，中斯关系突然发生波动。2015年初，马欣达·拉贾帕克萨在大选中落败，新上任的西里塞纳政府开始调整其外交政策并积极改善印斯关系。2月，西里塞纳当选后的首次出访就选择了印度。3月，印度总理莫迪回访斯里兰卡，这也是印度总理时隔28年以来首次访问斯里兰卡。印斯高层互访很快推动了两国关系的快速升温。与此形成鲜明对比的是中斯关系骤然遇冷。就在莫迪访斯期间，斯里兰卡在没有任何通报的情况下，以"重审环境评估"与"缺乏相关审批手续"为由，叫停了中国交通建设集团投资14亿美元建设的科伦坡港口城项目。斯政府给出的理由是前任政府涉嫌规避法律及环境要求。对这一事件，巴基斯坦前总统穆沙拉夫敏锐地指出，"这是印度从中作梗……印度不希望中国打入南亚国家内部"。①当然，2016年3月这些项目又获得斯议会批准恢复建设。可以说，西里塞纳政府上台虽然对前任政府的外交政策进行了一定调整，但其重大基础设施建设项目仍有赖于中国的资金和技术支持，斯政府不可能完全中断与中国的关系。因此，中斯关系在经过短暂波动后很快重回正轨。斯新政府也尽量避免在中印之间选边站，转而开始在经济上依靠中国、在安全上依靠印度，以求在中印之间实现战略平衡而实现斯里兰卡利益的最大化。在这种情况下，中斯各种经济合作项目仍得以继续推进。2016年，中国首次超越印度成为斯国第一大进口来源国，并进而成为斯里兰卡第一大贸易伙伴。2017年，中国成为斯里兰卡外资最大来源国。同年，汉班托塔的中斯工业园奠基仪式也得以顺利举行。2019年11月，斯里兰卡戈塔巴雅·拉贾帕克萨政府上台以后，仍然坚持了在中印之间保持战略平衡的外交政策。

## 二、印度对中斯合作的战略猜忌与制衡政策

实际上，中斯关系在过去几十年里一直都处于良好的状态。不过印度在21世纪以前并没有将中斯合作视作重大威胁。但进入21世纪以来，情况有所改变。尤其是中国在斯里兰卡内战最后阶段为斯政府提供的军事援助，引起了印度方面的高度关注和巨大猜疑。印度方面认为，中国利用斯里兰卡的内部危机和印斯矛盾插手印度的传统势力范围，既挤压了印度的战略空间，又对印度国家安全构成巨大威胁。2009年，印度主流媒体《印度时报》刊出的评论文章甚至直接采用了"中国帮助斯里兰卡击溃猛虎组织，加剧了印度对'巨龙'在印度洋影响力的担忧"的标题。②其实，印度对中国的这种威胁认知是需要放到21世纪以来中国在印度洋上影响力不断增长、中印在印度洋上面临战略相遇的巨大历史背景下来看

---

① 赵忆宁：《大战略："一带一路"五国探访》，杭州：浙江人民出版社2015年版，第140—141页。
② "China helping Lanka crush LTTE: Fuels India's Fears on Dragon Influence in Indian Ocean," *Times of India*, April 26, 2009, p.18.

待的。

在这种历史背景下，印度尤其关注中国与斯里兰卡等南亚小国的合作，印度担心中国是在印度洋方向构筑对印包围的"珍珠链"。对于中斯合作，印度认为中国正在利用斯里兰卡作为进入印度洋的支点，从而寻求在印度洋地区更为广泛的经济、政治和军事存在。正如印度战略学家布拉马·切兰尼（Braham Chellaney）所说，中国向斯里兰卡示好是因为斯国处在印度洋的关键国际航道上。中国在斯里兰卡建造的价值10亿美元的汉班托塔港是一颗新的"珍珠"，这是中国"珍珠链"战略中的一环。中国的"珍珠链战略"，旨在通过建立监视点、特殊军事安排和获得重要港口使用权的方式，控制印度洋和太平洋之间的关键海上交通线。[1]这种观点也是印度战略学界与政界的主流想法。除此之外，2005年以来马欣达·拉贾帕克萨政府的"联中制印"政策更加剧了印度的担忧。

随着中国不断增加在斯里兰卡的投资，印度对中国试图扩大其在南亚地区的存在感到担忧。显然，中国在斯影响力的增强与印度在南亚获取主导权和"防止敌对势力在斯里兰卡立足"的目标相冲突。有印度政府官员甚至称"斯里兰卡已经成为中印两个亚洲超级大国的新战场"。[2]在所有中斯合作项目中，最让印度感到担忧的是科伦坡港口城和汉班托塔港，主要原因是：（1）科伦坡港口城位于印度洋沿岸科伦坡国际集装箱码头毗邻海域，它将会把科伦坡打造成为整个南亚地区重要的海上航运枢纽。（2）汉班托塔港位于斯里兰卡最南端。汉班托塔港深水港开始运转后，会成为印度洋至太平洋地区最重要的后勤补给中心。[3]此外，印度对

---

① "China helping Lanka crush LTTE: Fuels India's Fears on Dragon Influence in Indian Ocean," *Times of India*, April 26, 2009, p.18.

② Amrita Nair Ghaswalla, "India concerned over China's rising investments in Sri Lankan port projects," *The Hindu Business Line*, August 2, 2018, https://www.thehindubusinessline.com/economy/logistics/india-concerned-over-chinas-rising-investments-in-sri-lankan-port-projects/article24584911.ece.（访问时间：2020年11月23日）

③ 瞭望智库编：《经济大棋局，中国怎么办》，北京：现代出版社2019年版，第32—33页。

于中斯军事往来也异常敏感，2014年中国潜艇在科伦坡停靠也被印度舆论放大和炒作。2014年9月7日至14日，中国海军的039型常规动力潜艇"长城329"号与北海舰队"长兴岛"号潜艇支援舰访问了斯里兰卡首都科伦坡，停靠在招商局国际科伦坡南集装箱码头公司的码头，该码头项目为中国投资5亿美元所援建。这是中国海军潜艇首次出国访问，也是中国海军常规潜艇首次被证实出现在印度洋上。2014年10月底，中国"长征2号"潜艇与"长兴岛"号潜艇支援舰也在科伦坡港停靠加油休整。中国海军潜艇在斯里兰卡的两次停靠，引起了印度方面的强烈关切与警惕。[①]为了应对来自中国的潜在威胁，印度甚至决定提升与美国的海军合作，其中的重要举措就是举行"马拉巴尔"多国海军联合演习。

中国对斯里兰卡以及南亚地区的影响力增长，也对印度的对斯政策造成了较大影响。印度在军事、政治、经济与外交等多个方面对中斯合作进行了政策反制：在军事方面，为了制衡中国对斯里兰卡的军事援助，印度开始适当满足斯政府的军事防务要求。2007年之后，印度逐渐表现出与斯里兰卡进行军事合作的意愿。这与斯里兰卡拉贾帕克萨政府向中国、巴基斯坦寻求军事援助有着密切的联系。针对中、巴向斯里兰卡提供武器装备的情况，印度表现出明显的排斥态度。2007年5月31日，印度国家安全顾问纳拉亚南（M. K. Narayanan）在公开发言中重申了印度对斯政策中的"门罗主义"："我们是这个地区的大国。让我们把话说得再清楚一些。我们坚信，无论斯里兰卡政府有什么要求，他们都应该来找我们。而且我们会给他们我们认为必要的东西。我们不赞成他们去找中国、巴基斯坦或任何其他国家……我们不会向斯里兰卡政府提供进攻能力。这是我们的基本立场。……雷达被视作一种防御能力，如果一个国家（斯里兰卡）希望我们在防御能力上帮助他们，我们会提供

---

① 环球网："中国海军潜艇访问斯里兰卡，首次证实现身印度洋，"2014年9月23日，https://m.huanqiu.com/article/9CaKrnJFASf.（访问时间：2021年2月23日）；Shihar Aneez, Ranga Sirilal, "中国潜艇停靠斯里兰卡，引发印度关切," *Reuters*, November 3, 2014, https://www.reuters.com/article/sri-lanka-china-submarine-idCNKBS0IN02S20141103.（访问时间：2021年2月23日）

的。"①这其实是公开强调斯政府应该尊重印度的敏感性，而且也表明印度有意地排斥斯里兰卡从其他国家采购武器，并希望由自己来满足斯政府的防务需求。此后，印度部分满足了斯里兰卡长期以来提出的加强防务合作的要求，当然这主要是为了对抗中国对斯的军事影响力。

在政治方面，印度对2015年斯里兰卡大选进行介入和干涉，并以此来对中斯合作进行战略牵制。②2015年1月，在斯里兰卡大选中原本选情不错的马欣达·拉贾帕克萨，在投票中却出乎意料地以明显差距落败。有斯里兰卡媒体指责，在整个竞选活动中，新德里几乎全程参与了"倒拉贾帕克萨"的政治操作。西里塞纳上台以后很快就叫停了科伦坡港口城项目。中斯关系受阻也是印度一手策划和促成的，西里塞纳政府转变对华政策固然有选举政治的需要，但印度却成为斯里兰卡政府政策转变的最大外部受益者。当然印度的这种收益主要是体现在安全和战略层面。③

在经济方面，为了应对中国对斯援助不断增长的状况，近年来印度

---

① "Centre Considering Unified Command for Armed Forces," *The Hindu*, June 1, 2007,https://www.thehindu.com/todays-paper/Centre-considering-unified-command-for-armed-forces/article14771560.ece.（访问时间：2020年12月21日）;Sandra Destradi, "India and Sri Lanka's Civil War: The Failure of Regional Conflict Management in South Asia," *Asian Survey*, Vol.52, No.3, 2012, p.614; Lindsay Hughes, "Growing Sino-Lankan Cooperation Stems from India' Failed Approach," *Future Directions*, 27 March 2013, https://www.futuredirections.org.au/publication/growing-sino-lankan-co-operation-stems-from-india-s-failed-approach/.（访问时间：2020年12月15日）

② John Chalmers, Sanjeev Miglani, "Insight: Indian spy's role alleged in Sri Lankan president's election defeat", *Reuters*, January 18, 2015, https://in.reuters.com/article/sri-lanka-election-india/insight-indian-spys-role-alleged-in-sri-lankan-presidents-election-defeat-idINKBN0KR03J20150118.; "Indian spy's role alleged in Sri Lankan President's election defeat", *The Hindu*, January 18, 2015, http://www.thehindu.com/news/international/south-asia/indian-spys-role- alleged-in-sri-lankan-presidents-election-defeat/article6799075.ece.; "The new Indo-Lanka equation: what was India's role?", *The Sunday Times,* January 25, 2015, http://www.sundaytimes.lk/150125/columns/the-new-indo-lanka-equation-what-was-indias-role-131670.html.（访问时间：2020年12月23日）

③ 叶海林：《印度南亚政策及对中国推进"一带一路"的影响》，《印度洋经济体研究》2016年第2期，第6—7页。

对斯援助也开始陡增。目前，印度在南亚国家的援助与投资额中，约有一半集中在斯里兰卡。斯里兰卡已经成为印度对外援助中排名第四位的国家。印度对斯援助的激增不仅是印度为了巩固其南亚地区大国地位的举措，也是对中国在南亚推进"一带一路"建设及中斯合作的回应。此外，印度也积极加速推进各种印斯经济合作项目。例如，2011年就在中斯两国达成协议共建热电厂之后不久，印度就和斯里兰卡签署在北部地区投资建设另一热电厂的协议。[①]从印度的投入力度来看，绝不能轻易低估其对斯里兰卡的影响力。

在外交方面，印度也积极加强印斯双边外交联系。面对中斯关系的快速发展，2010年印度同时在斯里兰卡南部的汉班托塔和北部贾夫纳增设领事馆，印度也是首个在斯里兰卡南北两座重要城市同时拥有领事馆的国家，这是印度逐步完善其在斯外交网络的重要举措。此外，印度在斯首都科伦坡和中部城市康提都设有高级专员公署，这样印度在斯境内就同时拥有4个外交领事机构。印度之所以在汉班托塔设立领事馆，一方面是因为此港紧邻印度洋海上交通要道，地缘位置极为重要；另一方面也是由于中国在汉班托塔投资建设了各种项目，印度新增领事馆有助于及时掌握中国企业在斯的相关动态。[②]

### 三、斯里兰卡政局变化对中印斯三边关系的影响

21世纪初期以来，斯里兰卡外交政策经历了较大的起伏与转折。2005年上台的马欣达·拉贾帕克萨政府采取的是"以华制印"政策，即利用与中国的经济、政治与军事合作来抗衡印度的安全压力。在拉贾帕克萨政府时期，中斯两国关系升温的态势让印度感到不安。在这种情况

---

① 佟加蒙著：《殖民统治时期的斯里兰卡》，北京：社会科学文献出版社2015年版，第190页；戴永红、张婷：《印度南亚援助政策的理念、实践与趋势：从"古杰拉尔主义"到"莫迪主义"》，《南亚研究》2019年第3期，第91—92页。

② 杨晓萍：《斯里兰卡与中国、印度关系发展的新维度及其战略考虑》，收录于汪戎、万广华主编《印度洋地区研究（2012/4）》北京：社会科学文献出版社2013年版，第89页。

下，印度对2015年斯里兰卡大选进行了干预，这也导致马欣达·拉贾帕克萨的落选并结束了其长达10年的主政期。2015年，斯里兰卡西里塞纳政府上台以后，开始采取多元化外交战略。斯政府积极调整前任政府过于亲华的政策，转而向印度与西方国家靠拢，并对中斯合作的主要项目设置障碍。不过，印度虽然推动了西里塞纳政府疏远中国，但它却无法真正取代中国的作用。这主要是由于印度自身经济实力不足的限制。印度所提出的各种替代性印斯合作项目进展也非常缓慢，大部分都停留在纸面上。因此，西里塞纳政府从现实经济利益角度考虑，逐渐开始调整此前过于排斥中斯合作的政策。印度对中国制衡的负面影响也逐渐被扭转。此后，斯政府开始从现实的经济利益角度出发，仍继续保持中斯经济合作，并且力求在中印之间实现外交平衡。

2019年11月，斯里兰卡戈塔巴雅·拉贾帕克萨政府上台以后，仍然坚持在中印两个大国之间的战略平衡。2019年11月18日，戈塔巴雅·拉贾帕克萨在其就职演说中专门强调了斯里兰卡在外交政策上要保持"中立性"。此后，在接受印度媒体采访时，他也明确表示"斯里兰卡不会介入大国政治竞争"，"我们想与中国友好，与中国的经济和外交关系随处可见。印度也在与中国密切合作。我们需要投资和帮助，邀请包括印度在内的所有国家来斯投资，但我们不想卷入军事和地缘政治竞争"。[1]可以说，斯里兰卡新政府是出于现实主义考虑，在政治和安全上注意到印度的安全关切和战略红线，调整了前任政府的政策，与中国保持一定距离。在经济上则采取全方位合作政策，力求争取更多的经济合作伙伴和外国投资。

实际上，斯里兰卡主要战略诉求包括：（1）谋求印度对斯政府在处理泰米尔问题上的理解和支持；（2）在人权问题上得到印度和中国的支持；（3）争取中国，以部分抵消印度在政治、文化、地缘和经济等方面

---

① 胡博峰：《斯里兰卡新总统强调"外交中立"》，《环球时报》2019年11月19日，第3版；范基荣：《斯新总统称要重谈汉班托塔港》，《环球时报》2019年11月27日，第3版。

对斯里兰卡过于强大的影响力；（4）在安全战略上继续依赖印度，在经济发展上依靠中国的支持。[1]因此，斯里兰卡最佳的外交选择就是在中印之间实行"平衡外交"。这一点从斯里兰卡前外交官员的发言中也得到了印证：作为一个小国，平衡外交对斯里兰卡而言是非常重要的，而且长期以来他们一直坚守这个原则。但前任拉贾帕萨克政府打破了这一平衡，高调地全面转向中国。印度没有像中国一样的经济实力来进行大规模项目开发。在战后大型经济开发项目上，斯政府之所以选择中国而非印度，主要是因为印度不具备进行大规模项目（如汉班托塔港、科伦坡南港项目）开发的经济实力。[2]也有斯里兰卡学者指出："斯里兰卡在外交上一直坚持不结盟政策，斯政府无意在中印两个大国之间'选边站'。在两个大国之间较为务实的外交政策做法，应该是要像'划船'一样两边平均使力，船才能稳定地向前进。"[3]

对于斯里兰卡在中印之间寻求战略平衡的举动，印度方面表示默许。印度学者拉贾·莫汉认为，印度可以接受斯里兰卡在中印之间的"中立"态度，印度无意在斯里兰卡发展军事基地，但也不接受中国的类似行为。[4]因此，对于斯里兰卡而言，最重要的是注意其北方强大邻国印度在安全上的敏感性。斯里兰卡新总统戈塔巴雅表示，他非常清楚印斯关系中的"中国因素"。他也一再重申，科伦坡不想卷入大国之间的竞争，它将奉行"中立"政策。[5]相较于之前的国内政局混乱和对外政策的不连贯，斯里兰卡新上任的戈塔巴雅·拉贾帕克萨、马欣达·拉贾帕

---

① 赵江林、周亚敏、谢来辉：《一带一路面临的国际风险与合作空间——以斯里兰卡为例》，北京：中国社会科学出版社2016年版，第47页。
② 赵忆宁：《大战略："一带一路"五国探访》，杭州：浙江人民出版社2015年版，第142页。
③ 白汉唐：《中印在印度洋角力下斯里兰卡外交政策之研究》，中兴大学硕士论文，2014年，第44页。
④ C. Raja Mohan, "With Sri Lanka, Delhi must be seen as a friend of all communities," *The Indian Express*, November 29, 2019, https://indianexpress.com/article/opinion/columns/sri-lanka-gotabaya-rajapaksa-narendra-modi-on-a-new-footing-taranjit-singh-6141737/.（访问时间：2020年5月29日）
⑤ 同上。

克萨政府拥有更多的民意支持，在对内政策和对外政策上都能保持较大的稳定性。斯里兰卡也有望在这一届政府实现其外交政策的平稳，避免之前的过度倾向中国而刺激印度或倒向印度而影响中斯合作的局面。

# 本章小结

2009年，斯里兰卡内战结束之后，印斯关系进入一个新的历史阶段。印度对斯政策的主要目标是促进斯里兰卡国内权力下放与和平进程，通过提供人道主义支援和基础设施建设援助以改善印斯关系。不过，印斯关系中也出现了一系列新的问题：斯里兰卡内战后期的人权问题与印度在联合国人权理事会中的投票立场、斯里兰卡权力下放问题、印斯渔业冲突。除此之外，中国也逐渐成为影响印斯关系和印度对斯政策的重要外部因素。印度密切关注中斯两国不断深化的经济、政治和军事关系。印度对中斯关系发展态势感到担忧，尤其是对中斯军事与安全合作保持高度关切。实际上，印度对中斯合作的排斥也是其一贯排斥域外大国与南亚小国密切合作政策在新时期的具体表现。印度认为，中斯合作与"一带一路"倡议在南亚地区的推进都是所谓"珍珠链"战略的一部分，并认为这是中国对印度进行海上战略包围的重要举措。在这种认知的影响下，印度也对中斯合作进行了一些干扰，并且也展开了一系列的对冲性政策行动。面对这种情况，斯里兰卡在经过短暂的政策波动之后，开始选择在中印两个大国之间实施平衡外交。

# | 综论 |

斯里兰卡是印度南部的重要邻国，也是外交政策独立性较强的国家。如斯里兰卡区域地理问题研究专家西尔伐（S. F. de Silva）所说："在锡兰（即斯里兰卡）历史上，最主要的地理事实是它在印度洋上的位置。锡兰是靠近印度的一个岛，它对印度的关系犹如英国之于西欧和日本之于中国一样。锡兰离印度既没有远到处于印度影响范围之外，也没有近得完全被印度历史所吸收。这就有助于它从印度吸取东西，但又能维持其独立性。"[①]虽然斯里兰卡与印度的国力对比悬殊，但它一直抵触印度对其内政外交事务过于强大的影响，印斯关系并未完全按照印度所设想的路径前行。从20世纪40年代末印斯两国独立至今，印斯关系经历了几个重要的历史阶段：1948年至20世纪70年代末期，在分歧中努力合作解决历史遗留问题阶段；1980年至1990年，印度介入斯里兰卡民族冲突阶段；1990年至2009年，印斯关系修复阶段；2009年至2019年，斯里兰卡内战后印斯关系深入发展阶段。在这些不同的历史时段里，印度基于当时的外交环境、总体国家安全战略布局、南亚地区政策和印度洋政策等战略考量，对斯里兰卡采取了克制与合作、调停与干涉、修好与拉拢等不同的外交政策，这些政策也引起了印斯关系的波动起伏。

虽然经历了70年的风云变幻，但印度对斯政策仍然存在一些持续

---

① [锡兰]西尔伐：《锡兰区域地理》，程鸿等译，北京：生活·读书·新知三联书店1958年版，第2页。

不变的地方。实质上，印斯关系可以概括为"区域霸权国"与"区域内小国"之间控制与反控制的关系。具体而言，长期以来印度都希望将斯里兰卡纳入印度主导的南亚和印度洋地区秩序，印度不愿看到其他国家来挑战它在斯里兰卡的独特地位和传统影响力；但斯里兰卡对此存在警觉，并且不断试图引入外部力量来对冲和制衡印度的影响力。除此之外，印度对斯政策中贯穿始终的两个重要议题分别是印度对斯里兰卡泰米尔人处境的关注、对斯里兰卡与第三方即被印度认为是"敌对国家"密切合作的关切与排斥。总之，70年来的印度对斯政策中，"不变"的是印度对斯里兰卡地缘战略位置重要性的认识、印度排斥斯里兰卡与域外国家（尤其是被其认为敌对国家）的合作、印度将斯里兰卡纳入其安全体系和势力范围；"变"的是在不同历史时期，印度对斯政策采取了强硬、怀柔和软硬兼施等不同的外交手段，这分别产生了不同的政策结果，也对两国关系造成了不同的影响。最后，印度对斯政策所引起的不同政策结果，为地区大国与国际社会提供了重要的启示和教训，即：大国应该尊重国际法基本原则，尤其是不能干涉周边小国的内政；大国应该在和平共处、平等协商的基础上，与周边国家妥善处理解决跨界民族问题；进行国际调停时应该保持公平的立场；实施维和行动的过程中要充分尊重有关各方的基本诉求、慎用武力等等。

## 一、印度对斯政策的历史演变和主要特征

从1948年斯里兰卡独立以来的70年间，印度的对斯政策呈现明显的阶段性特征。迄今为止，印度对斯政策可以分为四个主要阶段。在这些不同的历史阶段，印度对斯政策有着明显的变化，由此也给印斯关系造成了各种截然不同的影响。

### （一）印度对斯政策的四个主要阶段

1. 从1948年至20世纪70年代末期：克制与合作政策

20世纪40年代末，印度和斯里兰卡先后独立，两国开始在新的基础上发展外交关系。从印斯两国独立起至20世纪70年代末是印斯关系发展

的早期阶段。这一阶段印度对斯政策的主要特征是"克制与合作",其目标主要有:增强印斯政治互信;通过双边谈判形式解决印斯间历史遗留问题;维持印斯关系稳定;消除斯里兰卡对印度的安全顾虑及其引入的外部制衡,以避免南部印度洋海上方向不必要的战略牵制。

在这一时期,印度对斯政策重点关注的几个问题:一是印斯两国间的历史遗留问题。主要是印度泰米尔人国籍问题、卡恰提武岛争端及印斯海洋划界问题。其中印度泰米尔人国籍问题是双方冲突和分歧最为激烈的方面;[①]二是斯里兰卡的亲西方政策。印度希望打消斯里兰卡对印度的安全顾虑,防止斯里兰卡引入外部制衡力量、倒向西方或者与被印度敌视的国家发展密切关系;三是促进印斯两国友好合作,共同推动不结盟运动发展和印度洋和平区建设。就政策实施的具体效果来看,在"克制与合作"政策指导下,这一阶段印斯两国不仅通过和平谈判解决了历史遗留问题,而且还保持了印斯双边关系的友好发展、稳步前进。到20世纪70年代末期,印斯两国以和平方式基本解决了印度泰米尔人国籍问题、卡恰提武岛归属与印斯海洋划界等问题,而且两国也在"不结盟运动"和"印度洋和平区"等国际议题上展开了广泛的合作。因此,印斯关系在20世纪70年代后期达到了两国自独立以来的最佳状态,印斯两国政府与民间的友好氛围也一度高涨。

2. 20世纪80年代:调停与干涉政策

20世纪80年代是印斯两国关系最为复杂、矛盾与冲突最为集中的历史时期。在这一阶段,印斯关系的主要问题是印度在斯里兰卡民族问题中的角色与作用。当时,印度对斯政策的主要目标是保持斯里兰卡政局稳定、防止域外国家在斯获得战略存在、保护斯里兰卡泰米尔人的基本权利。为此,印度先后采取了暗中支持泰米尔武装分子、在泰米尔组织

---

① S. U. Kodikara, *Indo-Ceylon Relations Since Independence*, Colombo, Ceylon: The Ceylon Institute of World Affairs, 1965, p. vii; M. Mayilvaganan, "India's Policy Towards Sri Lanka, 1947-2007: Continuity and Change," in World Focus ed., *India's Foreign Policy: Continuity and Change*, Delhi, India: Academic Excellence, 2008, p.44.

与斯政府之间公开调停、通过武力强势介入斯里兰卡民族冲突等政策，对斯里兰卡民族问题进行了不同程度的干涉和介入。具体而言，在20世纪80年代，由于斯里兰卡民族冲突的加剧，斯政府在外交上不断向美国靠拢，印度开始借斯民族冲突的契机对斯里兰卡进行干预。

这一时期，印度也提出了具有霸权主义色彩的南亚政策"英迪拉主义"。在"英迪拉主义"的指导下，英·甘地政府积极扶植泰米尔武装组织，将其作为敲打和牵制斯里兰卡政府的"棋子"，并以此迫使斯政府按照印度的战略意图重塑其国内政治秩序和外交政策选择。此后，拉·甘地政府又开始积极在泰米尔组织与斯政府之间进行调停，并与斯政府签订了《印斯和平协议》，通过双边协议的形式满足了印度的地缘战略诉求。同时，印度也派出了维和部队监督停火，并力求帮助斯里兰卡结束内战。但却事与愿违，印度低估了泰米尔猛虎组织寻求独立的决心和意志，印度维和部队也陷入了与猛虎组织的苦战，最后不得不在承受巨大伤亡的情况下撤出斯里兰卡。

就具体政策实施效果来看，20世纪80年代的印斯关系呈现出"总体恶化"的趋势。印度强势干涉斯里兰卡民族冲突的地区霸权行为让印斯关系急剧恶化，甚至让印斯双边关系在20世纪80年代末跌落到两国建交以来的最低谷。斯政府和民间层面都对印度充满着反感和敌对情绪。这一时期也成为印斯关系史上最为紧张的时期。1987年至1990年印度维和行动的失败，也标志着印度希望用武力解决对斯关系问题的政策最终失败。而且，印度在斯里兰卡的这次维和行动也被称作是"印度的越战"。此次出兵斯里兰卡的惨痛经历也给印度带来了一些后遗症，印度从此在武力介入周边小国方面变得更加慎重。①

---

① 美国学者斯蒂芬·科恩认为，虽然斯里兰卡维和惨败经历让印度对周边小国动武趋于谨慎，但印度仍存在着干预尼泊尔、孟加拉国、斯里兰卡等周边小国的可能性。干预的目的包括：支持弱小但亲印的政府、在他国干预之前的先发制人、协助邻国遏制分离主义或其他威胁印度国家利益的运动。具体参阅Stephen Philip Cohen, *India: Emerging Power*, Washington, D.C.: Brookings Institution Press, 2001, p.243.

3. 20世纪90年代至2009年：不干涉与修好政策

从1990年印度维和部队撤出斯里兰卡到2009年斯里兰卡内战结束期间，印度的斯里兰卡政策主要是不干涉与修好政策，其主要特点是不干涉斯民族冲突、淡化政治问题、修复双边关系，将印斯双边关系的重点转向经济合作与文化交往。当然，印度仍然呼吁斯里兰卡政府通过和平谈判与政治途径解决民族冲突，推进中央政府权力下放并最终实现国内和解。不过，印度此时的政策已经不像20世纪80年代那样强硬，转而采取一种更加克制和柔性的劝说政策。

这一阶段印度对斯政策调整的重要时代背景是冷战结束形势下印度的外交政策发生了整体性调整。印度开始更多地聚焦于国内经济发展，并迫切寻求缓和与周边邻国的关系。此后不久，印度便提出了具有惠邻性质的"古杰拉尔主义"。在普遍改善与周边小国关系的情况下，印斯关系也得到了很大的改善。印度一方面不再插手猛虎组织与斯政府之间的冲突；另一方面也给予斯政府必要的经济援助，尤其是大力推动印斯经济关系的发展，最具历史意义的是印斯两国于1998年12月签署了南亚地区首个双边自贸协定《印斯自由贸易协定》。当然，2005年斯里兰卡马欣达·拉贾帕克萨政府上台以后，开始寻求印度在军事方面的更多援助，求助无果后转而向中国、巴基斯坦寻求帮助。斯里兰卡向中巴两国靠近无疑又触动了印度的敏感神经，印度为了制衡中国的影响力开始部分放弃此前的"不干涉"政策，转而向斯政府提供了一些防御性武器装备与军事情报。从具体政策效果来看，这一阶段印度的对斯政策总体上较为成功，此前因印度介入斯内战而严重受损的印斯关系也得到一定修复。20世纪90年代以后，印斯两国关系逐步走向正常化，两国高层互访频繁，双边经贸关系与民间交流也回暖升温。而且，尤为引起关注的是印斯双边贸易也以《印斯自由贸易协定》的签署为契机获得飞速发展。

4. 2009年至2019年：拉拢与制华政策

2009年斯里兰卡内战结束以后，印斯关系开始进入一个新的发展阶段。这一时期印度的对斯政策主要是拉拢与制华。从2009年至2019年，印度对斯政策的主要内容是继续增进印斯双边关系、推动难民遣返与安置、关注斯里兰卡内战中的人权问题、推进斯战后民族和解与权力下放以及制衡中国在斯里兰卡不断增长的影响力。此外，印斯关系也因印度在联合国人权理事会中涉斯问题的立场、斯战后和解与权力下放进程缓慢、印斯渔业冲突等一系列新凸显的问题而受到影响。在此过程中，泰米尔纳德邦因素对于印度中央政府的对斯政策也产生了一定影响。不过，当前印度更为关注的仍然是印斯关系中的"中国因素"。印度将中斯合作视作中国在印度洋方向对印度进行战略围堵的重要措施。中国也成为印度对斯政策中最为关注和防范的"域外敌对国家"。为了制衡中国"一带一路"倡议与中斯合作发展的态势，印度开始对斯里兰卡进行拉拢，竭力为斯里兰卡提供各种经济援助和军事合作，并希望借此排挤和制衡中国对斯的影响力。

从政策效果来看，印度对斯政策并没有起到其预期的"离间分化"中斯两国的战略目标。印度的主要问题在于其自身经济实力和政策执行力不够，无法完全满足斯里兰卡战后恢复重建与经济发展的需要。而且，泰米尔纳德邦因素也成为印斯关系深入发展的一大制约因素，印度中央政府增进印斯关系的举措常常被泰邦政客和民众指责为对斯里兰卡僧伽罗人政府过于软弱和妥协。因此，印度对斯里兰卡的很多承诺常常是口惠而实不至。这使得斯政府倾向于在中印之间寻求战略平衡：一方面在经济发展上依靠中国的力量，同时争取印度的经济援助；另一方面在安全和战略上顾及印度的敏感关切，避免在军事上与中国走得太近。斯里兰卡在中印两大国之间采取的战略平衡外交也为其争取到了一定的经济资源和外交空间。

**表 5.1 印度对斯政策历史演变概况表（1948—2019）**

| 时间 | 印度国家安全战略重心、南亚政策与印度洋政策 | 印度对斯政策 | 印度政府 | 印斯关系主要议题 | 政策效果 |
|---|---|---|---|---|---|
| 1948—1980 年 | 重陆轻海<br><br>控制北部（陆地）<br><br>稳定东南（海洋） | 克制与合作 | 1. 尼赫鲁政府（1947—1964）<br>2. 夏斯特里政府（1964—1966）<br>3. 英·甘地政府（1966—1977）<br>4. 德赛政府（1977—1979）<br>5. 查兰·辛格政府（1979-1980） | 1. 印度泰米尔人国籍问题<br>2. 斯里兰卡对印度战略恐惧与《英锡防务协定》<br>3. 卡恰提武岛争端与印斯海洋划界 | 基本解决了印斯两国之间的历史遗留问题，保持了印斯关系稳定和正向发展 |
| 1980—1990 年 | 海陆并重<br><br>英迪拉主义 | 调停与干涉 | 6. 英·甘地政府（1980—1984）<br>7. 拉·甘地政府（1984—1989）<br>8. 维·普·辛格政府（1989—1990） | 1. 斯里兰卡僧泰民族冲突<br>2. 印度对斯里兰卡内战的干预<br>3. 排斥美国在斯里兰卡影响力的增长 | 导致印斯关系恶化，两国各种摩擦与冲突不断。印度维和行动以失败告终，印度总理拉·甘地在卸任后被暗杀 |
| 1990—2009 年 | 重视印度洋并发展海军实力<br><br>古杰拉尔主义 | 不干涉与修好 | 9. 谢卡尔政府（1990—1991）<br>10. 拉奥政府（1991—1996）<br>11. 瓦杰帕伊政府（1996）<br>12. 高达政府（1996—1997）<br>13. 古杰拉尔政府（1997—1998）<br>14. 瓦杰帕伊政府（1998-2004）<br>15. 曼莫汉·辛格政府（2004—2014） | 1. 不干涉斯民族问题<br>2. 在政治、经济、文化等方面对斯全方位合作 | 印斯关系得到一定程度的修复和改善 |

续表

| 时间 | 印度国家安全战略重心、南亚政策与印度洋政策 | 印度对斯政策 | 印度政府 | 印斯关系主要议题 | 政策效果 |
|---|---|---|---|---|---|
| 2009—2019年 | 更加重视印度洋 邻国优先 印太战略 | 拉拢与制华 | 15. 曼莫汉·辛格政府（2004—2014） 16. 莫迪政府（2014—至今） | 1. 斯里兰卡人权问题 2. 斯里兰卡权力下放与和平进程 3. 印斯渔业冲突 4. 中国因素 | 印斯关系因中国因素而受到影响，斯里兰卡在中斯之间寻求战略平衡 |

资料来源：笔者自制表格

### （二）印度对斯政策的延续性与变革性

1. 印度对斯政策"延续性"的内容

一是斯里兰卡的地缘战略位置没有变。随着印度的印度洋战略发展、中国在印度洋地区存在的增长，斯里兰卡的这种地缘战略价值会更加凸显。从地缘政治角度来看，印度是斯里兰卡最大的邻国，斯里兰卡是印度南部的门户与走向印度洋的锁钥。在印度外交层面，是印度外交布局和战略资源分配决定了其斯里兰卡政策的地位。当国力强大、战略资源充足的情况下，印度会更加重视和发展海洋力量与印度洋战略，斯里兰卡在其外交中的地位和战略价值自然也会得到提升。

二是影响印度对斯政策的基本因素没有变。这些影响因素包括：（1）斯里兰卡地缘战略重要性；（2）斯里兰卡国内民族问题；（3）斯里兰卡外交政策中引入外部制衡的举措。斯里兰卡外交政策中的一个持续性因素就是经常寻找盟友，以及寻求双边或多边合作，以便抵消印度强大的影响力。①斯政府在不同时期选择的"亲西方"或"亲中国"政策都是这种外交特点的具体表现。（4）域外大国试图扩大在印度洋和南亚

---

① Urmila Phadnis, "India and Sri Lanka," *International Studies*, Vol.17, No.3-4, July 1978, p.589.

影响力而与斯里兰卡展开合作。印度在战略上将斯里兰卡作为其"势力范围"和"保障其战略安全的组成部分",反对域外大国与斯里兰卡过于亲密。(5)印度国内政党政治与泰米尔纳德邦的影响。(6)印度的总体外交战略布局、南亚政策、印度洋政策等因素的影响。

三是印度对斯基本政策目标没有变。印度对斯里兰卡政策的主要目标是希望维持斯里兰卡稳定;避免域外被印度视为敌对的国家与斯合作;斯政府实行权力下放并照顾泰米尔人的合理利益诉求;维持印斯关系友好;斯政府在国际和地区层面上服从印度的外交战略需要,并成为印度密切合作的"小兄弟"。

2. 印度对斯政策"变革性"的内容

一是在不同历史时期,印度对斯政策的政策重点和外交手段是不同的。从1948年至20世纪70年代末,印度重点关注的是解决印斯两国之间的历史遗留问题(泰米尔人国籍问题、卡岛争端和海洋划界问题)、打消斯里兰卡对印度的安全顾虑、促进印斯在国际舞台上的合作。20世纪80年代,印度关注的是斯里兰卡民族冲突局势、斯政府的亲西方政策以及美国对斯的战略影响力。20世纪90年代至21世纪初,印度聚焦的是印斯经济合作、修复双边关系、推动斯里兰卡民族冲突的政治解决。2009年以来,印度的政策重点是排斥中国对斯影响力、增进印斯双边关系、推动斯里兰卡权力下放与和平进程。在这些不同的历史阶段,印度对斯具体政策目标优先项有所不同,而且采取的具体外交政策手段及其效果也不一样。

二是斯里兰卡在印度外交布局中的分量和地位在不断上升。客观来看,在独立之初,斯里兰卡在印度外交政策整体布局中的地位并没有那么重要。或者说印度领导人给予斯里兰卡的关注并没有那么多。虽然潘尼迦等重要政治人物都强调斯里兰卡和印度洋的地缘战略价值,但当时印度的主要战略重点和安全防范对象来自北方。通过印度总统历年国会咨文可以看出,在独立后很长一段时间,斯里兰卡在印度外交中所占的地位并不是很重要。在印度外交布局中,斯里兰卡是与尼泊尔、不丹、缅甸、印尼以及孟加拉国等国地位相似的邻国，印度需要维持与其友好关系。在两国关系的最初30年时间里，印度重点关注的就是斯里兰卡国内印度泰米尔人的国籍和公民权问题。但是，这种情况在20世纪70年代以后发生转变。在1971年印度一举肢解巴基斯坦以后，印度开始在南亚地区正式站稳脚跟，在安全战略方面也有更多余力来关注印度洋方向。随着印度的印度洋战略发展，斯里兰卡在印度外交政策中的重要性也在不断提升。此时印度的对斯政策中也开始增加了更多安全与战略方面的考量。

笔者认为，在此有必要就1971年第三次印巴战争对印度外交政策和安全战略调整的影响进行简要阐述。一般情况下，学界常常较为关注第三次印巴战争带来的直接影响，即巴基斯坦被肢解、印度一跃成为南亚首屈一指的大国；但往往容易忽视这次战争对印度外交战略调整的影响。实际上，第三次印巴战争改变了南亚地区原有的两强格局，形成了印度一家独大的局面。在新的地区实力对比情况下，印度可以将原来主要放在西北部陆上的战略资源部分转移到南部海上方向。1971年以后，印度外交政策和安全战略出现一些明显的调整：开始重视印度洋战略；变得更容易干预周边国家内政；安全战略重点开始走向海陆兼顾，并且不断提升海洋的重要性。除此之外，1971年东巴危机期间印度"大获全胜"的成功干涉经历，也对1987年印度直接军事介入斯里兰卡民族冲突产生了间接影响。由于1971年印度军事干涉东巴危机的成功，印度在对外干预的政治意愿和民意支持方面都受到了极大的鼓舞，因此印度在1987年出兵斯里兰卡也就相对而言变得更加容易。

## 二、影响和塑造印度对斯政策的主要因素

印度的斯里兰卡政策主要受到历史文化、地缘战略、国内政治、领导人特质和域外大国因素等各种因素的影响。具体而言，印度对斯里兰卡政策主要有三方面影响因素：一是印度因素。这主要包括印斯两国历史文化联系和民族因素；印度的南亚政策和国家安全战略布局；印度国内政

治的影响。二是斯里兰卡因素。主要是斯里兰卡国内政局和外交政策的变化。三是域外大国的因素。在不同历史阶段，英国、美国、中国等域外大国与斯里兰卡的合作都会对印度的对斯政策造成一定影响。

**（一）印度因素**

1. 印斯两国历史、文化与地缘联系

从地理位置的角度来看，印度是距离斯里兰卡最近的国家，两国之间仅隔着狭长的保克海峡。保克海峡位于印度半岛东南侧与斯里兰卡西北侧之间，全长约137千米、宽约64—137千米，平均水深2—3米，海峡最深处仅9米。而且，该海峡南部有一连串珊瑚礁岛屿和浅滩（即亚当桥），它们是古代印度半岛人渡海前往斯里兰卡的天然通道。① 由于这种地缘联系，印斯两国自然也形成了历史和文化联系。实际上，斯里兰卡岛内的两大民族僧伽罗族和泰米尔族都来自印度半岛。最初，来自印度次大陆北部的移民渡海来到斯里兰卡并发展成为僧伽罗族，他们主要信奉佛教。后来，随着印度半岛南部泰米尔国家的兴起，泰米尔人也开始跨海入侵斯里兰卡岛并在岛内建立起泰米尔政权。泰米尔人主要信奉印度教。此后，斯里兰卡岛内僧泰两个民族之间进行了长期的斗争。泰米尔人逐渐占据了斯里兰卡岛北部、东部和中部广大地区；僧伽罗人则主要占据岛内的南部地区。至14世纪前后，斯里兰卡北部贾夫纳地区建立起泰米尔王国，泰米尔人的势力进一步得到增强。② 近代以来，印度和斯里兰卡（锡兰）又都成为英国的殖民地，拥有共同的被殖民经历和殖民宗主国。此外，19世纪后期，英国殖民者为了缓解斯里兰卡种植园劳工短缺的问题，开始大量从印度南部引入泰米尔人充当种植园工人。③ 在斯里兰卡独立以后，这些人的地位问题也成为印斯两国关系中的重要问题。

---

① 白克敏主编：《航海辞典》，北京：知识出版社1989年版，第213页；王兰：《斯里兰卡的民族宗教与文化》，北京：昆仑出版社2005年版，第90页。
② 王兰：《斯里兰卡的民族宗教与文化》，北京：昆仑出版社2005年版，第92页。
③ 为区别与岛内原有的泰米尔人，这些劳工也被称作"印度泰米尔人"或"泰米尔种植园劳工"。

可以看出，印斯两国之间在历史、文化、民族、地缘等诸多方面都存在着紧密联系。对于印度而言，印斯之间的密切联系会让它自然地将斯里兰卡视作是"兄弟之邦"。更确切地说，印度倾向于将斯里兰卡当作是印度的"小兄弟"。此外，由于印斯之间的这种密切联系，在印度独立前后，印度的主要政治人物甚至多次提出让斯里兰卡并入印度的论调。例如，1945年尼赫鲁曾说，从文化、民族和语言上，"斯里兰卡同任何省份一样，都是印度的一部分"。他也暗示斯里兰卡可以"作为印度的一个自治单位加入印度联邦"。1949年，印度国大党主席帕塔比·西塔拉姆亚也称："印度迟早会与锡兰人民达成协议，使锡兰成为（印度）政体的有机部分。"[1]当然，随着1948年斯里兰卡独立并表现出强烈的独立自主倾向，印度领导人这种鼓吹"印斯合并"的想法也逐渐被打消了。不过，印度仍然强调印斯之间的历史文化联系，并且常常自诩为斯里兰卡的文化母国。在这种思维的影响下，加之斯里兰卡地缘战略价值的重要，印度开始逐渐将斯里兰卡视作是其势力范围，不允许世界其他大国与斯里兰卡发展过于密切的关系。

不过，需要特别指出的是，印斯之间的这种历史文化联系却给斯里兰卡方面带来了截然相反的认知。由于历史上僧伽罗人政权曾经多次遭受泰米尔人的入侵，因此以僧伽罗人为主体的历史观将来自印度的泰米尔人视作"外来侵略者"。在斯里兰卡独立后，这种思想仍然在僧伽罗人主导的斯里兰卡政府层面得到了继承。因此，与印度的历史文化联系不仅没有让斯里兰卡政府及僧伽罗政治精英产生亲近感，反而让他们产生了忌惮与戒心。斯政府一方面担心在文化上被印度所裹挟；另一方面也担心在军事上会遭到印度的入侵甚至吞并。在这种认知的影响下，由僧伽罗人主导的斯里兰卡政府为了防止被印度所同化以及增强其民众支持度，开始更加强调斯里兰卡的"僧伽罗属性"，力求将僧伽罗人塑造

---

① 张位均：《印斯关系概述》，《南亚研究季刊》1990年第3期，第36页；[美]苏米特·甘古利主编：《印度外交政策分析：回顾与展望》，高尚涛等译，北京：世纪知识出版社2015年版，第39页。

为斯里兰卡历史的正统和主流。在这种政策的指导下，斯政府推行了一系列对泰米尔人的歧视性政策，这也进一步激化了斯里兰卡岛内的僧泰民族矛盾。

2. 印度的国家安全战略重心与南亚政策

斯里兰卡既是印度的南亚邻国，又是印度东南海上方向印度洋沿岸的岛国，因此印度的对斯政策天然地与其南亚政策、印度洋政策密切联系。而且，印度的对斯政策也会受到印度国家安全战略重心的影响。在分析印度国家安全战略重心布局对其斯里兰卡政策的影响时，不得不提及印度作为"陆海复合型国家"的地缘特征。"陆海复合型国家"指的是同时拥有陆地边界与海洋边界的国家。在国家战略资源有限的情况下，这种陆海兼备的地缘特征使得它们不得不面对"向海或向陆"的战略选择两难，而且还要承受来自海洋和陆地方向的双重安全压力。[①]

通过本书第一章至第四章的分析可以看出，印度的对斯政策深受其国家安全战略重心布局的影响。具体而言，印度在独立之初认为其面临的最大战略压力来自于南亚次大陆北部（巴基斯坦、中国），而南部印度洋海上方向仍然是由前殖民宗主国英国来主导，因此印度在很长一段时间内采取的都是"重陆轻海"战略。在这种战略布局影响下，印度对斯政策的主要目标是"确保东南方向稳定"，因此印度在处理印斯关系时保持了足够的克制。1971年，印度通过第三次印巴战争肢解巴基斯坦，一跃成为南亚地区无可撼动的地区霸权国家。此后，印度开始有更多的资源和精力来处理印度洋方向的事务。当时随着英国势力撤出印度洋，美苏两大强国都争相填补印度洋地区的权力真空。在这种情况下，印度开始将战略重心由"重陆轻海"转向"海陆并重"，印度也赋予了斯里兰卡以更多的地缘战略重要性，斯里兰卡在印度外交中的地位也不断提升。20世纪90年代以后，尤其是21世纪初期以来，在综合实力不断增长的

---

① 邵永灵、时殷弘：《近代欧洲陆海复合国家的命运与当代中国的选择》，《世界经济与政治》2000年第10期，第50页。

情况下，印度开始更为重视印度洋并提出控制印度洋的战略目标，此时，斯里兰卡在印度总体外交战略布局中的地位也变得更为重要。

在南亚政策的影响方面，印度的对斯政策实际上也是其南亚政策的具体组成部分。印度的对斯政策毫无疑问会受到其总体南亚政策的影响。由于印度居于南亚地区的中心地位，其总面积约为298万平方千米（不含印控克什米尔地区和中印边境的印占区等），占据整个南亚地区的3/4；而且其人口和国民生产总值也占南亚地区的3/4。因此，印度历届政府在制定南亚政策时，常常是将确保印度在南亚地区的主导和支配地位作为其首要目标。①当然，随着时代的变化发展，印度的南亚政策也相应地进行了一些调整。

总体而言，印度的南亚政策包括几方面内容：一是印度在南亚地区拥有主导和支配地位；二是南亚小国必须承认和服从印度的这种主导地位，这些邻国也不能实行危害印度国家安全的外交与防务政策；三是印度主张通过双边谈判途径解决与南亚邻国之间的各种纷争与矛盾；四是印度反对域外的大国介入南亚地区，尤其是反对南亚小国引入被印度视为敌对的大国；五是印度是南亚地区秩序的维护者，任何南亚国家内部出现问题时不应向地区外大国寻求帮助，而是应该首先向印度提出请求。②具体到印度的对斯政策方面，上述几点内容在20世纪80年代印度干预斯里兰卡民族问题的过程中展露无遗。而且，作为印度强势南亚政策代表的"英迪拉主义"，正是学界诠释1983年七月事件后印度对斯政策的特征时所提出的。1987年《印斯和平协议》换文也再次确认了印度在南亚地区的主导地位和排他性战略关切。

---

① 吴永年、赵干城、马孆：《21世纪印度外交新论》，上海：上海译文出版社2004年版，第108页。

② 孙晋忠、晁永国：《试论印度地区外交政策的理论与实践》，《国际政治研究》2000年第1期，第103—104、109页；胡志勇著：《冷战时期南亚国际关系》，北京：新华出版社2009年版，第252页；Arijit Mazumdar, "India's South Asia policy in the twenty-first century: new approach, old strategy," *Contemporary Politics*, Vol.18, No.3, Sep 2012, pp.286-302.

3. 印度国内选举政治和泰米尔纳德邦的影响

如本书第二章和第三章所述，20世纪80年代以后，印度国大党"一党独大"的政治已经逐渐走向衰落，印度国内政党政治也从国大党一党独大、单一政党执政演变为多党竞争和多党联合执政。与此同时，以种姓、宗教、民族和地域为单位的地方势力迅速崛起，它们不仅在很多邦政府获得执政地位，并且还在印度人民院中占据越来越多的席位，成为一股不可忽视的政治力量。而且，到90年代以后印度地方政党的作用更加凸显，国大党等全国性政党不得不在地方政党支持下才能上台执政。因而，印度中央政府在内政外交方面也不得不考虑地方政党的诉求，这些地方势力对印度中央政府的外交政策也形成了制约性影响。

具体到印斯关系方面，印度的对斯政策很大程度上受到泰米尔纳德邦的影响。泰米尔纳德邦两大政党德拉维达进步联盟（DMK）、全印度安纳德拉维达进步联盟（AIDMK）长期在泰邦轮流执政，它们也在印度人民院中占有众多席位。长期以来，这两个政党都对斯里兰卡泰米尔人的状况保持关切。因此，印度中央政府在制定对斯政策时，不得不考虑他们的意见。实际上，泰米尔纳德邦因素在印度干预斯里兰卡民族问题、印斯渔业争端久拖不决、印度在联合国人权理事会中对斯人权问题立场波动等三个问题上都有所体现。

在印度干预斯民族冲突问题方面，DMK和AIDMK等泰米尔纳德邦政党为了捞取政治资本，竞相表现出强烈的泰米尔民族主义情绪，他们也以关切斯里兰卡泰米尔"兄弟"为由，多次要求印度中央政府干预斯民族冲突问题。他们对猛虎组织等泰米尔武装团体的暗中帮助也加剧了斯里兰卡民族问题的复杂性。可以说，虽然20世纪80年代印度干涉斯民族冲突主要是由印度的南亚政策所决定的，但也不能忽视泰邦民族主义情绪及其在议会中的政治地位对印度领导人决策的影响。[①]在印斯渔业争

---

① 陶亮：《理想主义与地区权力政治：冷战时期印度的对外政策》，昆明：云南大学出版社2014年版，第231—232页。

端方面，泰邦地方政党和渔民不顾印斯两国已经签订的海上边界协定的事实，长期使用大型拖网渔船越界到斯里兰卡一侧捕鱼。而且，他们反复声称将卡恰提武岛划归斯里兰卡的划界协定无效，要求收回卡岛以保障印度渔民的传统捕鱼权。这无疑让印度中央政府夹在泰米尔纳德邦和斯里兰卡政府之间左右为难，也给印斯关系的进一步改善制造了障碍。在斯里兰卡人权问题方面，由于DMK是曼莫汉·辛格领导的团结进步联盟政府第三大成员，它多次威胁退出联盟以迫使印度中央政府在人权问题上对斯政府施压。这也是印度在联合国人权理事会关于斯里兰卡人权问题投票时出现政策反复的重要原因。

**（二）斯里兰卡因素**

1. 斯里兰卡国内民族问题

斯里兰卡的民族冲突问题既源自于英国殖民时期"分而治之"的政策与大量引进泰米尔种植园劳工所带来的负面影响，也源自独立后僧泰两族之间关于政治权力和资源的争夺。[1]斯里兰卡独立之后，僧伽罗人主导的政府长期在语言、教育和就业方面采取对泰米尔人的歧视性政策，使得僧泰民族矛盾日益激化。印度南部泰米尔纳德邦有大约6000万泰米尔人，他们与斯里兰卡泰米尔人同根同源，因此印度泰米尔纳德邦民众常常将斯里兰卡泰米尔人视作"同胞兄弟"。因此，斯政府的民族歧视政策及由此引起的民族冲突不能不引起泰米尔纳德邦和印度政府的关注。

可以说，斯里兰卡民族问题与斯里兰卡泰米尔人处境问题一直是印斯关系中的重要议题。而且，如前文所述，斯民族问题常常成为印度国内政治的筹码。印度中央政府反复利用这一问题对斯里兰卡政府进行干预和敲打；而泰米尔纳德邦主要政党则常常拿这个问题作为争取选票的工具。对于这一问题，印度的主要利益诉求是希望斯里兰卡政府尊重泰米尔人的合理诉求、通过政治途径解决国内民族冲突、在各方参与的情

---

[1] 张棋炘：《族群冲突与大国介入：斯里兰卡的发展难题》，《全球政治评论》（中国台湾）2014年第45期，第11页。

况下通过谈判达成权力下放方案。当然，在不同的历史时期，印度对于斯民族问题所采取的政策手段也有所不同。20世纪80年代是印度对斯里兰卡民族问题介入最深、干涉力度最大的时期。当时印度不断卷入斯里兰卡国内民族冲突，最终双方在1987年签署了《印斯和平协议》，而且印度派出维和部队进驻斯里兰卡并对猛虎组织作战。

2. 斯里兰卡对印度的战略认知及外交政策选择

虽然有历史、文化、地缘上的相近，但斯里兰卡却在战略层面一直对印度保持着警惕与忌惮。印度是对斯里兰卡发挥最大影响力的外部力量，斯里兰卡也对印度这一强大邻国的霸权主义倾向保持警惕。这主要是因为印度倾向于在其周边地区使用武力，这在它通过武力夺取果阿、肢解巴基斯坦以及与中国持续不断的边界争端等方面得到了印证。①实际上，"印度威胁论"是斯里兰卡僧伽罗政治精英普遍的观念。印斯关系在很长时间内也呈现出"控制与反控制"的特征：印度从地区大国主义出发，竭力将斯里兰卡纳入其地区安全秩序之中，让斯里兰卡服从印度的地区安全战略安排，并在外交上跟随印度的路线；但具有强烈自主意识的斯里兰卡僧伽罗政治精英常常对此感到抵触与排斥。为此，斯政府常常引入第三方大国的力量来平衡印度的影响力，印度、斯里兰卡、第三方大国之间也多会形成某种战略三角关系。

在独立前夕，斯里兰卡为应对来自印度的潜在战略威胁，选择与英国缔结了具有军事同盟性质的《英锡防务协定》。协定规定了双方在战时的互助义务，并且允许英国保留在斯里兰卡的海军和空军基地。这使得印度在独立后很长一段时间内都采取了"克制与合作"的对斯政策。1956年，斯里兰卡自由党上台以后，斯政府开始调整此前过于亲西方的外交政策，转而改善与印度的关系，并在印度与西方国家之间坚持"不结盟"政策。在这一政策指导下，印斯关系得到了改善，双方也通过和

---

① James Manor, Gerald Segal, "Causes of Conflict: Sri Lanka and Indian Ocean Strategy," *Asian Survey*, Vol.25, No.12, 1985, p.1174.

平谈判解决了各种历史遗留问题。但到20世纪80年代以后，贾亚瓦德纳领导的斯里兰卡统一国民党政府为了发展经济，开始采取亲西方外交政策并对印度保持战略警惕之后，再次引起了印度的反对和施压。印度也以斯里兰卡民族问题为契机开始强势干涉斯里兰卡内政，从而导致印斯关系的急剧恶化。2005年，马欣达·拉贾帕克萨政府上台以后，采取与中国密切合作的政策，这同样引起了印度方面的猜忌和反制。印度甚至暗中对2015年斯里兰卡大选进行干预，最终导致马欣达·拉贾帕克萨败选，斯政府重回"中立主义"外交立场。

3. 斯里兰卡国内政局的影响

斯里兰卡国内政局变化对于印斯关系也常常会产生影响。具体而言，斯里兰卡独立以后主要执政的两大政党分别是统一国民党和斯里兰卡自由党。统一国民党在外交政策上基本对印度保持战略警惕，并且采取"亲西方"政策以此制衡印度的影响力；斯里兰卡自由党则有所不同，他们在外交上主张"不结盟"政策，充分发挥斯里兰卡在国际社会中的作用，并且积极改善与印度的关系。因此，每当统一国民党上台执政时，印斯关系常常会受到一些影响；当斯里兰卡自由党执政时往往保持对印友好，印斯双边关系也较为顺畅。在这种背景下，每当斯里兰卡突然发生政党更替时，印斯关系常都会受到突然性的冲击。

**表 5.2 斯里兰卡自由党和统一国民党外交政策倾向对比表**

| 政党 | 对印政策 | 总体外交政策 | 代表政治人物 |
|---|---|---|---|
| 统一国民党 | 1. 保持对印安全警惕<br>2. 引入外部制衡（英国、美国、巴基斯坦、中国） | 亲西方、防范印度 | D. S. 森纳那亚克<br>科特拉瓦拉<br>贾亚瓦德纳 |
| 斯里兰卡自由党 | 积极改善对印关系 | 不结盟政策<br>"印度洋和平区" | 所罗门·班达拉奈克<br>西丽玛沃·班达拉奈克 |

资料来源：笔者自制表格

此外，部分政治家的个人因素也时常会对印斯关系形成各种不同的影响。例如，所罗门·班达拉奈克与西丽玛沃·班达拉奈克（同属斯里兰卡自由党）执政期间基本保持对印度友好的政策，西丽玛沃·班达拉奈克本人与英·甘地的个人友谊也有助于缓解印斯两国之间的分歧。而贾亚瓦德纳（属于统一国民党）与英·甘地的个人关系比较差，在他因政治原因剥夺西丽玛沃·班达拉奈克的公民权利之后，印斯领导人关系进一步恶化。这种情况对于20世纪80年代紧张的印斯关系无异于火上浇油。再比如，1995年上台的库马拉通加夫人是西丽玛沃·班达拉奈克之女，她对印度充满着友好的情感，在她的任期内印斯关系处于黄金十年的发展阶段；但2005年更加强势的马欣达·拉贾帕克萨上台以后，印斯关系再度受到影响。由此可以看出，斯里兰卡国内政局变化与领导人的更替也会对印斯关系与印度对斯政策产生较大的影响。

**（三）域外大国因素**

域外大国也是影响印度对斯政策的重要因素。由于印斯实力差距悬殊，印度不会直接将斯里兰卡视作安全威胁，印度担心的只是斯里兰卡会与其他域外大国合作。印度一贯的政策是将斯里兰卡视作是自身安全战略的一部分，防止域外大国与斯里兰卡进行合作、在斯获得重要军事或政治存在而构成对印度的战略威胁。除了南亚宿敌巴基斯坦之外，印度真正在意的第三方国家主要就是英国、美国和中国等域外大国。

1. 印斯两国独立之初的英国因素

在20世纪40年代末至50年代，英国因素对印度的斯里兰卡政策产生了重要而深刻的影响。英国的影响主要体现在两个方面：一是《英锡防务协定》与英国在斯里兰卡保留军事基地。虽然印度并没有将英国视作战略威胁，但《英锡防务协定》与英国在斯里兰卡继续保持的海军、空军基地仍然引起了印度的关注。《英锡防务协定》实质上是具有军事同盟性质的协定，它给独立之初的斯里兰卡提供安全保障与战略底气，也对印度造成了心理上的战略威慑。通过第一章的分析可知，印度在独立之初的对斯政策明显表现出一种"克制"的态度，这与它对尼泊尔、不丹、锡金、巴基斯坦等南亚邻国的强势政策形成了鲜明的对比。由此可以看出，印度正是出于对英斯战略合作的顾忌，而没有在泰米尔人国籍问题上采取过于强硬的立场，反而是在各种场合都竭力向斯里兰卡政府传达善意。

二是英国继续维持其在印度洋的军事存在，这种军事存在一直持续到20世纪70年代才基本宣告结束。由于英国是印度的前殖民宗主国，因此印度并没有将英国对印度洋的掌控视作战略威胁。与此相反，印度反而认为这样可以腾出更多资源和精力来应对南亚次大陆方向上的安全威胁，而印度洋南部方向可以交由英国进行守护。这也进一步促成了印度独立初期的"重陆轻海"政策。如前文所述，在"重陆轻海"政策的指导下，印度对斯政策的主要目标是"维持斯里兰卡稳定"，避免南部增加威胁而形成新的战略牵制。

虽然1957年斯里兰卡收回英国的军事基地，而让《英锡防务协定》的战略威慑力大打折扣，但印度对斯的"克制与合作"政策一直保持到20世纪70年代。这其中的历史背景是英国在印度洋地区的军事力量一直维持到了20世纪70年代，而且印度当时的战略重心仍然放在北部陆地方向。因此，印斯之间的和平与合作局面得以维持了较长的时间。但是到70年代以后，这种情况开始发生改变。印度经由1971年第三次印巴战争基本稳定了北部陆上的安全威胁，印度转而开始处理南部印度洋方向上的事务。而1974年英国撤出苏伊士运河以东的军事力量，这一战略举措也让印斯关系开始变得不平静。到20世纪80年代，印度对于斯里兰卡的干预能力和主观意愿都极大增强。

2. 冷战时期的美国因素

1947年印巴分治以后，美国出于围堵苏联的战略目的，开始积极拉拢巴基斯坦加入其亚洲军事同盟体系。美国也为巴基斯坦提供各种战略性援助。因此，印度一直将美国视作战略敌国。20世纪70年代以后，随着英国的军事力量撤出印度洋地区，印度洋上出现了"权力真空"。

在这种情况下，美国和苏联两个超级大国竞相在印度洋地区展开战略争夺。这遭到了印度的强烈反对与不满，印度认为它是英国在印度洋地区的继承者，不能容许美国、苏联及其他西方国家进入印度洋和南亚地区从而挤占印度的安全空间。在域外大国之中，美国是印度眼中印度洋地区最大的霸权威胁。[①]这主要是由于当时美国已经拥有印度洋南部的迪戈加西亚军事基地，如果它继续获得斯里兰卡的亭可马里港，那么美国将在印度洋上形成无可撼动的地缘战略优势。这不仅直接构成对印度南部地区的战略威胁，而且也极有可能引起苏联方面的竞争性政策，从而将冷战对抗引入到印度洋和南亚地区。[②]美苏两个大国在印度洋地区展开权力竞争是印度所不愿意看到的局面。

就印斯关系而言，美国因素在20世纪80年代发挥了重要作用。当时，斯里兰卡贾亚瓦德纳政府面临着严重的经济和外债问题。为了渡过难关，斯政府希望通过加强同美国的合作而获得更多的经济援助。1982年，斯里兰卡与美国公司达成关于租赁亭可马里港储油设备的协定。这引起了印度的强烈担忧，印度担心美国公司会利用亭可马里港为美国海军在印度洋的远洋活动提供石油。[③]1983年，美斯两国又就改进斯里兰卡岛内的"美国之音"广播设施签订一项协定。这也引起了印度的猜忌，印度认为"美国之音"设在近在咫尺的南部岛国，毫无疑问是旨在对印度进行军事情报的监听或者传播不利于印度国内稳定的讯息。除此之外，1983年七月事件以后，斯政府绕过印度而选择向美国等国家寻求帮助的举措，更是触动了印度的安全敏感神经。

印度对美国在斯里兰卡民族冲突中的角色极为敏感，尤其担心美国

① [英]约翰·理查德·希尔：《中等强国的海上战略》，吕贤臣等译，上海：上海交通大学出版社2015年版，第22—23页。
② Shelton U. Kodikara, "International Dimensions of Ethnic Conflict in Sri Lanka: Involvement of India and Non-State Actors," *Bulletin of Peace Proposals*, Vol. 18, No. 4, 1987, p. 644；曹永胜等：《南亚大象：印度军事战略发展与现状》，北京：解放军出版社2002年版，第42页。
③ 王宏纬主编：《南亚区域合作的现状与未来》，成都：四川大学出版社1993年版，第227页。

会借此时机掌控亭可马里港甚至向斯里兰卡驻军，从而使斯里兰卡成为美国的势力范围与"反印"前沿阵地。[1]所以，印度坚决排斥美国等西方大国对斯民族问题的介入。为了应对这一局面，印度开始加大了对斯里兰卡泰米尔武装分子的培训和援助力度。在此过程中，印度英·甘地政府采取了暗中支持泰米尔武装团体，明里对泰米尔组织和斯里兰卡政府进行调停的"双轨"政策。印度此举是意在借助泰米尔武装团体对斯政府进行敲打和施压，迫使其作出外交政策调整，尊重印度的南亚地缘战略诉求并重新回到印度所设想的地区安全秩序之中。当然，在20世纪80年代斯里兰卡政府与印度之间的外交较量中，美国并没有为斯政府提供足够的帮助。最终，为了早日平息国内战乱，斯里兰卡贾亚瓦德纳政府不得不选择与印度进行合作，并被迫于1987年与印度政府签署了《印斯和平协议》。

3. 21世纪初期以来的中国因素

21世纪初期以来，中国开始成为印度尤为关注的域外大国。印度将中国与南亚小国的合作视作是对印度的安全威胁和战略包围。而且，21世纪以来印度外交政策持久性的目标之一就是防止中国在其南亚邻国获得过多的影响力。[2]在斯里兰卡方面，印度对中斯关系全面深化发展的态势深感担忧，有印度学者也提出"如果中国控制了斯里兰卡东北部的亭可马里港，那么北京将有能力把孟加拉湾变为名副其实的中国湖"。[3]因此，中国因素也对印度的斯里兰卡政策形成较大影响。实际上，2009年斯里兰卡内战结束以来，印度对斯政策的一个重要目标就是制衡中国在斯里兰卡及印度洋地区的影响力。中国因素对印斯关系的影响主要体现在以下几个方面。

---

[1] John W. Garver, *Protracted Contest: Sino-Indian Rivalry in the Twentieth Century*, Seattle and London: University of Washington Press, 2001, p.305.

[2] C. Raja Mohan, "India and the Balance of Power," *Foreign Affairs*, Vol. 85, No. 4, 2006, p.30.

[3] Amardeep Athwal, *China-India Relations: Contemporary dynamics*, London and New York: Routledge, 2007, p.45.

一是为了制衡中国对斯里兰卡的影响力，印度开始有意对斯政府进行拉拢，并且有针对性地提出一些反制政策。例如，印度为了制衡和对冲"一带一路"倡议就提出了"季风计划""香料计划"和"萨迦"倡议①，企图通过推动印度洋沿岸国家安全与经济合作的方式对中国进行战略排挤。而且，针对中国在斯里兰卡内战最后阶段为斯政府提供武器装备的情况，印度也打破了此前奉行的不干涉政策，转而为斯政府军提供一些防御性武器装备和军事情报，部分满足斯政府长期以来的防务合作诉求。此外，印度也加大了对斯里兰卡各种基础设施建设项目的资金投入，以排斥中国对斯的影响力。

二是中国成为斯里兰卡政府可以借助的外部平衡力量。从一定意义上讲，中国客观上成为斯里兰卡政府在中印之间开展"平衡外交"的借助因素，也让印度在干涉斯里兰卡国内事务上不得不更加克制。例如，斯里兰卡国内"权力下放"和"人权问题"是印度长期以来关注和重视的问题，印度一直都希望斯政府能够尽快推进相关进程，而且印度也曾通过各种手段对斯政府施压。但是由于中国因素的存在，印度不再可能像20世纪80年代那样对斯采取强硬措施，也无法对斯政府施加过多的压力，因为这有可能导致斯政府更加倒向中国一边。除此之外，印度虽然关注斯里兰卡国内政治问题，但它对于中国在斯的影响力增长是更加担忧和关切的。在必要时，印度甚至可以在泰米尔人问题等议题上保持态度缓和，以争取斯里兰卡政府在外交层面上站在印度一边。因此，可以说是中国因素削弱了印度对斯政策的"霸权主义"属性，也使得斯里兰卡外交活动空间得以扩大。

### 三、印度的斯里兰卡政策对大国与国际社会的教训、经验与启示

实质上，印度的斯里兰卡政策就是大国的小国政策，更确切地说是

---

① "萨迦"倡议全称"地区同安共荣"倡议（Security and Growth for All in the Region，SAGAR）。

地区大国（或地区霸权国）对于周边小国的政策。70年来，印度对斯里兰卡的不同政策给印斯关系和印度自身都带来了不同的政策后果。从国际关系和国际法的角度来看，印度的斯里兰卡政策也提供了不少教训、经验和启示。

**（一）要尊重国际法基本原则**

国际法基本原则是国际社会公认的处理国际关系的主要原则。但是，在实践的过程中，大国往往不遵守或是违背这些基本原则，这相应地也会带来极为恶劣的国际影响和具体后果。从印度对斯政策的角度来看，印度所违背的国际法基本原则非常多。具体而言，主要包括：国家主权平等原则、禁止以武力相威胁或使用武力原则、不干涉内政原则。

国家主权平等原则是传统国际法的一项基本原则。国家主权指的是对内的最高管辖权和对外的独立权。主权平等包含诸多要素，其中就有：国家之领土完整及政治独立不得侵犯；每一个国家均有权利自由地选择并发展其政治、社会、经济与文化制度。[①]就国家主权平等原则而言，印度在南亚和印度洋地区以大国和霸权国自居，肆意按照自身战略意图对周边小国进行施压和敲打，这是典型的以大欺小、倚强凌弱，也是明显不符合主权平等原则的。就印斯关系而言，印度明显没有尊重主权平等原则。例如，印度在20世纪80年代允许泰米尔武装分子在印度南部从事分裂斯里兰卡的活动，并且为其提供资金、场地、装备和军事技术培训；印度一直要求斯里兰卡政府按其意愿进行权力下放、将东北部省份进行合并甚至是要实行联邦制；印度泰米尔纳德邦渔民在印斯海洋划界协定签署之后，仍然长期越界到斯里兰卡领海捕鱼；等等。

禁止以武力相威胁或不使用武力原则是《联合国宪章》所规定的一项国际法原则。1970年《国际法原则宣言》中关于这一原则提出了许多具体内容，其中就包括：每一国均有义务避免组织或鼓励组织非正规

---

① 《国际公法学》编写组编：《国际公法学（第二版）》，北京：高等教育出版社2018年版，第90页。

军或者武装团体（包括雇佣兵在内）侵入他国领土；每一国均有义务避免用涉及使用武力或以武力的方式在他国发动、煽动、协助或参加内争或恐怖主义活动，或默许在其本国境内从事以犯此等行为为目的之有组织活动。[1] 就印斯关系而言，英·甘地时期秘密支持泰米尔武装团体、拉·甘地时期在1987年6月4日派飞机对贾夫纳半岛地区空投物资等行为，都是明显违反上述国际法原则的。

不干涉内政原则指的是任何国家或国家集团在国际交往中，都不得以任何理由或任何方式，直接或间接地干涉他国主权管辖范围内的一切内外事务。[2] 就印斯关系和印度对斯政策而言，毫无疑问印度长期以来都没有遵守不干涉内政原则，一直都在干涉斯里兰卡的内政外交。以1983年七月事件为例，印度本可以有更多的处理办法：将其解释为斯里兰卡政府对泰米尔少数民族的压迫和对人权的侵犯；也可以在联合国、不结盟运动组织、南亚区域合作联盟等机制中对斯政府进行施压。但印度没有这么做，而是选择了"直接干预"这一参与度更深的方式。[3]

实际上，印度一直希望按照自己的意愿来塑造斯里兰卡的国内政局和外交政策，将斯里兰卡纳入印度的国家安全战略轨道，让其充当印度的"小兄弟"。这种政策无疑会极大地损害印斯关系。从印斯关系的发展历程来看，如果印度保持克制、尊重斯里兰卡的主权和领土完整、采用协商手段解决问题，主动进行战略释疑并积极寻求合作时，那么两国关系将比较顺畅；相反，如果印度为了自己的国家利益，迫使斯里兰卡接受其地区安全管理者角色、服从印度的地缘战略部署，而对斯采取压迫、强制和干预政策，那么斯里兰卡往往会采取外部制衡政策，与美国、巴基斯坦、中国等第三方国家合作以制衡印度的影响力。这一局面也是印度最不愿意看到的。因此，大国在处理与周边小国关系时，尤其

---

① 《国际公法学》编写组编：《国际公法学（第二版）》，第90—91页。
② 同上，第93—95页。
③ Sankaran Krishna, *Postcolonial Insecurities: India, Sri Lanka, and the Question of Nationhood*, Minneapolis: University of Minnesota Press, 1999, p.119.

要注意尊重国际法基本原则，盲目采取大国主义、霸权主义行径必然会加剧形势的恶化。这也是印度对斯政策一个重要的经验及教训。

### （二）要妥善处理跨界民族问题

跨界民族问题是第二次世界大战结束以来国际政治中一种常见又敏感的问题。它时常与民族分离主义、分裂主义或泛民族主义等思潮相互联系，因而，也成为当前国际社会中极容易引发地区冲突、局部战争和国家动乱的不稳定因素。跨界民族问题所引起的国际地缘政治危机也给有关国家造成巨大的威胁。狭义的跨界民族是被动划分的产物，指的是同一民族的传统聚居地被分割成不同国家但彼此仍是地域相连的民族；广义的跨界民族还包括边境地区居民主动移民到本国国界外的民族。[①] 通常说来，跨界民族问题的形成往往具有其深刻的历史和现实原因。对于跨界民族所引起的相关负面影响，如果不能予以妥善处理应对，则会对多民族国家及周边国家的主权完整、国家统一、社会安定和民族团结等构成现实的威胁。因此，对于跨界民族问题的解决，应该遵循国际法基本原则，通过与周边国家的平等协商、合作互助而予以正确妥善地处置。也应该从睦邻友好和互利合作出发，在妥善处理好跨界民族问题的同时增进与相邻国家的关系。

印斯两国之间的泰米尔人问题就属于典型的跨界民族问题。如本书第一章所述，斯里兰卡的泰米尔人分为两部分，一部分是在古代历史发展过程中从印度半岛向斯里兰卡岛迁移的自然移民（即斯里兰卡泰米尔人），另一部分则是近代以来英国殖民者组织的人为迁移（即印度泰米尔人或称印度泰米尔劳工）。对于后者，印斯两国通过20多年的谈判与协商，最终通过多个双边协定的形式基本予以解决。但是，对于前者及其所引起的相关问题，印斯两国政府却都没能妥善处理。斯里兰卡政府没有很好地制定合理的民族政策，反而是通过多项针对泰米尔人的歧视

---

① 曹兴：《中国周边安全中的跨界民族问题》，《中南民族大学学报（人文社会科学版）》2015年第4期，第12页。

性政策并不断加剧僧泰民族矛盾，最终导致斯里兰卡爆发长达26年的内战。而印度方面则一再卷入斯里兰卡的僧泰民族矛盾，并且对斯里兰卡泰米尔分离武装组织提供了大力支持，最终自食恶果导致印度维和部队深陷斯里兰卡内战泥潭。

实际上，斯里兰卡泰米尔人是斯国历史进程中发挥重要作用的一部分，他们理应被纳入到斯里兰卡主体民族之中并被赋予应有的合法权利。但是，斯里兰卡僧伽罗人主导的政府在独立后推行了一系列民族歧视政策，这些政策让泰米尔人在教育、就业、选举和生活等各个方面都受到了不公正的待遇，这也为斯里兰卡民族冲突的激化埋下了伏笔。①同时，印度本应尊重斯里兰卡的主权，不该插手斯泰米尔人发起的分裂活动；但印度没有遵守国际法基本原则，对于潜逃到印度南部的泰米尔武装团体不仅没有按照国际惯例予以驱逐或遣返，反而是从政治和外交目的出发为其提供武器装备和军事训练，帮助其从事分裂斯政府的活动。这一行径无疑加剧了斯里兰卡本就日趋激烈的民族矛盾，增加了斯里兰卡内部冲突的复杂形势。最终印度以帮助斯里兰卡解决民族冲突为借口卷入了斯国内战，此后1987年至1990年印度维和部队也陷入与猛虎组织的苦战，最后不得不无功而返地撤出。当然，印度也为此付出了巨大的政治、经济、军事和外交的代价。

在这方面，相较于印度对斯里兰卡民族问题的干涉，中国对周边邻国跨界民族的政策具有正面积极意义。中国与印度一样，本身是多民族国家，而且周边存在大量的陆上邻国。中国与这些周边邻国在边境地区也存在大量的跨界民族。为了创造和平与稳定的周边环境，中国提出了"与邻为善、以邻为伴"的周边外交政策，积极推进中国与周边国家的睦邻友好和互利合作，这也是中国处理跨界民族问题的重要方针。以中缅边民问题的处理为例，在具体处理中缅边境地区的缅甸果敢边民涌入

---

① 更多关于斯里兰卡民族冲突历史和现实成因的分析，参阅葛公尚主编：《当代国际政治与跨界民族研究》，第十九章"斯里兰卡的跨界民族问题与民族政策"，北京：民族出版社2006年版，第223—237页。

我国云南地区的情况，我国坚持了"与邻为善、以邻为伴"的周边外交方针，并采取"睦邻、安邻、富邻"的原则，对跨界边民进行了妥善地处置。①

### （三）以公正立场进行国际调停

国际调停指的是国际社会帮助冲突有关方展开谈判以解决冲突的和平努力。它也是国际社会对国际冲突进行管理的主要方法之一。在参与调停过程中，国际社会或调停方应该充分尊重当事国的主权。换言之，调停方必须是要接受当事国的邀请而进行调停，或者在主动提出调停后获得了当事国的同意。此外，在进行调停的过程中，国际社会或调停方必须要坚持中立与公允的原则。②就中立和公允原则而言，具体指的是调停方即便要发挥和平力量的作用，也不应该偏向冲突的任何一方。按照"第三方干预理论"的观点，进行国际调停的第三方应该是中立与公正的调解者，不应该倾向于特定的冲突结果。干预能够成功的一个重要保障在于其立场的公正性：不对交战中的任何一方抱有偏见，而应致力于找到冲突双方都可以接受的方案。当然，如果进行调停的第三方是一个带有倾向性的仲裁者，其主要目标是实现自我意志，那么干预能够成功则主要是由交战方是否接受该意志来判断的。③

在此可以结合上述理论定义，对20世纪80年代印度对斯民族问题的调停进行分析。从上述相关理论出发，可以看出印度的调停行动是注定会失败的。首先，印度政府并没有保持中立与公允的原则。实际上，印度作为与斯民族问题有重大利害关系的国家，本身就不适合充当中立的"第三方"调停者角色。而且，在英·甘地时期印度是一方面暗中支持猛虎组织等泰米尔武装分子，另一方面也作出在斯政府与泰米尔团体之

① 朱泰：《边疆民族地区和谐治理——在应急管理框架下的考察》，昆明：云南人民出版社2010年版，第225页。
② 朱明权：《国际安全与军备控制》，上海：上海人民出版社2011年版，第203页。
③ [英]罗伯特·纳尔班多夫：《族群冲突中的外来干预》，马莉译，南京：江苏人民出版社2019年版，第3页。

间调停的外交姿态，这种"拉偏架"式的调停也注定难以奏效。其次，印度在调停过程中也没有充分尊重斯里兰卡的主权和斯政府的主观意愿。例如，拉·甘地时期虽然放弃了英·甘地时期的"双轨"政策（暗中支持猛虎组织、明里调停），但其调停努力却是希望基于印度的主观愿望来塑造斯里兰卡国内政治局面，而且印度也通过各种手段来同时压迫泰米尔武装团体和斯政府进行和谈，这种"强拉式"的调停最终也以失败告终。可以说，斯里兰卡民族问题的调停应该交由联合国、南亚区域合作联盟或者其他没有利益相关的第三方国家来进行。例如，2002年之后，挪威就在斯里兰卡扮演和平调停者的角色，虽然其调停努力因猛虎组织的蓄意破坏而失败，但挪威调停的阶段仍是斯里兰卡内战时期重要的停火时期。

### （四）国际维和行动中要慎用武力

维和行动是国际社会常见的冲突管理手段。如本书第二章中所提到的，自第二次世界大战后出现维和行动以来，维和行动在国际实践中逐渐形成和确立了一系列重要的指导原则，其中最重要的是同意、中立和非必要不使用武力三原则。具体而言，"同意"是指维和行动的部署必须被所有冲突方所接受和同意；"中立"是指维和人员必须公正地对待所有冲突方，不介入交战方之间的冲突并在交战方之间保持中立；"非必要不使用武力"是除自卫之外，维和部队不使用武力，也不得以武力将和平强加于任何冲突方。这三项原则是国际公认的维和行动基本原则，也是维和行动区别于其他军事行动的重要标准。[①]1987年至1990年，印度对斯里兰卡的维和行动给国际社会提供的重要经验、教训，就是要维和行动中需要慎用武力。

实际上，在国际维和行动中，武力的作用往往也是十分有限而且代价巨大。从理论上看，使用武力违背了维和行动所应恪守的行动原则，

---

① 陆建新、王涛、周辉：《国际维和学》，北京：国防大学出版社2015年版，第3—4页。

动摇了维和行动的合法地位，并且严重影响了各方对维和行动的信任和支持，致使维和行动陷入困境。对于维和部队来说，作战环境和作战行为本身存在着极大的复杂性，使得维和部队的胜算也非常有限，使用武力存在很大风险。从武力使用的代价来看，它往往会造成维和人员的巨大伤亡，而且使用武力尤其是动用重武器常会造成对平民的误伤，而引起当地民众的激愤。此外，这也会使得维和经费大大增加。从结果来看，武力使用也具有极大风险，结果难以预测。①印度维和部队在斯里兰卡的惨痛教训，再一次印证了维和行动中违背武力使用原则会招致一系列恶果。

综上所述，印度对斯里兰卡的政策实践作为一面镜子，为大国对外政策和国际社会提供了国际关系与国际法的一系列历史启示，也从正反两方面印证了由印度作为主要参与国提出的"和平共处五项原则"才是处理国际关系的正确之道。

---

① 陆建新、王涛、周辉：《国际维和学》，北京：国防大学出版社2015年版，第192—193页。

# | 参考文献 |

## 一、官方文件和档案资料

1.Appadorai (ed.), *Select Documents on India's Foreign Policy and Relations: 1947-1972 (Vol. 1)*, Delhi: Oxford University Press, 1982.

2.Bhasin, Avtar Singh (ed.), *India-Sri Lanka Relations and Sri Lanka's Ethnic Conflict Documents, 1947-2000*, Vol.1-5, New Delhi: India Research Press, 2001.

3.Central Bank of Sri Lanka, *Annual Report (1950-2019)*, https://www.cbsl.gov.lk/en/publications/economic-and-financial-reports/annual-reports.

4.FCO.37/591 Ceylon: Defence Agreements between Ceylon and United Kingdom, 1970.

5.Handa, R. L. (annotated), *The State of the Nation: Presidential Addresses to Parliament from Dr. Rajendra Prasad to Neelam Sanjiva Reddy*, New Delhi: Sterling Publishers Private Limited,1983.

6.Indian Ministry of External Affairs, *Annual Report (1948-2019)*, https://mealib.nic.in/?2386?000.

7.Indian Ministry of Defence, *Annual Report (2002-2019)*, https://mod.gov.in/documents/annual-report.

8.Nehru, *Jawaharlal, Jawaharlal Nehru's Speeches: Vol.1(1946.9-*

*1949.5)*, Delhi: The Publications Division, Ministry of Information and Broadcasting, Government of India,1949.

9.Nehru, *Jawaharlal, Jawaharlal Nehru's Speeches: Vol.2(1949.8-1953.2)*, Delhi: The Publications Division, Ministry of Information and Broadcasting, Government of India,1954.

10.Nehru, *Jawaharlal, Jawaharlal Nehru's Speeches: Vol.3 (1953.3-1957.8)*, Delhi: The Publications Division, Ministry of Information and Broadcasting, Government of India,1958.

11.Nehru, *Jawaharlal, Jawaharlal Nehru's Speeches: Vol.4 (1957.9-1963.4)*, Delhi: The Publications Division, Ministry of Information and Broadcasting, Government of India, 1964.

12.Nehru, *Jawaharlal, Jawaharlal Nehru's Speeches: Vol.5 (1963.3-1964.5)*, Delhi: The Publications Division, Ministry of Information and Broadcasting, Government of India,1968.

13.Nehru, *Jawaharlal, Selected Works of Jawaharlal Nehru (Vol.1-Vol.61)*, Nehru Portal, Nehru Memorial Museum & Library, https://nehruportal.nic.in/writings.

14.Silva, K. M. de (ed.), *Sri Lanka*, London: The Stationery Office, 1997.

## 二、英文著述

### （一）专著

1.A. Ghosh, P., *Ethnic Conflict in Sri Lanka and Role of Indian Peace Keeping Force (IPKF)*, New Delhi: A.P.H. Publishing Corporation, 1999.

2.Athwal, Amardeep, *China-India Relations: Contemporary dynamics*, London and New York: Routledge, 2007.

3.Coecho, V. H., *Across the Palk Straits: India-Sri Lanka Relations*, Dehradun, India: Palit & Palit, 1976.

4.Daodaran, K., *Beyond Autonomy: India's Foreign Policy*, New Delhi: Somaiya Publications Pvt. Ltd., 2000.

5.Destradi, Sandra, *Indian Foreign and Security Policy in South Asia: Regional power strategies*, London and New York: Routledge, 2012.

6.Dixit, J. N., *Across Borders: Fifty Years of India's Foreign Policy*, New Delhi: Thomas Press Ltd., 1998.

——, *Assignment Colombo*, New Delhi: Konark Publishers, 1998.

——, *India's Foreign Policy:1947-2003*, New Delhi: Picus Books, 2003.

7.Ghosh, P. A., *Ethnic Conflict in Sri Lanka and Role of Indian Peace Keeping Force (IPKF)*, New Delhi: A.P.H. Publishing Corporation, 1999.

8.Gilboy, George J. & Heginbotham, Eric, *Chinese and Indian Strategic Behavior: Growing Power and Alarm*, Cambridge & New York: Cambridge University Press, 2012.

9.Gooneratne, John, *A Decade of Confrontation: Sri Lanka and India in the 1980s*, Pannipitiya, Sri Lanka: Stamford Lake, 2000.

10.J. Bullion, Alan, *India, Sri Lanka and the Tamil Crisis, 1976-1994: An International Perspective*, New York: Pinter, 1995.

11.Jain, B. M., *Global Power: India's Foreign Policy, 1947-2006*, Lexington, US: Lexington Books, 2008.

12.Jayapalan, N., *Foreign Policy of India*, New Delhi: Atlantic Publishers & Distributors, 2001.

13.Jentoft, Svein & Chuenpagdee, Ratana (eds.), *Interactive Governance for Small-Scale Fisheries: Global Reflections*, Springer, 2015.

14.Kapur, Ashok, *India: From Regional to World Power*, Abingdon, UK: Routledge, 2011.

15.Valli Kanapathipillai, *Citizenship and Statelessness in Sri Lanka: The Case of the Tamil Estate Workers*, London: Anthem Press, 2009.

16.Kishore Babu, G. (ed.), *India's Foreign Policy: Continuity and Change*, Delhi: Academic Excellence, 2008.

17.Krishna, Sankaran, *Postcolonial Insecurities: India, Sri Lanka, and the Question of Nationhood*, London: University of Minnesota Press, 1999.

18.Kumar, Bharat, *Operation Pawn: Role of Airpower with IPKF*, New Delhi: Manohar Publishers & Distributors, 2015.

19.Kumar, Vijay, *India and Sri Lanka-China Relations (1948-84)*, New Delhi: Uppal Publishing House, 1986.

20.M. Malone, David, *Does the Elephant Dance? Contemporary Indian Foreign Policy*, Oxford: Oxford University Press, 2011.

21.Mazumdar, Arijit, *Indian Foreign Policy in Transition: Relations with South Asia*, Abingdon, Oxon: Routledge, 2015.

22.Nayak, Sujata Subhadarshini, *Role of India in Crisis Management of Ethnic Conflict in Sri Lanka*, New Delhi: Writers Choice, 2020.

23.P. Cohen, Stephen, *India: Emerging Power*, Washington, D.C.: The Brookings Institution, 2001.

24.Ranjan, Amit (ed.), *India in South Asia: Challenges and Management*, Singapore: Springer, 2019.

25.Shukla, Vatsala, *India's Foreign Policy in the New Millennium*, New Delhi: Atlantic Publishers &Distributors, 2005.

26.Silva, K. M. de, *Regional Powers and Small State Security: India and Sri Lanka, 1977-90*, Baltimore & London: The Johns Hopkins University Press, 1995.

27.Singh, Depinder, *The IPKF in Sri Lanka, 3rd ed.*, New Delhi:

Trishul Publications, 2001.

28.Singh, Harkirat, *Intervention in Sri Lanka: The IPKF Experience*, New Delhi: Manohar Publishers & Distributors, 2007.

29.Singh, S. (ed.), *Dynamics of Indian Foreign Policy*, New Delhi: Anmol Publications Pvt. Ltd., 2006.

30.Subramanyam Raju, Adluri (ed.), *India-Sri Lanka Partnership in the 21st Century*, Delhi: Kalpaz Publication, 2007.

31.Suryanarayan, V., *Kachativu and the Problems of Indian Fishermen in the Palk Bay Region*, Madras, India: T. R. Publications, 1994.

——, *Conflict over Fisheries in the Palk Bay Region*, New Delhi: Lancer Publishers & Distributors, 2005.

32.Tanham, Kanti P. Bajpai & Mattoo, Amitabh (eds.), *Securing India: Strategic Thought and Practice in an Emerging Power*, New Delhi: Manohar Publishers& Distributors, 1996.

33.U. Kodikara, Shelton, *Foreign Policy of Sri Lanka: A Third World Perspective*, Delhi: Chanakya Publications, 1982.

——, *Indo-Ceylon Relations since Independence*, Colombo: Ceylon Institute of World Affairs, 1965.

—— (ed.), *South Asian Strategic Issues: Sri Lanka Perspectives*, New Delhi: SAGE Publications, 1990.

（二）学位论文

1.Arunthavavarajah, Kandiah, *The Indo-Lanka Relations, 1931-1972*, Tirunelveli, India: Manonmaniam Sundaranar University, 2010, https://shodhganga.inflibnet.ac.in/handle/10603/134036.

2.Bajaj, Richa, *Indo-Sri Lanka Relations: Nehru to Indira Gandhi*, Aligarh, India: Aligarh Muslim University, 2004, https://shodhganga.inflibnet.ac.in/handle/10603/51982.

3.Dhabe, K. N., *India's Policy towards Ethnic Conflicts*

*in Sri Lanka*, Aurangabad, India: Dr. Babasaheb Ambedkar Marathwada University, 2005, https://shodhganga.inflibnet.ac.in/handle/10603/103290?mode=full.

4.Gupta, M. G., *Indo-Ceylon Relations (1900-1947)*, Allahabad, India: The University of Allahabad, 1964, https://archive.org/details/in.ernet.dli.2015.475175/mode/2up.

5.Muni, S. D., *India and the Overseas Indian: A case study of problems of the Indian Tam-ils of Sri Lanka, 1964-1987*, New Delhi: Jawaharlal Nehru University, 1992, https://shodhganga.inflibnet.ac.in/handle/10603/30490.

6.Nayak, Subash Chandra, *Ethnicity and Nation-building in Sri Lanka*, New Delhi: Jawahar- lal Nehru University, 2013, https://shodhganga.inflibnet.ac.in/handle/10603/14348.

7.Pataik, Sivananda, *Small states in international politics: A case study of foreign policy of Sri Lanka (1948-1988)*, Vadodara, India: The Maharaja Sayajirao University of Baroda, 2014, https://shodhganga.inflibnet.ac.in/handle/10603/56171.

8.Sahadevan, P., *India and the Overseas Indians: A case study of problems of the 'Indian Tamils' of Sri Lanka, 1964-1987*, New Delhi: Jawaharlal Nehru University, 1992, https://shodhganga.inflibnet.ac.in/handle/10603/26389.

9.Sharma, Anita, *The Problem of Sri Lankan Tamils and Its implications on Indo-Sri Lanka Relations*, Shimla, India: Himachal Pradesh University, 2005, https://shodhganga.inflibnet.ac.in/handle/10603/120774.

10.Singh, Rai, *Indo-Sri Lankan Relations Since 1977*, Shimla, India: Himachal Pradesh University, 1998, https://shodhganga.inflibnet.ac.in/handle/10603/120530.

（三）研究报告

1.Becker, Oshrat, *The Indo-Sri Lankan Relations at the end of the 1980s: Approaches on India's Involvement in the Sri Lankan Ethnic Conflict facing the Indo-Sri Lankan Accord (29. July 1987)*, Seminar Paper, Hebrew University, Israel, 2006.

2.Dos Santos, Anne Noronha, *Military intervention and secession in South Asia: the cases of Bangladesh, Sri Lanka, Kashmir, and Punjab*, Westport, USA: Praeger Security International, 2007.

3.Gunaratna, Rohan, *Indian Intervention in Sri Lanka: The Role of India's Intelligence Agencies*, 2nd ed., Colombo: South Asian Network on Conflict Research, 1994.

（四）期刊文章

1.Alam, Shah, "Indian Intervention in Sri Lanka and International Law," *Netherlands International Law Review*, Vol.38, No.3, 1991.

2.Bullion, Alan J., "The Indian Peace-Keeping Force in Sri Lanka," *International Peacekeeping*, Vol.1, No.2, 1994.

3.Bush, Kenneth, "Ethnic Conflict in Sri Lanka," *Conflict Quarterly*, Spring 1990.

4.Chacko, Priya, "Foreign Policy, Ideas and State-building：India and the politics of international intervention," *Journal of International Relations and Development*, Vol. 21, No. 2, 2016.

5.Choedon, Yeshi, "India on Humanitarian Intervention and Responsibility to Protect: Shifting Nuances," *India Quarterly*, Vol.73, No.4, 2017.

6.D. Muni, S., "Kachchativu Settlement: Befriending Neighbouring Regimes," *Economic and Political Weekly*, Vol.9, No.28, 1974.

7.Dasgupta, Chandrashekhar, "The Decision to Intervene: First

Steps in India's Grand Strategy in the 1971 War," *Strategic Analysis*, Vol.40, No.4, 2016.

8.Destradi, Sandra, "India and Sri Lanka's Civil War: The Failure of Regional Conflict Management in South Asia," *Asian Survey*, Vol.52, No.3, 2012.

9.Economic and Political Weekly editorials, "Conflict over Fishing in the Palk Bay," *Economic and Political Weekly*, Vol.49, No.15, 2014.

10.F. Khobragade, Vinod, "Indian Approach Towards Sri Lanka Conflicts," *The Indian Journal of Political Science*, Vol.69, No.4, 2008.

11.Ganguly, Sumit and Mukherji, Rahul, et al., "India and South Asian Security," *Defence and Peace Economics*, 1999, Vol.10, No.4.

12.Hubbell, L. Kenneth, "The Devolution of Power in Sri Lanka: A Solution to the Separatist Movement?" *Asian Survey*, Vol. 27, No.11, 1987.

13.K. Behuria, Ashok and S. Pattanaik, Smruti, et al., "Does India Have a Neighbourhood Policy," *Strategic Analysis*, Vol. 36, No. 2, 2012.

14.Kandaudahewa, Hasith, "Indo-Sri Lanka Bilateral Relations: Analytical Review on Political & Culture Relations Since 2005," *SSRN Electronic Journal*, 2014.

15.Kapur, Harish, "India's Foreign Policy under Rajiv Gandhi," *The Round Table: The Commonwealth Journal of International Affairs*, Vol.76, No.304,1987.

16.Khan, Ahsan Ali, "The Tamil Question in Historical Perspective: Its Impact on Indo-Sri Lankan Relations," *Pakistan Horizon*, Vol.37, No.2, 1984.

17.Kumar Gupta, Alok & Balakrishnan, Ishwaraya, "Sino-

Sri Lankan Convergence: Threat Perceptions for India," *The Indian Journal of Political Science*, Vol.71, No.1, 2010.

18.M. Aliff, S., "Indo-Sri Lanka Relations after the LTTE: Problems & Prospects," *Journal of Emerging Trends in Educational Research and Policy Studies*, Vol.6, No.4, 2015.

19.M. Gunewardene, Roshani, "Indo-Sri Lanka Accord: Intervention by Invitation of Forced Intervention," *North Carolina Journal of International Law and Commercial Regulation*, Vol.16, No.2, 1991.

20.Manoharan, N., "Brothers, Not Friends: India-Sri Lanka Relations," *South Asian Survey*, Vol.18, No.2, 2011.

—— et al., "Fishing in the Troubled Waters: Fishermen Issue in India-Sri Lanka Relations," *India Quarterly*, Vol.74, No.1, 2018.

21.Mathew, Sebastian, "Palk Bay and Fishing Conflicts," *Economic and Political Weekly*, Vol.46, No.9, 2011.

22.McDougall, Derek & Taneja, Pradeep, "Sino-Indian Competition in the Indian Ocean Island Countries: the scope for small state agency," *Journal of the Indian Ocean Region*, 2019.

23.Mohan, C. Raja, "India and the Balance of Power," *Foreign Affairs*, Vol.85, No.4, 2006.

24.Murthy, Padmaja, "Indo-Sri Lankan Security Perceptions: Divergences and Convergences," *Strategic Analysis*, Vol.24, No.2, 2000.

25.N. Thalpawila, Osantha, "India-Sri Lanka Relations: In Post-Civil War Era in Sri Lanka," *Research Forum: International Journal of Social Sciences*, Vol.2, No.1, 2014.

26.Nagendra Naik, V., "Indira Gandhi and Indo-Sri Lankan Relations," *International Journal of Academic Research and Development*, Vol.2, No.4, 2017.

27.Paris, Roland, "The Responsibility to Protect and the Structural Problems of Preventive Humanitarian Intervention," *International Peacekeeping*, Vol. 21, No. 5, 2014.

28.Pfaffenberger, Bryan, "Sri Lanka in 1987: Indian Intervention and Resurgence of the JVP," *Asian Survey*, Vol.28, No.2, 1988.

29.Phadnis, Urmila, "The Indo-Ceylon Pact and the 'Stateless' Indians in Ceylon," *Asian Survey*, Vol.7, No.4, 1967.

——, "The 1964 Indo-Ceylonese Pact and the 'Stateless' Persons in Ceylon," *India Quarterly*, Vol.23, No.4,1967;

—— et al., "The Sirimavo-Shastri Pact of 1964: Problems and Prospects of Implementation," *India Quarterly*, Vol.31, No.3, 1975.

30.Rao, P. Venkateshwar, "Ethnic Conflict in Sri Lanka: India's Role and Perception," *Asian Survey*, Vol. 28, No. 4, 1988.

31.Rüland, Jürgen & Michael, Arndt, "Overlapping Regionalism and Cooperative Hegemony: how China and India compete in South and Southeast Asia," *Cambridge Review of International Affairs*, 2019.

32.S. Ghosh, Partha, "Sinhala-Tamil Ethnic Conflict and India," *Economic and Political Weekly*, Vol.30, No.25, 1995.

33.S. Pattanaik, Smruti, "India's Policy Response to China's Investment and Aid to Nepal, Sri Lanka and Maldives: Challenges and Prospects," *Strategic Analysis*, Vol.43, No.3, 2019.

34.Scholtens, J. & Bavinck, M., et al., "Fishing in Dire Straits: Trans-Boundary Incursions in the Palk Bay," *Economic and Political Weekly*, Vol.47, No.25, 2012.

35.Silva, K. M. de, "Sri Lanka: The Security Problems of a Small State," *Defence and Peace Economics*, Vol.10, 1999.

36.Singh, Abhijit, "Sino-Indian Dynamics in Littoral Asia-The View from New Delhi," *Strategic Analysis*, Vol.43, No.3, 2019.

37.Stephen, Johny & Menon, Ajit, et al., "Transboundary

Dialogues and the 'Politics of Scale' in Palk Bay Fisheries: Brothers at Sea?" *South Asia Research*, Vol.33, No.2, 2013.

38.U. Kodikara, Shelton, "Genesis of the Indo-Sri Lanka Agreement of 29 July,1987," *Contemporary South Asia*, Vol.4, No.2, 1995.

39.Wedagedara, Amali, "The 'Ethnic Question' in India-Sri Lanka Relations in the Post-LTTE Phase," *Strategic Analysis*, Vol.37, No.1, 2013.

## 三、中文著述

### （一）专著

1. 曹兴著：《僧泰冲突与南亚政治：世界民族热点研究和最长民族纠纷》，北京：民族出版社 2003 年版。

2. 陈继东主编：《当代印度对外关系研究》，成都：巴蜀书社 2005 年版。

3. 陈峰君著：《印度社会与文化》，北京：北京大学出版社 2013 年版。

4. 陈利君主编：《聚焦印度洋》，昆明：云南人民出版社 2013 年版。

5. 冯韧著：《印度独立以来的南亚政策研究》，成都：四川大学出版社 2015 年版。

6. 国家海洋局政策研究室编：《国际海域划界条约集》，北京：海洋出版社 1989 年版。

7. 胡志勇著：《冷战时期南亚国际关系》，北京：新华出版社 2009 年版。

8. 胡志勇著：《21 世纪初期南亚关系研究》，上海：上海社会科学出版社 2013 年版。

9. 雷启淮主编：《当代印度》，成都：四川人民出版社 2000 年版。

10. 李景光、阎季惠编：《主要国家和地区海洋战略与政策》，北京：海洋出版社 2015 年版。

11. 李双建主编：《主要沿海国家的海洋战略研究》，北京：海洋出版社 2014 年版。

12. 林承节著：《印度史（修订本）》，北京：人民出版社 2014 年版。

13. 林太著：《印度通史》，上海：上海社会科学出版社 2012 年版。

14. 倪乐雄主编：《周边国家海权战略态势研究》，上海：上海交通大学出版社 2015 年版。

15. 龙兴春著：《印度大国外交》，北京：中国社会科学出版社 2016 年版。

16. 马孆著：《当代印度外交》，上海：上海人民出版社 2007 年版。

17. 祁怀高等著：《中国崛起背景下的周边安全与周边外交》，北京：中华书局 2014 年版。

18. 宋德星、李庆功等著：《世界主要国家安全政策》，北京：中央文献出版社 2016 年版。

19. 四川大学南亚研究所课题组主编：《内战结束后的斯里兰卡》，北京：时事出版社 2015 年版。

20. 孙士海主编：《印度的发展及其对外战略》，北京：中国社会科学出版社 2000 年版。

21. 孙士海主编：《南亚的政治、国际关系及安全》，北京：中国社会科学出版社 1998 年版。

22. 孙士海、葛维钧主编：《列国志·印度》，北京：社会科学文献出版社 2010 年版。

23. 孙士海、江亦丽主编：《第二次世界大战后南亚国家对外关系研究》，北京：方志出版社 2007 年版。

24. 陶亮著：《理想主义与地区权力政治：冷战时期印度对外政策》，昆明：云南大学出版社 2014 年版。

25. 王宏纬著：《当代中印关系述评》，北京：中国藏学出版社 2009 年版。

26. 王宏纬著：《喜马拉雅山情结：中印关系研究》，北京：中国藏学出版社 1997 年版。

27. 王宏纬主编:《南亚区域合作的现状与未来》,成都:四川大学出版社 1993 年版。

28. 王兰:《斯里兰卡的民族宗教与文化》,北京:昆仑出版社 2005 年版。

29. 王鸣鸣著:《外交政策分析:理论与方法》,北京:中国社会科学出版社 2008 年版。

30. 卫灵著:《冷战后中印关系研究》,北京:中国政法大学出版社 2008 年版。

31. 吴永年、赵干城、马孆著:《21 世纪印度外交新论》,上海:上海译文出版社 2004 年版。

32. 张弛著:《印度政治文化传统研究》,北京:中国政法大学出版社 2014 年版。

33. 张春燕著:《美印海上安全合作研究》,成都:四川大学出版社 2014 年版。

34. 张海文、黄影主编:《世界海洋法译丛·海上边界协定:1942—1991》,青岛:青岛出版社 2017 年版。

35. 张顺洪等:《大英帝国的瓦解——英国的非殖民地化与香港问题》,北京:社会科学文献出版社 1997 年版。

36. 赵伯乐著:《当代南亚国际关系》,北京:中国社会科学出版社 2003 年版。

37. 赵干城著:《印度:大国地位与大国外交》,上海:上海人民出版社 2009 年版。

38. 中国地缘与能源战略研究会编:《建设"一带一路"的战略机遇与安全环境评估》,北京:中央文献出版社 2015 年版。

39. 朱昌利主编:《当代印度》,昆明:云南大学出版社 2016 年版。

40. 朱翠萍著:《印度洋与中国》,北京:社会科学文献出版社 2014 年版。

41. 郑瑞祥主编:《印度的崛起与中印关系》,北京:当代世界出版社 2006 年版。

**（二）译著**

1.[ 澳 ] 大卫·布鲁斯特著：《印度之洋：印度谋求地区领导权的真相》，北京：社会科学文献出版社 2016 年版。

2.[ 美 ] 罗伯特·卡普兰著：《季风：印度洋与美国权力的未来》，北京：社会科学文献出版社 2013 年版。

3.[ 美 ] 帕特里克·皮布尔斯著：《斯里兰卡史》，王琛译，上海：东方出版中心 2013 年版。

4.[ 美 ] 苏米特·甘古利主编：《印度外交政策分析：回顾与展望》，高尚涛等译，北京：世界知识出版社 2015 年版。

5.[ 锡兰 ] 尼古拉斯、帕拉纳维达纳著：《锡兰简明史》，李荣熙译，北京：商务印书馆 1972 年版。

6.[ 锡兰 ] 西尔伐著：《锡兰区域地理》，程鸿等译，北京：生活·读书·新知三联书店 1958 年版。

7.[ 印度 ] 阿索卡·拉伊纳：《研究分析处—印度国外情报局真相》，英石译，北京：群众出版社 1984 年版。

8.[ 印度 ] 贾瓦哈拉尔·尼赫鲁著：《印度的发现》，向哲濬、朱彬元、杨寿林译，上海：上海人民出版社 2016 年版。

9.[ 印度 ] 贾斯万特·辛格著：《印度的防务》，胡仕胜等译，北京：解放军出版社 2002 年版。

10.[ 印度 ] 拉贾·莫汉著：《莫迪的世界：扩大印度的势力范围》，朱翠萍、杨怡爽译，北京：社会科学文献出版社 2016 年版。

11.[ 印度 ] 雷嘉·莫汉著：《中印海洋大战略》，朱宪超、张玉梅译，北京：中国民主法制出版社 2014 年版。

12.[ 印度 ] 潘尼迦著：《印度和印度洋：略论海权对印度历史的影响》，德隆、望蜀译，北京：世界知识出版社 1965 年版。

**（三）学位论文**

1. 白汉唐：《中印在印度洋角力下斯里兰卡外交政策之研究》，

台湾中兴大学硕士论文,2014年。

2. 李翠芳:《印度莫迪政府对斯里兰卡的外交政策分析》,外交学院硕士论文,2018年。

3. 李龙龙:《"中国债务陷阱论"批判:以斯里兰卡为例》,吉林大学硕士论文,2019年。

4. 廖金宝:《试析印度在斯里兰卡民族冲突中的角色》,中山大学硕士论文,2009年。

5. 刘晓伟:《地方因素与国家对外政策——以泰米尔情感与印度对斯政策为例》,上海外国语大学硕士论文,2014年。

6. 刘艺:《跨境民族问题与国际关系——以斯里兰卡泰米尔跨境民族问题与印斯关系为例》,暨南大学博士论文,2006年。

7. 乔中雯:《泰米尔问题的成因、发展及出路》,国际关系学院硕士论文,2008年。

8. 彭善娟:《论斯里兰卡西里塞纳政府的外交战略》,外交学院硕士,2016年。

9. 任锦萱:《中印在南亚的地缘经济博弈——以尼泊尔与斯里兰卡为例》,南京大学硕士论文,2019年。

10. 索玉峰:《印度和斯里兰卡两国独立后的关系演变研究》,云南大学硕士论文,2013年。

11. 唐静:《斯里兰卡独立后泰米尔人分离运动研究》,贵州师范大学硕士论文,2018年。

12. 陶亮:《理想主义与地区权力政治:冷战时期印度对外政策》,云南大学博士论文,2012年。

13. 王聪:《中印在斯里兰卡的战略竞争》,华中师范大学硕士论文,2015年。

14. 文丰:《印度大国战略评析》,新疆大学硕士论文,2003年。

15. 易玲:《斯里兰卡泰米尔问题的国内国际关联》,四川大学硕士论文,2006年。

16. 张力:《冷战后时期印度的外交与战略安全》,四川大学博士论文,2006 年。

## (四)期刊文章

1. 陈树培:《印度撤军与斯里兰卡局势》,《瞭望周刊》1990 年第 15 期。

2. 陈新丽、冯传禄、罗国祥:《国际社会对中国"西进"印度洋错误认知之刍议》,《南亚研究》2016 年第 2 期。

3. 程晓勇:《论印度对外干预——以印度介入斯里兰卡民族冲突为例》,《南亚研究》2018 年第 2 期。

4. 冯传禄:《"一带一路"视野下南亚地缘政治格局及地区形势发展观察》,《南亚研究》2017 年第 3 期。

5. 关弓:《斯里兰卡的种族冲突与斯印关系》,《国际问题研究》1988 年第 3 期。

6. 胡仕胜:《斯里兰卡民族冲突的渊源及现状》,《国际研究参考》2000 年第 8 期。

7. 黄德凯、徐秀良:《印度—斯里兰卡海洋渔业争端探析》,《边界与海洋研究》2016 年第 3 期。

8. 黄正多:《尼赫鲁时期印度对南亚邻国外交政策分析》,《南亚研究季刊》2004 年第 1 期。

9. 辉明:《冷战后印斯关系的变化》,《当代亚太》2005 年第 1 期。

10. 蓝建学:《冷战后南亚地区形势演变的重要趋势》,《印度洋经济体研究》2017 年第 6 期。

11. 李捷、曹伟:《斯里兰卡内战结束以来印度对斯政策分析》,《南亚研究》2013 年第 4 期。

12. 李捷、王露:《联盟或平衡:斯里兰卡对大国外交政策评析》,《南亚研究》2016 年第 3 期。

13. 李丽莎译:《1987 年 7 月〈为在斯里兰卡建立和平与正常秩序的印度—斯里兰卡协议〉》,《南亚研究》1988 年第 2 期。

14. 李云霞、赵坤鹏、张中良:《尼赫鲁南亚地缘战略及其影响》,《河北学刊》2013 年第 6 期。

15. 李忠林:《印度的门罗主义评析》,《亚非纵横》2013年第4期。

16. 李卓成:《大选后斯里兰卡外交政策的调整及影响》,《南亚研究季刊》2015年第3期。

17. 刘耀辉、简天天:《1948年以来斯里兰卡外交政策的演变》,《东南亚南亚研究》2018年第1期。

18. 马加力:《印斯和平协议的前前后后》,《南亚研究季刊》1988年第3期。

19. 马歇尔·R.辛格、马宁:《斯里兰卡泰米尔人与僧伽罗人的民族冲突》,《世界民族》1993年第6期。

20. 马嬰:《冷战后印度南亚政策的变化》,《当代亚太》2004年第5期。

21. 穆罕默德·伊姆提亚兹、王勇:《斯里兰卡民族冲突析论》,《南京大学学报》2000年第5期。

22. 宁胜男:《斯里兰卡外债问题现状、实质与影响》,《印度洋经济体研究》2018年第4期。

23. 蒲奕江:《印斯关系中的中国因素》,《东南亚南亚研究》2011年第1期。

24. 宋志辉、马春燕:《斯里兰卡的经济发展与中印在斯的竞争》,《南亚研究季刊》2011年第4期。

25. 时宏远:《斯里兰卡民族冲突的根源、发展及前景》,《南亚研究季刊》2006年第1期。

26. 孙晋忠、晁永国:《试论印度地区外交政策的理论与实践》,《国际政治研究》2000年第1期。

27. 王继舜:《印度视角下的中国大陆"一带一路"战略》,《战略安全研析》(台湾)第150期,2018年5月—6月。

28. 王兰:《印度洋海啸后的斯里兰卡政局》,《当代亚太》2005年第6期。

29. 吴晋秀:《斯里兰卡民族冲突的现状与未来》,《南亚研究季刊》1997年第4期。

30. 吴永年：《印度的民族问题及与南亚诸国的关系》，《东南亚南亚研究》2009年第3期。

31. 杨思灵：《印度如何看待"一带一路"下的中印关系》，《人民论坛·学术前沿》2015年第9期。

32. 杨晓萍：《斯里兰卡对华、对印关系中的"动态平衡"》，《南亚研究季刊》2013年第22期。

33. 姚昱：《试析中国与斯里兰卡关系的发展》，《东南亚研究》2007年第1期。

34. 叶海林：《印度南亚政策及对中国推进"一带一路"的影响》，《印度洋经济体研究》2016年第2期。

35. 易玲：《印度1980年代的斯里兰卡政策与"泰米尔问题"》，《南亚研究季刊》2006年第1期。

36. [印度]拉迪普·帕卡拉提：《印度国内对中国在印度洋开展活动的争论及分析》，《亚太安全与海洋研究》2016年第1期。

37. 张威：《印度对斯里兰卡内战政策的演变（1983—1990）》，《北京教育学院学报》2014年第6期。

38. 张位均：《印斯关系概述》，《南亚研究季刊》1990年第3期。

39. 郑瑞祥：《印度与邻国关系中的几个问题》，《国际问题研究》1990年第2期。

40. 朱翠萍：《"一带一路"倡议的南亚方向：地缘政治格局、印度难点与突破路径》，《南亚研究》2017年第2期。

（五）工具书

钱其琛主编：《世界外交大辞典（上／下）》，北京：世界知识出版社2005年版。

## 四、重要网站和数据库

1. 联合国人权理事会网站：https://www.ohchr.org/CH/HRBodies/HRC/Pages/Home.aspx。

2. 列国志数据库：https://www.lieguozhi.com/。

3. 马克斯·普朗克国际公法百科全书网络版（Max Planck Encyclopedia of Public International Law Online）: https://opil. ouplaw.com/home/MPIL。

4. 斯里兰卡外交部网站: https://www.mfa.gov.lk/。

5. 印度外交部网站: http://www.mea.gov.in/。

6. 印度国防部网站: https://mod.gov.in/。

7. 印度海军网站: https://www.indiannavy.nic.in/。

8. 印度人民党官网: http://www.bjp.org/。

9. 印度国会数字图书馆网站（Parliament Digital Library）: https://eparlib.nic.in/。

10. Internet Archive 电子文献网站: https://archive.org/。

11. Shodhganga 印度学位论文数字化网站: https://shodhganga. inflibnet.ac.in/。

12. Zlibrary 电子文献网站: https://booksc.org/。

## 五、网络文章

1. Balachandran, P. K., "Nehru sought a balanced approach to Ceylon," *Hindustan Times*, Feb 17, 2007, https://www.hindustantimes. com/india/nehru-sought-a-balanced-approach-to-ceylon/story-Cae4IU2tlgHq2HVyF0aecL.html.

2. Gupta, Bhabani Sen, "Carnage in Sri Lanka Spawns Indian Doctrine of Regional Security," *India Today*, July 20, 2013, https://www.indiatoday.in/magazine/cover-story/story/19830831-carnage-in-sri-lanka-spawns-indian-doctrine-of-regional-security-770977-2013-07-20.

3. Hettiarachchi, A., "Fisheries in the Palk Bay Region: The Indian Factor," The National Aquatic Resources Research & Development Agency, No.38, 2007.

4. Klein, Natalie, "Can International Litigation Solve the India-

Sri Lanka Fishing Dispute?" *The Diplomat*, July 14, 2017, https://thediplomat.com/2017/07/can-international-litigation-solve-the-india-sri-lanka-fishing-dispute/.

5.Moorthy, N. Sathiya, "Kachchativu: TN wanting to have the cake and eat it too?", Observer Research Foundation, April 11, 2020, https://www.orfonline.org/expert-speak/kachchativu-tn-wanting-to-have-the-cake-and-eat-it-too-64438/.

6.Narayan, S. Venkat, "Sri Lankan minister Athulathmudali meets Indian leaders on Lankan Tamil issue," *India Today*, May 15, 1984, https://www.indiatoday.in/magazine/neighbours/story/19840515-sri-lankan-minister-athulathmudali-meets-indian-leaders-on-lankan-tamil-issue-803589-1984-05-15.

7.Orland, Brian, "Indian Fishermen Catch Gunfire: Maritime Dilemmas Pestering Indo-Sir Lanka Relations," Institute of Peace and Conflict Studies (IPCS), No.53, September 2007.

8.Senadhira, Sugeeswara, "Lankan Tamils, Indian origin Tamils, and citizenship," *Ceylon Today*, Feb 3, 2020, https://archive.ceylontoday.lk/print-more/51162.

9.Shantanu Roy-Chaudhury, "India-China-Sri Lanka Triangle: The Defense," *The Diplomat*, July 12, 2019, https://thediplomat.com/2019/07/india-china-sri-lanka-triangle-the-defense-dimension/.

10.Suryanarayan, V., "India, Sri Lanka and the Kachchatheevu Crisis: A Fact Sheet and Possible Solutions," The Institute of Peace and Conflict Studies (IPCS), May 6, 2013, http://www.ipcs.org/comm_select.php?articleNo=3917.

——, "The India-Sri Lanka Fisheries Dispute: Creating A Win-Win in the Palk Bay," Carnegie India, September 9, 2016, https://carnegieendowment.org/files/Suryanaryanan_Fisheries_Dispute_.pdf.

# | 附录 |

## 附录一　印斯关系大事年表

1947年8月15日，印度独立。

1948年2月4日，斯里兰卡（锡兰）独立。

1954年1月18日，尼赫鲁与斯里兰卡总理科特拉瓦拉签署《印度锡兰关于印度劳工协定》（《尼赫鲁—科特拉瓦拉协定》）。

1957年6月7日，斯里兰卡与英国在科伦坡签署收回军事基地的协定。

1964年10月30日，斯里兰卡总理西丽玛沃·班达拉奈克访印并签订解决无国籍印度人问题的《班达拉奈克—夏斯特里协定》。

1974年4月27日，英·甘地访问斯里兰卡，承认斯方对卡恰提武岛的主权。

1974年6月，印度与斯里兰卡签订《保克海峡至亚当桥领海协定》；同月，两国领导人以换文形式达成《西丽玛沃—英迪拉协定》，对剩余无国籍印度人问题进行处理。

1976年3月，印度与斯里兰卡签订《马纳尔湾和孟加拉湾领海划界协定》。

1987年6月4日，印度空军向斯里兰卡北部被围困的贾夫纳地区空投

25吨物资，引起斯政府强烈不满和抗议。

1987年7月29日，印度总理拉吉夫·甘地与斯里兰卡总统贾亚瓦德纳签订旨在结束斯里兰卡民族冲突的《印斯和平协议》。

1987年7月30日，印度派出维和部队进驻斯里兰卡东部和北部地区。

1987年10月，印度维和部队与泰米尔猛虎组织之间发生激战，双方损失巨大。

1990年3月，印度维和部队从斯里兰卡全部撤出。

1991年5月21日，印度前总理拉吉夫·甘地被泰米尔猛虎组织恐怖袭击炸死；7月，斯外长哈罗德·赫拉特访问印度，两国决定成立"印斯联合委员会"。

1992年1月，印斯两国举行第一届印斯联合委员会会议；5月14日，印度宣布猛虎组织为非法组织。

1998年12月28日，印度总理瓦杰帕伊与斯里兰卡总统库马拉通加夫人签订南亚地区首个自由贸易协定《印度—斯里兰卡自由贸易协定》。

2002年4月6日，印斯两国举行首次部长联委会，同意加强贸易投资往来。

2006年12月，印度与斯里兰卡海军在科伦坡附近海域举行两国历史上首次联合海军演习。

2009年5月18日，长达26年的斯里兰卡内战结束；5月23日，印度派出了由国家安全顾问和外交秘书率领的高级代表团访问斯里兰卡；5月27日，印度在联合国人权理事会中投票支持斯里兰卡人权问题的决议。

2010年5月，斯里兰卡总统马欣达·拉贾帕克萨访问印度，双方决定恢复两国国防关系、两国签署双边全面经济合作协议。

2012年3月，印度再次在联合国人权理事会中投票涉斯人权问题的决议。

2013年1月，斯外长佩里斯访问印度；3月，印度再次在联合国人权理事会中投票涉斯人权问题的决议。

2014年3月，印度在联合国人权理事会涉斯人权问题决议投票中弃权；5月，斯总统拉贾帕克萨应邀出席印度总理莫迪的就职仪式。

2015年1月，斯外长萨马拉维拉访印；2月，斯总统西里塞纳访印；3月，印度总理莫迪访斯，这是时隔28年来印度总理再次访斯，期间两国签署多项合作协议；9月，斯总理维克勒马辛哈访印。

2016年2月，印度外长斯瓦拉吉访问斯里兰卡；4月，印斯两国举行国防部长级年度防务对话会。

2017年5月，印度总理莫迪再次访问印度；9月，斯外长马拉帕纳访问印度。

2017年10月，斯外交部国务部长森纳纳亚克访问印度。

2018年1月，印斯两国举行国防部长级年度防务对话会；10月，斯总理维克勒马辛哈访问印度；11月，印度、斯里兰卡、马尔代夫举行三边海军演习。

2019年11月，斯总统戈塔巴雅·拉贾帕克萨在当选后十天就访问印度。

# 附录二 印斯双边关系重要文件

## 2.1 1921年印斯海上划界协定[①]

*Delimitation of the Gulf of Mannar and Palk Strait, 25th October 1921*

Copy of the letter from C.W.E. Cotton, Esq., CYE, ICS, dated the 25th October 1921

I have the honour to submit herewith a copy of the report of the delegates of the Government of Madras and Ceylon on the Delimitation of Palk Strait, and the Gulf of Mannar which was signed this morning. The delegation met at Council Chamber, Ceylon, at 2.30 p.m. yesterday, and, after a little preliminary fencing, the Hon'ble Mr. Horsburgh on behalf of the Ceylon delegation proposed for our consideration that the decimation should follow the median line, subject to an incursion beyond that line so as to include the islet of Kachchativu and three miles to the westward, Mr. Horsburgh maintained that this islet belongs to Ceylon and quoted from correspondence with the Government of India in which possession was definitely claimed, and, it was to be inferred, acquiesced in. We were entirely or unprepared for this and had received no instructions either to consent or admit such a claim. For all we know, the Madras Government or the Government of India is in possession of documentary evidence which conclusively rebuts Mr. Horsburgh's contentions. Mr. Leach informed the meeting that the Rajah of Ramand asserts thar Kachchativu is within his Zamindari, that is forms part of the original area on which Poishoush

---

① 转引自Adluri Subramanyam Raju, S. I. Keethponcalan, *Maritime Cooperation between India and Sri Lanka*, Colombo: Manohar Publishers & Distributors, 2006, pp.84-86。

was calculated, that it had been leased to the father of the present lessee by a former Setupati and that he is receiving rent therefrom, but Mr. Horsburgh retorted that if the territorial claim of the Ceylon Government to this islet was disputed by us, the conference must dissolve. It may be recalled that at the preliminary meeting held at Fort St. George the line proposed to be adopted by us ran only about a mile to the eastward of Kachchativu, which indicated that its neighourhood was not considered of any importance from a fisheries point of view and having again obtained assurance form Mr. Hornell on this point, we unanimously decided that the delimitation of the new jurisdictions for fishing purposes could be decided independently of the question of territoriality. The delimitation line was accordingly fixed, with our concurrence 3 miles west of Kachchativu and the Ceylon representatives thereupon agreed to a more orderly alignment south of the island than they had originally proposed, so that important chank beds in that area should fall entirely within the Madras sphere of influence. The line where it crossed Adam's Bridge was fixed exactly half way between Dhanushkodi and Talaimannar, an arrangement agreeable to both parties in view of the contingency that the cost of a bridge along this natural causeway likely to be appointed according to such division. The remainder of the line was accepted without discussion and a draft report was then prepared and agreed to. To this report, it territorial claim which the Government of Madras or the Government of India may wish to prefer in respect of this islet of Kachchativu, but I am to explain that we consider that even if such a claim should be pressed and prevail, there is no necessity, so far as the valuable pearl and chank fisheries are concerned for any consequential modification being demanded of the delimitation line which the Conference has unanimously approved. We are inclined to regard the Ceylon claim to this islet as sentimental rather than practical, and consider that the advantage gained elsewhere more than compensate the Government of Madras for the loss of any fishing rights in its immediate neighbourhood. The other members of the delegation have seen an concur in this report.

After some discussion, it was unanimously agreed that the line of delimitation of Palk's Strait and the Gulf of Mannar between the Government of India and the Government of Ceylon should run as follows:

Starting from a point in Palk's Strait.

A.Long. 80°3′E

Lat. 10°05′N

To a point B.

B.Long. 79°35′E

Lat. 9°57′N

To a point C.

C.Long. 79°21′E

Lat. 9°38′N

To a point D.

D.Long. 79°32′E

Lat. 9°13′N

To a point E.

E.Long. 79°32′E

Lat. 9°6′N

On Adam's Bridge, and hence in the Gulf of Mannar by a line due S. W. true from

Long. 79°32′E

Lat. 9°6′N

To the parallel of Lat. S.N.

C.W. E. Cotton: Representing the Government of Madras

G. H. Finnis:

James Hornell:

A. G. Leach:

B. Horsburgh: Representing the Government of Ceylon

B. Constantine:

W.C.S. Inglies:

Dr. J. Pearson:

The above is signed by us, representative of the Government of Madras, without prejudice to any territorial claim which may be made by the Government of India to the island of Kachchativu.

C.W. E. Cotton

G. H. Finnis

James Hornell

G. Leach

Colombo, 26th October 1921

## 2.2 斯里兰卡和印度
## 历史性水域划界和相关事宜的协定[①]
### （1974年6月26/28日）

斯里兰卡政府和印度政府，

希望划定两国历史水域的边界，以公正公平的方式解决相关事宜，

已全方面分析此问题，考虑到历史、法律因素和其他相关证据，

---

① 中译本参阅张海文、黄影主编：《世界海洋法译丛·海上边界协定：1942—1991》，青岛：青岛出版社2017年版，第225—226页；协定原文参阅 Cambridge University Press, "India-Sri Lanka: Agreement on The Boundary in Historic Waters Between the Countries,"*International Legal Materials*, Vol.13, No.6, November 1974, pp. 1442-1443.

兹达成以下共识：

第一条

斯里兰卡和印度在自保克海峡至亚当桥水域的海洋边界为由以下各点构成的大圆弧，各点坐标依序如下：

| 点号 | 纬度 | 经度 |
|------|------|------|
| 点1 | 10° 05′ N | 80° 03′ E |
| 点2 | 09° 57′ N | 79° 35′ E |
| 点3 | 09° 40.15′ N | 79° 22.60′ E |
| 点4 | 09° 21.80′ N | 79° 30.70′ E |
| 点5 | 09° 13′ N | 79° 32′ E |
| 点6 | 09° 06′ N | 79° 32′ E |

第二条

第一条提及的各点坐标均为地理坐标。连接各点的直线标绘于本协定附件的海图上。两国政府特别任命的测量员均已签署此海图。

第三条

确定上述各点在海洋和海床中实际位置的方法应得到两国特别任命测量员的一致同意。

第四条

两国均享有对上述划定边界内水域、岛屿、大陆架和底土的主权权利和专属管辖权。

第五条

依据上述规定，印度渔民和朝圣者可进入卡恰提武岛，无须获取斯里兰卡的旅行文件或签证。

第六条

斯里兰卡和印度船只仍将享受在对方国水域的传统权利。

第七条

若任何油气田或矿床（包括沙子和砾石）位置跨越了第一条所订立

的分界线，且位于分界线任一侧的油气田或矿床全部或部分可开采，两国政府应就有效利用油气田或矿床的方式以及分享开采利益等事宜达成一致。

第八条

此协定应获得两国国内批准通过。两国应尽快交换协定批准书；批准书交换完成当日，协定生效。

| | |
|---|---|
| 印度共和国政府 | 斯里兰卡共和国政府 |
| 英迪拉·甘地 | 西丽玛沃·班达拉奈克 |
| 新德里，1974年6月26日 | 科伦坡，1974年6月28日 |

## 2.3 斯里兰卡和印度关于两国在马纳尔湾和孟加拉湾海洋划界和相关事宜的协定[①]
### （1976年3月23日）

斯里兰卡政府和印度政府，

基于两国分别在1974年6月26日和28日签署的《斯里兰卡和印度历史水域划界和相关事宜的协定》，规定双方在保克海峡的海洋边界，希望延伸此边界，以划定两国在马纳尔湾和孟加拉湾的海洋边界。

兹达成以下共识：

第一条　斯里兰卡和印度在马纳尔湾的海洋边界为由以下各点构成的圆弧，各点坐标依序如下：

---

[①]　中译本参阅张海文、黄影主编：《世界海洋法译丛·海上边界协定：1942—1991》，青岛：青岛出版社2017年版，第221—222页；协定原文参阅 *Agreement Between Indian and Sri Lanka on the Maritime Boundary Between the Two Countries in The Gulf of Manaar and The Bay of Bengal and Related Matters*, March 23, 1976, https://2009-2017.state.gov/documents/organization/58833.pdf.（访问时间：2020年5月13日）

| 点号 | 纬度 | 经度 |
|---|---|---|
| 点1m | 09° 06′ .0 N | 79° 32′ .0 E |
| 点2m | 09° 00′ .0 N | 79° 31′ .3 E |
| 点3m | 08° 53′ .0 N | 79° 29′ .3 E |
| 点4m | 08° 40′ .0 N | 79° 18′ .2 E |
| 点5m | 08° 37′ .2 N | 79° 13′ .0 E |
| 点6m | 08° 31′ .2 N | 79° 04′ .7 E |
| 点7m | 08° 22′ .2 N | 78° 55′ .4 E |
| 点8m | 08° 12′ .2 N | 78° 53′ .7 E |
| 点9m | 07° 35′ .3 N | 78° 45′ .7 E |
| 点10m | 07° 21′ .0 N | 78° 38′ .8 E |
| 点11m | 06° 30′ .8 N | 78° 12′ .2 E |
| 点12m | 05° 53′ .9 N | 77° 50′ .7 E |
| 点13m | 05° 00′ .0 N | 77° 10′ .6 E |

此后将会划定超过13m以外的延伸海洋边界。

第二条 斯里兰卡和印度在孟加拉湾的海洋边界为由以下各点构成的圆弧，各点坐标依序如下：

| 点号 | 纬度 | 经度 |
|---|---|---|
| 点1b | 10° 05′ .0 N | 80° 03′ .0 E |
| 点1ba | 10° 05′ .8 N | 80° 05′ .0 E |
| 点1bb | 10° 08′ .4 N | 80° 09′ .5 E |
| 点2b | 10° 33′ .0 N | 80° 46′ .0 E |
| 点3b | 10° 41′ .7 N | 81° 02′ .5 E |
| 点4b | 11° 02′ .7 N | 81° 56′ .0 E |
| 点5b | 11° 16′ .0 N | 82° 24′ .4 E |
| 点6b | 11° 26′ .6 N | 83° 22′ .0 E |

第三条 第一条提及的各点坐标均为地理坐标。连接各点的直线标绘于本协定附件海图上；双方政府任命的测量员均已签署此海图。

第四条 确定第一条和第二条中各点在海洋和海床中实际位置的方

法应得到双方政府任命的测量员的一致同意。

第五条

1.两国均对位于上述边界线以内的历史水域、领海和岛屿拥有主权。

2.两国均对位于上述边界线以内的大陆架、专属经济区及生物和非生物资源拥有主权权利和专属管辖权。

3.在依照本国法律法规和国际法的基础上，两国均享有在其领海和专属经济区内的航行权利。

第六条　若任何油气田或矿床（包括沙子和砾石）位置跨越了第一条和第二条所订立的分界线，且位于边界线任一侧的油气田或矿床全部或部分可开采，则两国政府应就有效利用油气田或矿床的方式以及分享开采权利等事宜达成一致。

第七条　此协定应获得两国国内批准通过。两国应尽快交换协定批准书；批准书交换完成当日，协定生效。

科瓦尔·辛格　　　　　　　　　W. T. 贾亚辛哈

印度共和国政府　　　　　　　　斯里兰卡共和国政府

新德里，1976年3月23日


## 2.4　为在斯里兰卡建立和平与正常秩序的印度—斯里兰卡协议[①]

### 一、协议全文

印度共和国总理拉吉夫·甘地阁下和斯里兰卡民主社会主义共和国总统贾亚瓦德纳阁下于1987年7月29日在科伦坡举行了会谈。

双方高度重视培育、加强和巩固印度和斯里兰卡之间的传统友谊，

---

① 中译本参阅李丽莎译：《为在斯里兰卡建立和平与正常秩序的印度—斯里兰卡协议》，《南亚研究》1988年第2期，第84—87页；英文版本参阅"India-Sri Lanka: Agreement to Establish Peace and Normalcy in Sri Lanka," *International Legal Materials*, Vol.26, No.5, September 1987, pp.1175-1185.

并认为，为了斯里兰卡各族人民的安全、幸福和繁荣，迫切需要解决斯里兰卡的种族问题，并消除由此而产生的暴力。

为此，双方达成以下协议：

I

1.双方期望维护斯里兰卡的统一、主权和领土完整；

2.承认斯里兰卡是僧伽罗族、泰米尔族、穆斯林（摩尔人）和伯格人等组成的多民族多语言的多元社会；

3.承认各民族集团都有其明显的文化和语言特征，这种特征应受到认真的保护；

4.承认北方省和东方省是斯里兰卡操泰米尔语民族历来所居住的地方，迄今为止，他们一直和其他民族集团一起居住在这一地区；

5.认识到加强军队的必要性，军队在维护斯里兰卡的统一、主权和领土完整方面发挥作用，并保存了斯里兰卡多民族多语言多宗教的多元社会的特性。在这个社会中，所有的公民都能平等、安全、和睦地生活，并使事业成功，理想实现；

II 决定

1.斯里兰卡政府建议允许毗邻的省合并成一个行政单位，并通过一次公民投票，按可能对北方省和东方省所作的下述规定实行分离：

2.从省议会选举（按照II 8条款规定进行）之日起到公民投票表决（按照II 3条款规定进行）之日止，这个时期应视为过渡期，在这个期间，业已组成的北方省和东方省将成为一个单独的行政单位，这个行政单位有一个经选举产生的省议会、一个省长、一位首席部长和一个部长委员会。

3.将在1988年12月31日或该日之前举行一次公民投票，以便使东方省人民决定究竟是：（a）东方省仍与北方省组成一个行政单位，并按II 2条款规定继续与北方省受统一管理；还是（b）东方省组成一个单独的行政单位，设立自己的省议会，并另设省长、首席部长和部长委员会。

总统可以自行决定延期举行这样的公民投票。

4.因种族骚乱或其他原因而流离失所的所有公民都有权参加公民投票。将创造必要的条件使他们返回自己的家园。

5.举行公民投票时，将由一个委员会进行监督，该委员会以首席法官为首，包括两名成员，一名由斯里兰卡政府提名、总统任命，另一名由东方省操泰米尔语民族的代表提名、总统任命。

6.只需要简单的多数就可以决定公民投票的结果。

7.在举行公民投票之前，允许举行国家法律许可范围内的各种集会和其他形式的宣传活动。

8.省议会选举将在此后的三个月内举行，但在任何情况下不得迟于1987年12月31日。印度观察员将被邀请观察北方省和东方省的省议会选举。

9.1987年8月15日前将取消东方省和北方省的紧急状态。本协议签订后48小时之内将在全岛停止敌对行动。武装组织将按照协议规定的程序向斯里兰卡政府指派的官方人员交出所有的武器。

敌对行动停止和武装组织交出武器之后，军队和其他安保人员将按1987年5月25日的状态，驻守在营房之内。交出武器和安保人员返回营房的过程必须在敌对行动停止后的72小时之内完成。

10.为实施法律和确保北方省和东方省的安全，斯里兰卡政府将利用与国内其他各省相同的政府组织和结构。

11.斯里兰卡总统将对根据《预防恐怖法》及其他紧急状态法被拘留的政治犯及其他囚犯实行大赦，并将对其他好斗分子以及根据上述法律被指控、控告和判刑者实行大赦。斯里兰卡政府将作出特别的努力安置好斗的青年，使他们回到国家生活的主流中来。印度将在这一过程中给予合作。

12.斯里兰卡政府将接受和遵守以上条款，并希望所有其他人也这样做。

13.协议条款若被接受，斯里兰卡政府将立即执行有关建议。

14.印度政府将同意并保证协议的执行，并在执行这些协议方面给予合作。

15.这些建议是以接受1986年5月4日至12月29日谈判的建议为条件提出来的。上述谈判中未最后解决的遗留问题必须在本协议签订后的六个星期内由印度和斯里兰卡政府加以解决。这些建议的提出，也是以印度政府和斯里兰卡政府直接合作执行本协议为条件的。

16.这些建议的其他条件是，如果斯里兰卡的任何武装组织不接受本协议中所提出的建议作为解决问题的办法，印度政府必须采取以下行动：

（a）印度将采取一切必要措施确保印度领土不被用来从事损害斯里兰卡的统一、领土完整和安全的活动。

（b）印度海军—海岸警卫队将配合斯里兰卡海军，以阻止泰米尔族的武装活动危及斯里兰卡。

（c）如果斯里兰卡政府要求印度政府为执行建议提供军事援助，印度政府将给予合作，在接到请求时向斯里兰卡政府提供所要求的援助。

（d）印度政府将迅速地把居住在斯里兰卡的印度公民遣送回印度，同时把在泰米尔纳德邦的斯里兰卡难民遣送回斯里兰卡。

（e）印度政府和斯里兰卡政府将在保证北方省和东方省各族人民的人身安全方面进行合作。

17.斯里兰卡政府应根据本协议规定的投票程序，保证北方省和东方省各族选民自由、充分和公正地参加选举。印度政府将在这方面给予斯里兰卡政府以充分的合作。

18.斯里兰卡的官方语言应是僧伽罗语，泰米尔语和英语也将成为官方语言。

III 本协议正文和附录一经签署立即生效。

兹在本协议上签名盖章，以昭信守。1987年7月29日于斯里兰卡科伦坡。一式两份，两种文本具有同等效力。

印度共和国总理　　　　　斯里兰卡民主社会主义共和国总统
拉吉夫·甘地（签字）　　　朱尼厄斯·理查德·贾亚瓦德纳（签字）

**二、协议附件**

1.印度总理阁下和斯里兰卡总统阁下同意：应斯里兰卡总统阁下的邀请，印度政府将派选举委员会的一名代表对本协议II及其各款中所述及的公民投票进行观察。

2.两国政府首脑还同意：应斯里兰卡总统的邀请，印度政府的一名代表将对本协议第II 8条中所述及的省议会选举进行观察。

3.斯里兰卡总统阁下同意：国民军可予解散，一切准军事人员将撤离东方省和北方省，以便创造有利于公正选举省议会的条件。

斯里兰卡总统有权决定，把因对付种族动乱而建立起来的这种准军事部队编入斯里兰卡的正规安全部队。

**4.印度总理和斯里兰卡总统一致认为：泰米尔武装分子应向由斯里兰卡总统指定的官方人员交出武器。**交出武器时，应有斯里兰卡红十字会和印度红十字会的高级代表各一名在场。

5.印度总理和斯里兰卡总统一致同意：由印度政府的和斯里兰卡政府的有资格的代表共同组成的观察员小组从1987年7月31日起对停火进行监察。

6.印度总理和斯里兰卡总统还一致同意：根据本协议II 14条和II 16（c）条，如有需要，**可由斯里兰卡总统邀请印度派遣一支和平维持部队，以保证停火的实施。**

**三、印度总理和斯里兰卡总统之间交换的信件**

以下是斯里兰卡总统贾亚瓦德纳对印度总理拉吉夫·甘地于1987年7月29日函件的复函全文：

总理阁下：

请参阅您1987年7月29日下列来函：

总统阁下：

1.由于认识到我们两国之间长达两千多年的友谊，并认识到维护这种传统友谊的重要性，印度和斯里兰卡双方都必须重申其决心，即不允许我们各自的领土并用来从事损害对方的统一、领土完整和安全的活动。

2.根据以上精神，您在我们的谈判过程中，曾表示同意照顾印度所关切的若干问题，即：

（1）阁下和我本人将就外国军事和情报人员的使用问题早日达成一项谅解，以确保这类人员的出现不致损害印度—斯里兰卡关系。

（2）**斯里兰卡的亭可马里或其他港口不得提供给任何国家用于军事目的而损害印度利益。**

（3）重建和经营亭可马里油罐区的工作将作为印度和斯里兰卡的联合企业来进行。

（4）**将重新考虑斯里兰卡和外国广播公司达成的协议，以便保证这些公司在斯里兰卡建立的任何广播设备只作为公开广播设施，而不是用于军事或情报目的。**

3.根据同样的精神，印度将：

（1）**把所有被发现从事恐怖活动或鼓吹分离主义或脱离主义的斯里兰卡公民驱逐出境。**

（2）向斯里兰卡保安部队提供训练条件和军事补给。

4.印度和斯里兰卡曾同意成立一个联合协商机构，以便根据1所阐明的目的，不断地研究共同关心的问题，特别是研究本函件中所述的其他问题的执行情况。

5.总统阁下，请您确认上述内容正确地说明了我们之间所达成的协议。

总统阁下，请接受我最崇高的敬意。

你的忠实的拉吉夫·甘地

致科伦坡、斯里兰卡民主社会主义共和国总统贾亚瓦德纳阁下。

我确认上述内容正确地说明了我们之间所达成的谅解。

总理阁下，请接受我最崇高的敬意。

贾亚瓦德纳

致新德里、印度共和国总理拉吉夫·甘地阁下。

# 附录三　《英国—锡兰防务协定》①

　　鉴于锡兰已达到如下宪法发展阶段：它已准备好成为英联邦中一个完全负责任的成员，在内政或外交事务的任何方面都不处于从属地位，通过共同效忠英国王室而实现自由联合和统一。

　　也鉴于采取必要措施有效保护、防卫锡兰和英国的领土，并为此目的提供必要的便利，符合双方的共同利益。

　　因此，英国政府和锡兰政府同意如下：

　　（1）英国政府和锡兰政府将为各自领土的安全、抵御外来侵略和保护必要的通信而相互提供军事援助，只要这种援助符合双方的共同利益。英国政府可在锡兰建立海军和空军基地，并维持为此目的所需的、双方同意的陆军。

　　（2）锡兰政府将向英国政府提供双方所同意的第1条所述目标的一切必要便利。这些便利将包括使用海军和空军基地、港口和军事设施，使用电信设施，以及法院和当局对上述部队成员行使目前所行使的控制和管辖权的权利。

　　（3）英国政府将不时向锡兰政府提供训练和发展锡兰武装部队所需的军事援助。

　　（4）两国政府将建立双方认为有利于防务事务合作的行政机制，以便协调和确定两国政府的防务要求。

　　（5）本协议将于授予锡兰在英联邦内完全责任地位所需的宪法措施生效之日生效。

---

① 译文为笔者翻译，条约原文参阅：英国政府敕令文件7257（Cmd.7257/Command Papers 7257），《关于给予锡兰英联邦内完全责任地位的建议》（*Proposals for Conferring on Ceylon Fully Responsible Status within the British Commonwealth of Nations*），1947年，第2—3页。Command Paper 也译作"（英国）敕令书"，是指部长奉国王或女王之命向议会提交的英国政府文件或报告，通常涉及某重要问题或某部门、某特别委员会的工作，缩写作Cd.、Cmd.、Cmnd.等。

1947年11月11日订于科伦坡，一式两份。

| 大不列颠及北爱尔兰联合王国政府代表 | 锡兰政府代表 |
| 亨利·摩尔 | D. S. 森纳那亚克 |

# United Kingdom—Ceylon Defence Agreement

Whereas Ceylon has reached the stage in constitutional development at which she is ready to assume the status of a fully responsible member of the British Commonwealth of Nations, in no way subordinate in any aspect of domestic or external affairs, freely associated and united by common allegiance to the Crown.

And whereas it is in the mutual interest of Ceylon and the United Kingdom of Great Britain and Northern Ireland that the necessary measures should be taken for the effectual protection and defence of the territories of both and that the necessary facilities should be afforded for this purpose.

Therefore the Government of the United Kingdom and the Government of Ceylon have agreed as follows:

（1）The Government of the United Kingdom and the Government of Ceylon will give to each other such military assistance for the security of their territories, for defence against external aggression and for the protection of essential communications as it may be in their mutual interest to provide. The Government of the United Kingdom may base such naval and air forces and maintain such land forces in Ceylon as may be required for these purposes, and as may be mutually agreed.

（2）The Government of Ceylon will grant to the Government of the

United Kingdom all the necessary facilities for the objects mentioned in Article I as may be mutually agreed. These facilities will include the use of naval and air bases and ports and military establishments and the use of telecommunications facilities and the right of service courts and authorities to exercise such control and jurisdiction over members of the said Forces as they exercise at present.

（3）The Government of the United Kingdom will furnish the Government of Ceylon with such military assistance as may from time to time be requires towards the training and development of Ceylonese armed forces.

（4）The two Governments will establish such administrative machinery as they may agree to be desirable for the purpose of co-operation in regard to defence matters, as to co-ordinate and determine the defence requirements of both Governments.

（5）This Agreement will take effect on the day when the constitutional measures necessary for conferring on Ceylon fully responsible status within the British Commonwealth of Nations shall come into force.

Done in duplicate, at Colombo, this 11th day of November 1947.

Signed on behalf of the Government of the United Kingdom of Great Britain and Northern Ireland.

（Sd.）Henry Moore

Signed on behalf of the Government of Ceylon.

（Sd.）D. S. Senanayake

Source: Command Papers, 7257(London,1947), pp.2-3.

# 附录四 独立以来印斯两国历届政府列表

## 表1 印度历届政府表

| 执政时间 | 构成政府的党/政党联盟 | 总理 | 总统 |
|---|---|---|---|
| 1947.8.15—1964.5.27 | 国大党 | 贾瓦哈拉尔·尼赫鲁 | 拉金德拉·普拉萨德（1950.1.26—1962.5.13） |
| 1964.6.9—1966.1.11 | 国大党 | 拉尔·巴哈杜尔·夏斯特里 | 萨瓦帕利·拉达克里希南（1962.5.13—1967.5.13） |
| 1966.1.24—1977.3.24 | 国大党 | 英迪拉·甘地 | 扎基尔·侯赛因（1967.5.13—1969.5.3）瓦拉哈吉里·文卡塔·吉里（1969.8.24—1974.8.24）法赫鲁丁·阿里·艾哈迈德（1974.8.24—1977.2.11） |
| 1977.3.24—1979.7.28 | 人民党 | 莫拉尔基·德赛 | 尼兰·桑吉瓦·雷迪（1977.7.25—1982.7.25）吉亚尼·宰尔·辛格（1982.7.25—1987.7.25） |
| 1979.7.28—1980.1.14 | 人民党世俗派和国大党 | 查兰·辛格 | |
| 1980.1.14—1984.10.31 | 国大党（英迪拉） | 英迪拉·甘地 | |
| 1984.10.31—1989.12.2 | 国大党（英迪拉） | 拉吉夫·甘地 | 拉马斯瓦米·文卡塔拉曼（1987.7.25—1992.7.25）尚卡尔·达亚尔·夏尔马（1992.7.25—1997.7.25） |
| 1989.12.2—1990.11.10 | 印度新人民党（国民阵线） | 维·普·辛格 | |
| 1990.11.10—1991.6.21 | 人民党（社会主义者） | 钱德拉·谢卡尔 | |
| 1991.6.21—1996.5.16 | 国大党（英迪拉） | 纳拉辛哈·拉奥 | |
| 1996.5.16—1996.6.1 | 印度人民党 | 阿塔尔·比哈里·瓦杰帕伊 | |
| 1996.6.1—1997.4.21 | 印度新人民党（联合阵线） | 德韦·高达 | |

续表

| 执政时间 | 构成政府的党/政党联盟 | 总理 | 总统 |
|---|---|---|---|
| 1997.4.21—1998.3.19 | 印度新人民党（联合阵线） | 因德尔·库马尔·古杰拉尔 | 科切里尔·拉曼·纳拉亚南（1997.7.25—2002.7.25） |
| 1998.3.19—2004.5.22 | 印度人民党（全国民主联盟） | 阿塔尔·比哈里·瓦杰帕伊 | 阿卜杜尔·卡拉姆（2002.7.25—2007.7.25） |
| 2004.5.22—2014.5.26 | 国大党（团结进步联盟） | 曼莫汉·辛格 | 普拉蒂巴·帕蒂尔（2007.7.25—2012.7.25） |
| 2014.5.26— | 印度人民党（全国民主联盟） | 纳伦德拉·莫迪 | 普拉纳布·慕克吉（2012.7.25—2017.7.25）拉姆·纳特·科温德（2017.7.25—） |

### 表2 斯里兰卡历届政府表

| 执政时间 | 构成政府的党/政党联盟 | 总理 | 总督/（1972年后）总统 |
|---|---|---|---|
| 1947.9.24—1952.3.22 | 统一国民党 | 唐·史蒂芬·森纳那亚克 | 亨利·蒙克—梅森·穆尔总督（1948.2.4—1949.7.6） |
| 1952.3.26—1953.10.12 | 统一国民党 | 杜德利·森纳那亚克 | 索尔伯里总督（1949.7.6—1954.7.17） |
| 1953.10.12—1956.4.12 | 统一国民党 | 约翰·科特拉瓦拉 | |
| 1956.4.12—1959.9.26 | 斯里兰卡自由党 | 所罗门·班达拉奈克 | 奥利佛·古涅狄莱克总督（1954.7.17—1962.3.2） |
| 1959.9.26—1960.3.20 | 斯里兰卡自由党 | 维贾雅南达·达哈纳亚克 | |
| 1960.3.21—1960.7.21 | 统一国民党 | 杜德利·森纳那亚克 | |

续表

| 执政时间 | 构成政府的党/政党联盟 | 总理 | 总督/（1972年后）总统 |
|---|---|---|---|
| 1960.7.21—1965.3.25 | 斯里兰卡自由党 | 西丽玛沃·班达拉奈克 | 威廉·高伯拉瓦总督（1962.3.2—1972.5.22）威廉·高伯拉瓦总统（1972.5.22—1978.2.4） |
| 1965.3.25—1970.5.29 | 统一国民党 | 杜德利·森纳那亚克 | |
| 1970.5.29—1977.7.23 | 斯里兰卡自由党 | 西丽玛沃·班达拉奈克 | |
| 1977.7.23—1978.2.4 | 统一国民党 | 朱尼厄斯·贾亚瓦德纳 | |
| 1978.2.6—1989.1.2 | 统一国民党 | 拉纳辛哈·普雷马达萨 | 朱尼厄斯·理查德·贾亚德纳总统（1978.2.4—1989.1.2） |
| 1989.3.6—1993.5.7 | 统一国民党 | 丁吉利·班达·维杰通加 | 拉纳辛哈·普雷马达萨总统（1989.1.2—1993.5.1） |
| 1993.5.7—1994.8.19 | 统一国民党 | 拉尼尔·维克勒马辛哈 | 丁吉利·班达·维杰通加总统（1993.5.2—1994.11.12） |
| 1994.8.19—1994.11.12 | 斯里兰卡自由党（人民联盟） | 钱德里卡·库马拉通加 | 钱德里卡·库马拉通加总统（1994.11.12—2005.11.19） |
| 1994.11.14—2000.8.9 | 斯里兰卡自由党（人民联盟） | 西丽玛沃·班达拉奈克 | |
| 2000.8.10—2001.12.7 | 斯里兰卡自由党（人民联盟） | 拉特纳西里·维克勒马纳亚克 | |
| 2001.12.7—2004.4.6 | 统一国民党 | 拉尼尔·维克勒马辛哈 | |
| 2004.4.6—2005.11.19 | 斯里兰卡自由党（统一人民自由联盟） | 马欣达·拉贾帕克萨 | |

续表

| 执政时间 | 构成政府的党 / 政党联盟 | 总理 | 总督 /（1972 年后）总统 |
|---|---|---|---|
| 2005.11.19—2010.4.21 | 斯里兰卡自由党（统一人民自由联盟） | 拉特纳西里·维克勒马纳亚克 | 马欣达·拉贾帕克萨总统（2005.11.19—2015.1.9） |
| 2010.4.21—2015.1.9 | 斯里兰卡自由党（统一人民自由联盟） | 迪萨纳亚克·贾亚拉特纳 | |
| 2015.1.9—2018.10.26 | 统一国民党 | 拉尼尔·维克勒马辛哈 | 迈特里帕拉·西里塞纳总统（2015.1.9—2019.11.18） |
| 2018.10.26—2018.12.15 | 斯里兰卡自由党（统一人民自由联盟） | 马欣达·拉贾帕克萨 | |
| 2018.12.16—2019.11.21 | 统一国民党 | 拉尼尔·维克勒马辛哈 | |
| 2019.11.21— | 斯里兰卡自由党（统一人民自由联盟） | 马欣达·拉贾帕克萨 | 戈塔巴雅·拉贾帕克萨总统（2019.11.18—） |

# 附录五 人名、地名、专有名词译名对照表

（按英文首字母顺序排列）

## 1.人名

D. S. 森纳那亚克（Don Stephen Senanayake） 斯里兰卡首任总理

杜德利·森纳那亚克（Dudley Shelton Senanayake） 斯里兰卡前总理

戈帕拉斯瓦米·帕塔萨拉蒂或G. 帕塔萨拉蒂（Gopalaswamy Parthasarathy, G. Parthasarath） 印度前外交官、斯内战时期印度特使

戈塔巴雅·拉贾帕克萨（Gotabaya Rajapaksa） 斯里兰卡现任总统

古杰拉尔（Inder Kumar Gujral） 印度前总理、外长

英迪拉·甘地或英·甘地（Indira Gandhi） 印度前总理

J. 贾亚拉利塔（J. Jayalalithaa） 泰米尔纳德邦前首席部长

J. N. 迪克希特（J. N. Dixit） 印度前驻斯里兰卡高级专员

贾瓦哈拉尔·尼赫鲁（Jawaharlal Nehru） 印度首任总理

约翰·科特拉瓦拉（John Kotelawal） 斯里兰卡前总理

朱尼厄斯·贾亚瓦德纳（Junius Richard Jayawardene） 斯里兰卡前总统

潘尼迦（K. M. Panikkar） 印度前外交官、战略家

拉尔·夏斯特里（Lal Bahadur Shastri） 印度前总理

M. G. 拉马钱德兰（M. G. Ramachandran） 前泰米尔纳德邦首席部长、AIADMK领导人

M. 卡鲁纳尼迪（M. Karunanidhi） 前泰米尔纳德邦首席部长、DMK领导人

纳拉辛哈·拉奥（P.V. Narasimha Rao） 印度前外长、总理

帕塔比·西塔拉姆亚（Pattabhi Sitarammya） 印度前国大党主席

拉吉夫·甘地或拉·甘地（Rajiv Gandhi） 印度前总理

拉纳辛哈·普雷马达萨（Ranasinghe Premadasa） 斯里兰卡前总理

拉尼尔·维克勒马辛哈（Ranil Wickremasinghe） 斯里兰卡前总理

所罗门·班达拉奈克（Solomon Bandaranaike） 斯里兰卡前总理

西丽玛沃·班达拉奈克（Sirimavo Bandaranaike） 斯里兰卡前总理、总统

韦卢皮莱·普拉巴卡兰（Velupillai Prabhakaran） 泰米尔猛虎组织首领

钱德里卡·库马拉通加（Chandrika Bandaranaike Kumaratunga） 斯里兰卡前总统

拉克什曼·卡迪尔加马尔（Lakshman Kadirgamar） 斯里兰卡前外交部部长

马欣达·拉贾帕克萨（Mahinda Rajapaksa） 斯里兰卡前总统

### 2.地名

贾夫纳城（Jaffna） 斯里兰卡北方省首府

贾夫纳半岛（Jaffna Peninsula） 斯里兰卡北部半岛

卡恰提武岛（Kachchativu） 紧邻印斯两国海上边界线斯方一侧的岛屿

卡图纳亚克（Katunayake） 斯里兰卡西部重要交通枢纽，班达拉奈克国际机场所在地

泰米尔纳德邦（Tamil Nadu） 印度南部省份

亭可马里（Trincomalee） 斯里兰卡东北部港口城市

威茨滩（Wadge Bank） 印度半岛南部沿海重要捕鱼区，紧邻科摩林角

### 3.机构、组织名

全印安纳德拉维达进步联盟（AIADMK） 印度泰米尔纳德邦地方政党

德拉维达进步联盟（DMK） 印度泰米尔纳德邦地方政党

印度维和部队（Indian Peace Keeping Force, IPKF） 1987—1990年期间，印度派出的帮助斯里兰卡恢复国内秩序及执行停火协定的武装力量

人民解放阵线（Janata Vimukti Peramuna, JVP） 斯里兰卡国内左翼政党

伊拉姆猛虎解放组织（Liberation Tigers of Tamil Eelam, LTTE） 简称"泰米尔猛虎组织"或"猛虎组织"，斯里兰卡极端泰米尔主义组织

调查分析局（Research and Analysis Wing, RAW） 印度重要情报机构

斯里兰卡自由党（Sri Lanka Freedom Party, SLFP） 斯里兰卡主要政党

泰米尔联合解放阵线（Tamil United Liberation Front, TULF） 斯里兰卡泰米尔组织

泰米尔伊拉姆解放组织（Tamil Eelam Liberation Organization, TELO） 斯里兰卡泰米尔组织

统一国民党（United National Party, UNP） 斯里兰卡主要政党

## 4.**文件名**

《印斯和平协议》（Indo-Sri Lanka Agreement to Establish Peace and Normalcy in Sri Lanka）

《印斯自贸协定》（Indo-Sri Lanka Free Trade Agreement, ISFTA）

《印斯全面经济伙伴关系协定》（Indo-Sri Comprehensive Economic Partnership Agreement, CEPA）

《米胶协定》（Rice and Rubber Agreement）

《僧伽罗语唯一》法案（Sinhala Only Pact）

《英锡防务协定》（United Kingdom-Ceylon Defence Agreement）

## 5.专有名词

锡兰（斯里兰卡）泰米尔人（Ceylon/Sri Lanka Tamils）

古杰拉尔主义（Gujral Doctrine）

悬浮议会（Hung Parliament）

英迪拉主义（Indira Doctrine）

印太战略（Indo-Pacific Strategy）

邻国优先（Neighborhood First）

种植园泰米尔人（Plantation Tamils）

珍珠链战略（String of Pearls）

廷布原则（Thimpu Principles）

# | 后记 |

呈现在各位读者面前的这本书原脱胎于我的博士论文。从2019年12月敲定题目、列出提纲，经历2020年上半年搜集文献资料、下半年写作具体章节，至2021年3月初基本完稿、5月通过博士论文答辩，此后仍不断修改，整个过程至今已历时近两年。作为初入学术之路的年轻人，能够出版人生中的第一部专著，不免既有些激动兴奋，又有些忐忑不安。激动的是看到自己在键盘上敲出来的文字能够正式出版，忝列成为"书"的一员。忐忑的是自己学识浅薄、经验不足，担心书中会出现某些观点、材料谬误或者部分章节铺陈失当，让学界前辈或同人认为不值一哂。然而，为了不辜负众多师友亲朋的关爱、帮助、鼓励与支持，我还是必须在"著书"这学术路上的必经环节上走一遭。

回想起读博至今的求学与科研之路，我在此想写下一些让我难忘的老师和事情：

首先是我在武汉大学求学期间的导师韩永利老师。能够跟随韩老师学习，是我人生中的幸事。当初按照学校的要求，韩老师原计划只招收一名博士。由于零点几分之差，我不得不调剂到另一位老师门下。幸运的是，后来学校临时又有政策调整，韩老师那年可以带两位学生，所以我就有幸能够加入韩老师门下学习。韩老师处事正派、待人温和，特别尊重学生的研究兴趣、思想观点。在博士一年级的时候，我就犯了博士生的"大忌"，接连否定了导师给我指定的两个题目。但韩老师并不以此为忤。相反，他非常尊重我的研究意愿。至今仍记得我博士论文主题敲定那一天的场景。那是2019年5月的一天，吃完午饭后韩老师与我们几个同学一起散步，交谈中我提起想研究印度方面的问题。当天傍晚，韩老师邀我在万林博物馆三楼咖啡厅交流毕业论文选题，最后他建议我以"印度周边外交"为题。这就基本敲定了我博士论文的总体方向。此后，经过半年的资料搜集、研究思考，我又最终确定以"印度的斯里兰卡政策"作为我博士论文的题目。在写作博士论文的过程中，韩老师随时关注着我的动态，临近答辩前的几个月也时常熬夜替我逐字逐段阅读论文、提出修改意见。在本书即将出版之前，韩老师也是不辞辛劳，熬夜为我写作序言，这实在让我感动不已、感激不尽！

其次是四川大学南亚研究所的曾祥裕老师。还记得2017年12月，我那时已经硕士毕业并在深圳机场工作将近半年，在好友瞿继文的规劝下我准备报考武汉大学的博士。由于硕士期间荒于学业，与教授或博导级的老师们不太熟，他们对我也没有太多印象。结果，报考流程的第一关"专家推荐信"就难倒我了。除了硕士导师欧东明老师之外，我一时间陷入找不到老师帮忙写推荐信的尴尬与困窘局面。情急之下，我给曾祥裕老师拨通了电话。不料，曾老师接我电话的时候，人尚在印度出差。让我尤其感动的是，他在国外出差已接了另一个毕业生的电话，但还是很爽快地答应为我写推荐信，并鼓励我说："对你，我是知道的，你还是很不错的。"曾老师这些肯定的话语，让我有一种雪中送炭的温暖。我至今仍记得，接完电话后，我在工作单位小区楼下高兴、感动和激动得不停地来回走的情形。那种喜不自胜的感受，真的是人生中少有的生命体验。在我看来，曾老师在学术与科研之路上对我有知遇之恩。对曾老师的这份感激，也是我后来选择回到川大南亚所工作的重要原因之一。

再次是武汉大学中国边界与海洋研究院的孔令杰老师。孔老师是我博士论文预答辩时候的答辩组成员，在论文预答辩过程中、正式答辩结束后，他对我的肯定与鼓励也让我充满感激。让我记忆尤深的是2021年5

月底的一个傍晚，我在武大桂园操场附近偶遇孔老师的场景。那时刚参加完论文答辩没几天，我正为没有获得优秀毕业论文而失落，整个人的心绪都有些低沉。我当时戴着口罩走在路上，没想到孔老师一眼就认出我来，还主动拉我交流起论文的事情。实际上，因为学科和研究方向的差异，我与孔老师在博士论文预答辩之前几乎没有太多交集。但实在想不到，时隔几个月，他这样的优秀学者竟然还能一眼认出我这样一个不起眼的学生。在交谈中，他一面为我没能拿到优秀感到惋惜，说起我的毕业论文让他印象深刻，能够看出是真正花了时间与功夫的；另一面又宽慰我不要过于在意，并说这在以后看起来根本就不是什么事情。他还说起自己当年博士论文答辩时的场景，也提及武汉大学法学泰斗韩德培先生对他鼓励的话语。孔老师的这番肯定与认可，实在让我受宠若惊。

上述这些老师对我的关怀、鼓励与肯定，激励着我这个"学术小白"在学术之路上不断奋进、努力前行。

除此之外，对于本书的出版，也要感谢国际文化出版公司与我现在的工作单位四川大学南亚研究所。正是在他们的帮助之下，我的这本小册子才能够得以刊印出版。还要感谢武汉大学图书馆负责馆际互借工作的众多老师，他们的工作为我的写作提供了重要的帮助和便利。比如，那套五卷本大部头的《印斯关系与斯里兰卡民族冲突文件集（1947—2000）》（印度前外交部历史司司长编）就是通过馆际互借渠道获取的。这些珍贵的文献资料在夯实研究基础方面，发挥着至关重要的作用。还有，也要感谢武大边海院博士张传娟学姐，她向我分享了许多关于印度研究的文献资源网站，这些网站对我从博士至今的学习、科研都起到了巨大的助力作用。此外，也要感谢武汉大学边海院关培凤老师、四川大学南亚所李建军与雷鸣等老师在我入职南亚所过程中提供的各种建议与帮助。也要感谢张力、尹锡南、李涛、杨文武老师在我入职南亚所过程中对我的肯定、鼓励与建议。

当然，最需要感谢与感恩的还有我的母亲徐爱春。虽然她只有小学二年级的受教育程度，但是她通情达理、无私奉献、宽厚爱人。在读博期间，我时常感到学业和生活压力巨大，现在翻看当时的日记，其中最多的描述常常是"感到苦恼、忧愁、头疼，不知该怎么办"，"写论文让人头疼"，"又为论文而担忧"。每当我烦恼、忧愁与苦闷时，她常常能够给予我安慰、温暖与鼓励，让我重振精神继续奋进。我想，如果没有她的默默奉献与无私付出，我这个在农村长大的孩子可能都不会上大学，更遑论走上学术研究的道路。因此，我在此对她表示最热诚的敬意、感恩与感激！此外，也要感谢我的父亲高月喜，我从小学到硕士阶段的求学都离不开他的经济支持，我理应在自己的第一部专著中对他表示谢意。

由于才力有限，书中难免挂一漏万。如有疏漏，请各位专家、学者、老师与同学们不吝赐教！本书作者邮箱：gaogangir@163.com。

高刚

2021年10月31日于四川大学文科楼